国家自然科学基金青年科学基金项目"西北区域义务教育均衡发展与教育资源共享模式的构建研究——基于GIS的空间计量分析"（项目编号：71203180）研究成果之一

教育部人文社会科学研究青年基金项目"学校布局调整背景下西部农村教学点问题研究——基于GIS的实证分析"（项目编号：12YJC880157）研究成果之一

教育部哲学社会科学研究重大课题攻关项目"我国义务教育均衡发展改革研究"（项目编号：10JZD0036）的研究成果之一

农村教学点问题研究

赵　丹／著

中国社会科学出版社

图书在版编目（CIP）数据

农村教学点问题研究／赵丹著．—北京：中国社会科学出版社，
2016.1

ISBN 978－7－5161－7448－7

Ⅰ.①农…　Ⅱ.①赵…　Ⅲ.①农村—义务教育—研究—中国

Ⅳ.①G522.3

中国版本图书馆 CIP 数据核字（2015）第 309646 号

出 版 人	赵剑英
责任编辑	田　文
特约编辑	陈　琳
责任校对	张爱华
责任印制	王　超

出　　　版	中国社会科学出版社
社　　　址	北京鼓楼西大街甲 158 号
邮　　　编	100720
网　　　址	http://www.csspw.cn
发 行 部	010－84083685
门 市 部	010－84029450
经　　　销	新华书店及其他书店

印刷装订	三河市君旺印务有限公司
版　　　次	2016 年 1 月第 1 版
印　　　次	2016 年 1 月第 1 次印刷

开　　　本	710×1000　1/16
印　　　张	18.75
插　　　页	2
字　　　数	326 千字
定　　　价	68.00 元

序

　　农村教学点是适应我国农村地区，特别是人口稀少、居住分散偏远地区的教育发展而设置的以复式教学为主的小规模不完全学校。它的最重要的作用在于：有助于偏远地区学生克服上学远、上学难的困境，节省学生的上学成本，满足他们受教育的需求，促进义务教育均衡发展和教育公平，因此，义务教育均衡发展决不能忽视农村教学点的建设。但是，由于多方面的原因，特别是随着我国农村中小学布局的调整，不少地方在一定程度上却忽视了教学点的建设，致使农村教学点存在着这样或那样的问题。而这些问题如果得不到妥善解决，必然会影响到农村义务教育的均衡发展，必须引起社会的广泛关注和重视。

　　赵丹博士撰写的《农村教学点问题研究》一书，在对我国中、西部六省（区）的实地调查基础上，从教育经济学和区域经济学的视角出发，采用"多学科视野、宏观与微观相结合、规范与实证研究并用"的方法，对农村教学点问题进行了较为全面、深入的研究，并提出了不少具有真知灼见的观点。

　　首先，作者从农村教学点的历史和现实背景出发，回顾了教学点在各个历史时期的不同形式及其在我国教育发展中所发挥的重要作用；接着详细分析了教学点在当前我国农村义务教育发展中所取得的不可替代的作用，指出教学点不仅有助于解决偏远地区学生上学不便的问题而且也是一种有效的教学组织形式；然后，作者结合对我国六省（区）及广东省新丰县的实地调研，根据问卷调查数据和资料，采用规范和实证相结合的研究方法，详尽分析了当前教学点面临的困境及其原因，在此基础上，作者运用 GIS 地理信息系统，从实际经验和理论论证两个方面分析了教学点合理布局的过程和原则，并就此提出了具有建设性的布局规划建议；最后，作者结合我国当前农村发展的实际背景及国际农村小规模学校发展的经验，引入人文地理学和全纳教育相关理论，对教学点的发展及未来走向进行了展望，指出农村教学点作为偏远农村地区义务教育的有效供给形式，秉承了全纳教育的理念，将为实现教育机会均等发挥更大的作用。

　　总之，该书资料翔实，论证充分，所涉及的每一个问题和所得结论都是建立在调查数据、资料和统计分析基础之上的，并且针对教学点规划过程做了 GIS 模型分析，由此所提出的布局规划建议是非常合理的。此外，作者提出的教学点合理布局的区位动态理论与基于教育生产力驱动的静态评价原则，从研究方法和理论方面填补了国内已有研究的空白；将农村教学点建设问题放在整个义务教育均衡发展的视域中进行探讨，特别是提出"教育资源共享"、"卫星学校"和"学校联合体"的对策，在研究视域和观点上都是重要的突破。当然，农村教学点建设是一个动态、复杂的系统工程，涉及面广，不是一两次研究所能完成的，本书的研究仅仅是一个良好的开端。愿作者不懈努力，在今后的研究中，就此问题做更进一步地深入探讨，再创新的业绩。

范先佐[1]

2014 年 7 月 28 日于武昌桂子山

---

　　[1]　范先佐（1953—　），男，湖北浠水人，我国著名教育经济学家，任华中师范大学教育学院教授、博士研究生导师，原国家教委首届人文社会科学跨世纪优秀人才入选者，湖北省新世纪高层次人才入选者，享受国务院特殊津贴；兼任全国教育科学规划领导小组教育基本理论学科专家组成员、国家自然科学基金公共管理学科专家组成员，全国教育经济学会副理事长、《教育与经济》常务副主编、湖北省教育经济学会副会长等。

目　　录

第一章　导论

近年来，我国义务教育发展取得了巨大成就。大规模普九的历史任务基本完成，义务教育经费保障机制基本建立，城乡免费义务教育全面实行。此后，推进义务教育均衡发展成为我国教育发展的重点和难点。其中最值得关注的应该是偏远地区的农村教学点问题。随着农村中小学布局调整[①]工作的推进，我国农村地区大量的教学点被撤并，当地学生上学远、上学难问题凸显，暂时保留的教学点在办学条件和师资方面也面临很多困境，水平落后，严重影响了偏远地区的义务教育质量。农村教学点的撤留及办学质量问题日益引起社会各界的关注。

一　现象描述

农村教学点（简称教学点），用通俗的话说，就是在偏远山区为方便当地学生就近入学而设置在本村或邻近村庄的只包括低年级的小学。更形象一点说，2008 年感动中国人物李桂林、陆建芬[②]夫妻俩 19 年扎根的四川省甘洛县乌史大桥乡二坪村小学就是典型的农村教学点。二坪村位于大渡河畔的山顶，海拔 1800 米，有 105 户 437 人，这里交通闭塞，山高路险。村民上下绝壁都要攀爬 5 架木制的云梯，进出极为艰难。二坪教学点仅有学生几十人，夫妻两人承担所有的教学任务，采用复式教学，19 年如一日，共培养了六届学生共 149 人。二坪教学点的办学条件极其落后，为了整修校舍，全村群众不顾山高路远，从大渡河边往山上背水泥 13 吨，

---

① 本书中"农村中小学布局调整"与"农村学校合并"同义。
② 中国教育新闻网：《李桂林陆建芬：坚守深山，19 年搭建精神"天梯"》，2009 年 5 月 28 日（http://www.jyb.cn/basc/rw/200905/t20090528_277155.html）。

运岩沙 107 吨。在此期间，李桂林夫妇坚持给孩子们露天上课。在感叹李桂林夫妇为农村教育事业无私奉献精神的同时，我们难以想象悬崖上的农村教学点所处的境遇。

陕西安康布局调整过程中撤销了很多偏远农村的教学点，导致农村学生上学路远不安全的问题十分严重。前丰村小学只剩一年级后，村里的学生们便去了远处的学校，由于学校不具备住宿条件，他们全部走读。距离该村 7 公里外的瀛湖镇武进希望小学，要摆小木船过瀛湖；玉岚乡联兴小学，要翻山越岭 7 公里左右，全部是羊肠小道，翻山沟过小溪；距离该村 11 公里的玉岚乡中心小学，孩子们清晨 4 点就要出发，几个孩子路上相互做伴，摸着黑走两小时山路，刚出村的 5 公里还是水泥路，再往前走的 6 公里就是黄泥路，一边是山，一边是水，"下雨最怕滑下去"，摔跤很平常，衣服沾满泥巴。2007 年，陈光金从前丰村小学，转入玉岚乡中心小学读书，作息时间发生了改变。读前丰村小学时，离家不足 500 米远，陈光金可以 6 点多起床，中午回家吃饭休息，下午天黑前作业就能完成，还能玩一会儿再睡觉。现在，陈光金半夜里去上学，中午在校门口花 2 元钱吃碗方便面，下午放学回家还得 2 个小时，到家后赶紧写作业，晚上 8 点前必须睡觉。陈光金说，学校没有食堂和宿舍，班上 40 个学生里，有 10 多个在学校附近租房子，有 10 多个走远路上学，11 公里山路还不是最远的，有的同学凌晨 3 点就要从家出发。① 可见，一些地方在布局调整过程中盲目撤销教学点给当地学生带来了很大困难，上学路途遥远，起早贪黑把很多的时间花费在上学路上，再加上山路危险不安全，十分令人担忧。

农村学校布局调整后被暂时保留下来的教学点在办学条件和经费方面面临着很多困难，但它们依然是偏远农村教育的重要支撑。四川省达州市通川区北外镇田家塝教学点在 2003 年被撤销后，根据政府计划，63 名学生原本该到乡中心学校上学；但因路途遥远，孩子们继续留在已被鉴定为危房的小学校舍里上课。没了老师，村里的家长们自己请人代课；没有经费来源，家长们按每生每年 700 元左右的标准交钱。山顶的小学校舍简陋，教室门窗破烂不堪，窗户上没有一块完整的玻璃，多年前就被鉴定为危房。学校现在有在校学生 63 名，其中幼儿班 18 名，其余的为一至五年

---

① 西部网：《安康学校布局调整失策，山村学生求学更加艰辛》，2009 年 8 月 3 日（http://news.cnwest.com/content/2009-08/03/content_2281393.htm）。

级学生，还有 4 名代课老师。到今天，整整 6 年过去了。原来的 4 名代课老师，只有田纯德和杨光琼两位女教师一直坚守，但学生从幼儿园到小学五年级，每年几十个学生从没落下过也没断过档，邻近的插旗山村和张金村以及罗江镇的部分孩子，也来该小学就读。四家塝教学点还将持续办学多久，不得而知。但它为当地农村学生上学带来的便利无法取代，得到村民的强烈拥护和支持①。

很多媒体都在关注教学点撤并问题及其直接关联的农村学校布局调整问题。据《新京报》报道：自 1993 年到 2008 年的 15 年间，我国小学学校已由 69.67 万所锐减到 30.09 万所，锐减了 56.8%②。针对这一事实，著名教育评论家熊丙奇发出疑问：这 39 万所小学该不该撤？近年来，伴随着生源减少，一些地方政府所想到的"优化办学资源"的做法，就是"撤点并校"，即把生源少的小学校撤掉，并入其他学校，代课教师清退，公办教师并入新学校。从表面上看，生源减少，学校也应该减少，这并无不妥。但撤点并校造成新的上学难问题，《义务教育法》所规定的学生就近入学无法实现，不少地区的学生，要么要赶很远的路去上学，存在严重的安全问题；要么就只能寄宿，但寄宿制其实并不适合每个年幼的孩子。撤校通常是在政府的一声令下中进行的，即便有家长强烈反对，由此引发矛盾重重也照撤不误。如果尊重家长意见，考虑学生的实际求学情况，这 39 万所学校，应有为数不少依旧开办。也就是说，被撤并的小学校中，至少有一部分是"非正常死亡"。究其原因，当一些地方政府一心想"节约"教育经费投入，想抛掉开办众多小学所需的运营费用"负担"，想在当地只办一所学校管理起来"省事"时，学校的撤并，就失去了尊重教育规律、尊重受教育者权利的基础，而小班化、均衡师资、科学规划等，均难以进入决策者的视野。③

针对学校布局调整不当引起的盲目撤销教学点问题及其产生的负面影响，社会各界给予了高度关注。教育部部长袁贵仁于 2009 年 11 月 7 日表

---

① 中国教育新闻网：《63 名学生娃自费请老师危房上课 因建制被撤销》，2009 年 12 月 9 日（http://www.jyb.cn/basc/xw/200912/t20091209_329040.html）。

② 新京报电子版：《中国小学生人数递减 13 年》，2009 年 7 月 21 日（http://epaper.bjnews.com.cn/html/2009-07/21/content_385990.htm）。

③ 中国教育新闻网：《15 年来 39 万所小学是怎样消失的？》，2009 年 7 月 23 日（http://www.jyb.cn/opinion/jcjy/200907/t20090723_293903.html）。

示，要科学确定农村中小学布局调整的规模、层次和速度，建立义务教育均衡发展激励机制，推进义务教育均衡发展①。2009 年 5 月，国务委员刘延东在全国中小学校舍安全工程电视电话会议上强调，农村"撤点并校"要注意从实际出发，防止"一刀切"或一哄而起。要在深入调查研究和广泛听取群众意见的基础上进行。②全国政协委员朱永新针对内蒙古东乌旗小学服务半径高达 250 公里的情况，在他的《关于呼吁在内蒙古牧区保障儿童就近入学的建议》提案中说："撤并学校一定要实事求是、因地制宜，不能搞'一刀切'。根据实际需要恢复部分被撤并的牧区小学或教学点；通过牧民参与的方式科学制定牧区小学布局调整方案。每个乡原则上至少应保留一所小学；采取必要措施扶持、保护内蒙古草原地区用蒙语进行教学的民族学校。"③国家督学胡平平针对如何加强农村教学点问题提出了中肯的建议："对不得不保留的教学点，一定要适当增加编制，财政给出经费。各教学点应该进行资源共享，教师可以实行'走教'，由中心校派教师到'教点'上课。这样就改变了过去那种'教学点'的概念，不再是单人独教、质量不高的局面了。"④

　　总之，农村教学点的问题已逐渐引起了社会各界的关注。2008 年感动中国人物李桂林、陆建芬 19 年坚守的四川省二坪教学点已为全国人民所知晓，他们艰苦的工作条件和教学点的落后面貌一并被报道，不禁让人们为偏远农村的教育问题感到担忧。陕西安康学校布局调整过程中撤销大量农村教学点导致学生上学路远不安全的事实，反映了一些地方政府在合并学校过程中不顾当地实际情况，一味追求规模效益，而忽视了教学点对偏远农村学生就近入学的重要性。学生花费大量的时间往返于家庭与学校之间，这给他们的学习和生活都带来了很多新的困难。四川省达州市通川区北外镇田家塝教学点在布局调整过程中由当地村民自己出钱暂时保留了下来，但其落后的办学条件一直没有得到改善，其尴尬的境遇没有得到政府的关注和支持。尽管如此，村民和学生都在竭尽全力维持着该教学点的

---

① 腾讯网：《陕西"空壳"乡村学校调查报告》，2009 年 11 月 9 日（http：//news. qq. com/a/20091109/000788. htm）。

② 中国教育报：《实录：全国中小学校舍安全工程电视电话会议》，2009 年 5 月 8 日（http：//www. jyb. cn/china/ gnxw/200904/t20090425_ 267185. html）。

③ 朱永新：《叫停盲目撤点并校》，《内蒙古教育》2007 年第 7 期。

④ 中国教育新闻网：国家督学胡平平：科学规划好义务教育学校布局，2009 年 2 月 27 日（http：//china. jyb. cn/basc /sd/ 200902/t20090227_ 244480. html）。

运转，因为它对于当地学生就近入学来说是必不可少的。熊丙奇分析了教学点被大量撤销、处境艰难的原因主要是地方政府对学校布局调整政策的执行不当。袁贵仁、刘延东、朱永新、胡平平分别从规范农村学校布局调整原则、保留偏远教学点、加强教学点建设等角度提出了建议，为各级政府和政策制定者提供了有益的参考。农村教学点问题已经成为社会热点问题，同时，它也亟须在学理上进行研究和探讨。

二 问题提出

农村教学点的现象描述是我国偏远农村教育的真实写照。在我国农村教育极其落后的时代，农村教学点是农村义务教育的重要办学形式。教学点师资和办学条件的落后与当时农村教育的整体落后直接相关。而在农村义务教育实现全免费，农村教育状况得到了较大程度改善的今天，农村教学点的状况却没有得到应有的关注和扶持，甚至陷入了更糟糕的境遇。特别是近几年在农村地区实施的学校布局调整过程中，大部分教学点被撤并，暂存下来的教学点条件依然得不到改善，教学设施陈旧落后、危房增多、教师年龄老化等，农村教学点的命运基本上都是"终有一天会被撤并"。《义务教育法》所规定的学生就近入学无法实现，不少地区的学生，要赶很远的路去上学，存在严重的安全问题。可见，由于布局调整过程中出现的政策或调整措施不当而导致农村教学点处于被动、尴尬的境遇确实是当前值得关注的重要问题。

教学点或小规模学校不是中国独有的教学组织形式，在其他国家农村地区也普遍存在。发达国家在农村交通网络发达之前，其教育体系也在很大程度上依赖于小型农村小学。如美国曾经有成千上万个一师一校的小学，至今仍有463个这样的学校。英国2008年有2637所规模小于100人的小学校，其中645所学校规模小于50人①。大多数非洲国家在教育落后时期为迅速扩展教育网络也主要采取学校覆盖区域的最小人口数标准：毛里塔尼亚为600个居民，一个标准街区2个教室；冈比亚是一个街区2个教室；几内亚是一个标准街区3个教室。其结果是，许多国家在20世纪八九十年代，学校网络迅速增

---

① Teachernet. (2009), Analysis of small schools by local authority. http://www. Teachernet. gov. uk/_ doc/8259/ Analysis_ of_ small_ by_ local_ authority. doc.

长，几乎覆盖了整个国家版图，大多数是非完整的小规模学校①。

在我国，伴随农村税费改革以及城镇化步伐的加快，农村适龄学生数量逐年下降，为提高学校规模效益和促进教育均衡发展，通过调整农村中小学布局，大力发展乡镇中小学，扩大办学规模；有计划地撤并一些规模小、质量低、效益差的学校，有利于改善办学条件，促进教育教学质量提高②。但学校布局调整就等于说教学点已经不再适应当前农村教育的发展了吗？为什么当前农村教学点会面临难以维系的境遇？教学点难道是一种落后的教学形式，应当逐步取消吗？我们应该如何认识教学点在农村义务教育普及与发展中的地位？怎样合理布局慎重对待教学点的撤留问题？又应该怎么看待教学点的未来发展？这些问题在现实中迫切需要得到解答。

2006 年 4 月到 10 月，我有机会参与了导师范先佐教授主持的"中西部地区农村中小学学校合理布局结构研究"课题的研究，并随课题组到湖北、河南、陕西、广西、云南、内蒙古六个省（自治区）进行实地调研，调研包括问卷调查、访谈和考察当地农村学校布局调整状况。农村教学点问题是当前布局调整过程中的重要问题之一，在调研期间，我们收集到大量的数据、访谈记录和典型个案，其中关于教学点问题的资料十分翔实。为了保证数据的及时更新，本人于 2009 年 5 月又与课题组成员赴广东省新丰县（典型山区县）对教学点问题进行专门调研，收集到新的一手资料。参与课题调研而获得的第一手资料为本书提供了强有力的数据和案例支撑。

三　研究现状

（一）国外的研究

国外关于农村教学点（农村小规模学校③）的研究较之国内要丰富得

---

①　石人炳：《国外关于学校布局调整的研究及启示》，《比较教育研究》2004 年第 12 期。

②　范先佐：《农村中小学布局调整的原因、动力及方式选择》，《教育与经济》2006 年第 1 期。

③　国外小规模学校在城市和农村地区具有很大差别。城市地区小规模学校的开办主要是以"开放式教学"、"特色课程设置"为目标而创建的教育模式，目的是提高教育质量、促进教育多样性的实现，是"以学生为中心"新型教育理念的实践。它得到国家政府的资金支持，有充足的资金投入作为保障，成为备受关注的新型教学模式。而农村地区的小规模学校则是由于偏远农村地区经济落后、适龄人口少，一个班级几个学生会浪费教育资源，所以将几个年级的学生合并在一个班上课，组成复式学校。它是以节省资金为目的一般教学质量不高。随着农村人口的逐年减少以及财政紧缩，很多小规模学校被关闭，学生转入中心城镇的大学校学习。参见 Miller, Bruce. (1991), Teaching and Learning in the Multi-grade Classroom: Student Performance and Instructional Routines. ERIC Digest. ERIC, Clearinghouse on Rural Education and Small Schools Charleston WV. ED335178.

多，研究的起始时间很早，研究范围主要涉及农村小规模学校的界定、作用、处境及未来发展等方面。尽管国外农村小规模学校由于不同国家的国情而经历着不同的发展轨迹，但它们在上述方面都存在共性，与本研究的农村教学点问题联系紧密。

1. 农村小规模学校的界定。国外的研究者一般都是根据学校规模（学生人数或班级数量）的大小来界定小规模学校。如 Lambert 对美国阿拉巴马州的小规模学校进行了调查，他认为："学校的规模各异，但如果一所学校的每个年级只有两个或更少的班级，这样的学校就称作小规模学校。小规模学校最典型的特点在于以学生为中心，学生的家长、教师、学校的管理人员和其他工作人员都彼此了解。学生把学校当成自己的家，每个人都是这个家的重要一员，而不仅仅是一个学号代表。小规模学校的学生很少会意识到自己被忽视，教师更容易关注到每一个学生"[1]；Mulcahy 对加拿大农村小型学校的研究表明"大部分小规模学校的学生入学人数小于100，甚至很多学校只有10—20个学生"[2]；Marklund 对瑞典农村小规模学校的界定为："坐落在小型村落的入学人数小于50，且学生年龄在6—13岁的小型学校。1997年，瑞典农村地区大约有600所这样的小规模学校，其中110所被教育部门划定为即将被关闭。"[3] 英国的一些研究者对小规模学校的学生人数进行了最大值界定，如 Harber 指出小规模学校的学生人数最多不超过70人[4]，Arnold 规定为不超过90人[5]；Craig 和 Blandford 界定为50—275人[6]，Hargreaves 将小规模学校界定为学生人数少于100，在校学生年龄在5—11岁的学校[7]。Wolff 和 Garcia 对发展中国

① Lambert, R. (2007), The Rural School and Community Trust is a national nonprofit organization addressing the crucial relationship between good schools and thriving communities. The Rural Trust's Web site, www. ruraledu. org.

② Dennis M. M. (2009), Rural and Remote Schools: A reality in search of a policy. Edge Conference October 2009, St. John's, NL Canada.

③ Marklund, I. (2000), The school in the centre of the village. Ostersund, Sweden: Glesbygdsverket. http://www. glesbygdsverket. se/publikationer. asp.

④ Harber, C. (1996), Small schools and democratic practice. Nottingham.

⑤ Arnold. R. (1994), Small primary schools today, NfER, Slough.

⑥ Craig, I. & Blandford. C. (2004), Building for the future: A study of small schools, British Education Research Association Annual Conference University of Manchester, UK.

⑦ Hargreaves, L., Cunningham, M., Hansen, A., McIntyre, D., Oliver, C. & Pell, T. (2007), The status of teachers and the teaching profession: Views from inside and outside the profession. Final Report. RR831A. London: DfES.

家小规模学校的背景是这样论述的："小规模复式学校在发展中国家乃至全世界国家的偏远农村地区非常普遍，如秘鲁大概有21500个复式学校，其中的95%位于农村地区。农村教师数量为41000人，其中69%的教师在复式学校工作；斯里兰卡共有10120所小学，其中1250所学校的教师数量少于3人；越南有2162所复式小学校，由于学龄人口数量少，每个班的复式年级有1、2、3、4四个年级，这些学校位于偏远农村地区，是教育系统内最容易被忽视的部分。"① 可见，国外的研究者从学校规模的角度对小规模学校进行界定，尽管各自界定的数值存在差异，但学生人数少是小规模学校的共同特点。

对小规模学校定义的另外一个维度是复式学校（Multi-grade school）。研究者对复式学校的探讨多集中在复式教学方式、教学效果方面。但复式学校规模小，具有小规模学校的一般特征，可以说是小规模学校的一种。Birch和Lally针对尼泊尔、马来西亚、巴基斯坦、澳大利亚、中国、印度尼西亚、菲律宾等亚太地区国家复式学校的情况进行了概念界定："复式学校是分布在人口稀疏的偏远农村的小规模学校，每个班由一位教师同时教授几个年级的学生。马来西亚的复式班一般是相邻的两个年级在同一个班上课；巴基斯坦和澳大利亚的复式班大概有5—6个年级在同一个班上课；菲律宾的复式学校通常是不同种族、不同能力的学生在同一班上课，教师只能用当地的语言进行授课；越南的复式学校少数民族学生占绝大多数，所以要给予特殊的关注。"② Winsome和Andre针对澳大利亚、玻利维亚、韩国等14个国家的农村教育情况专门探讨了一师一校型复式小规模学校："尽管世界各国经济和文化发展水平不同，但各国教育系统内都存在一师一校这种教学组织形式，即一所学校只有一位教师，承担教学、管理等多项任务。澳大利亚小学有17%的学校入学学生数少于36人，这些小规模学校大多都是复式学校，其中12%的复式学校仅有1—2名教师。"③ 其他

---

① Laurence, W. & Norma, G. (2000), Multi-grade Schools and Technology. TechKnowLogia, Knowledge Enterprise, Inc. http://www.ioe.ac.uk/multigrade/.

② Birch, I. & Lally, M. (1995), Multigrade Teaching in Primary Schools, UNESCO Principal Regional Office for Asia and the Pacific P. O. Box 967, Prakanong Post Office Bangkok 10110, Thailand. pp. 1 – 2.

③ Winsome Gordon, Andre Lokisso (1996), Enchancing the Effectiveness of Single-Teacher Schools and Multi-Grade Classes: Synthesis of Case Studies. UNESCO in collaboration with the royal ministry of education research and church affairs, Norway. pp. 1 – 2.

研究者如 Miller[①]、Schiefelbein[②]、McEwan[③] 等人从复式教学的角度对复式小规模学校进行了概念界定，他们均突出了复式学校入学人数少、学校规模小的特点。因此，复式学校是对农村小规模学校界定的另一个维度，复式学校问题的研究可以说是小规模学校研究的分支。

2. 农村小规模学校产生的背景。国外农村小规模学校主要分布在偏远农村贫困地区，这些地区经济落后、人口稀疏、教育资源紧缺。Birch 和 Lally 从人口、地理、经济社会等多个方面探讨了小规模学校产生的背景："首先，全世界各国为了满足不断增长的教育需求，都将小规模学校作为一种必不可少的办学形式为偏远地区的人口提供教育服务。很多国家适龄学生数量逐年减少，班级规模缩小，教师供给不足都决定了开办小规模学校的必要性。其次，从地理因素看，小规模学校的落后状况都与其地理位置相关，如印度尼西亚、马尔代夫、菲律宾及太平洋岛国的小规模学校大多位于偏远海岛，而巴基斯坦、不丹、尼泊尔等国的小规模学校多位于偏远山区，越南、巴布亚新几内亚的小规模学校多位于热带丛林。这些地区偏远贫困、人烟稀少，与城市几乎隔绝，信息闭塞。最后，从经济社会角度看，小规模学校所处的偏远地区在社会、文化、政治等方面都处于弱势地位，贫困人口比例大，这些地区往往除了一所学校外没有任何其他公共服务设施。"[④] Alan[⑤]、Lisbeth[⑥]、Esko[⑦] 等研究者分别对冰岛、瑞典和芬兰等国的小规模学校背景进行了探讨，欧洲各国仍有 10%—30% 的人口居住在小型村庄，为满足这些人口的受教育需求，在小型村庄建立复式学校成为必然；而瑞典 30% 的人口居住在人口低密度区（5 人/平方公里），

---

① 转引自 Christopher Thomas, Christopher Shaw (1992), Issues in the Development of Multigrade Schools, World Bank technical paper, no. 172. The Word Bank Washington, D. C. Copyright. Manufactured in the United States of America. pp. 2 – 3.

② Patrick J. McEwana. (2008), Evaluating Multigrade School Reform in Latin America, Comparative Education, 44 (4): 465 – 483.

③ UNESCO. (1998), Wasted Opportunities: When Schools Fail. Education for All. Status and Trend. Paris: UNESCO.

④ Ian birch and Mike Lally (1995), Multigrade Teaching in Primary Schools, UNESCO Principal Regional Office for Asia and the Pacific P. O. Box 967, Prakanong Post Office Bangkok 10110, Thailand. pp. 7 – 9.

⑤ Interskola 2005, Cornwall, England. p. 3.

⑥ Aberg-Bengtsson, Lisbeth. (2009), The smaller the better? A review of research on small rural schools in Sweden, International Journal of Educational Research, 48 (2): 100 – 108.

⑦ Esko Kalaoja & Janne Pietarinen. (2009), Small rural primary schools in Finland: A pedagogically valuable part of the school network. International Journal of Educational Research. 48 (2): 109 – 116.

小规模学校在这些地区十分普遍；芬兰的小学生数量到 2010 年减少了
10%，人口流动也继续加速，偏远地区学校规模越来越小。Etienne 和
Jean[1] 对世界各国小规模学校的数量、比例和类型进行了总结：直到 21
世纪初期，全球的小于三个班级的小型学校仍占学校总数的 30%，其中
大部分小规模学校是复式教学。他们对法国、秘鲁、老挝等国家的小规模
学校数量进行了统计，说明小规模学校在各国仍占有相当大的比例（见
表 1 - 1）。总之，关于各国小规模学校的背景研究十分丰富，各国的具体
情况也因其自然地理、社会条件的不同而呈现不同的面貌。但可以总结的
是，各国农村小规模学校所处的背景主要是偏远农村人口分散、地理位置
偏僻、地形复杂、隔离程度高、经济社会发展滞后等客观现实。

表 1 - 1　　　　　　　　各国小规模学校的数量和比例

法国	2000 年，全国共有 52000 所公办小学，其中有 800 所只包含 1 个班级的小规模学校和 17000 所包含 2—3 个班级小规模学校。
秘鲁	1998 年，全国 27580 所小学中，约 78% 的学校为复式小规模学校，其中农村地区的小规模学校比例为 89%；41% 的复式学校为一师一校。
老挝	1995 年，全国有 50% 的小学和 21% 的班级为复式教学。老挝目前的教育政策为扩大班级规模和减少学校数量。
蒙古国	三省四区和两个行政单位都将复式教学作为一种教育模型引入 310 个学区。
巴布亚新几内亚	全国 4 个区域已经建立起 114 所复式学校，未来将新建 216 所新的复式学校。
菲律宾	全国 14 个区域的复式学校共有 19411 个复式班级。
越南	全国 13 个省，108 个行政区有复式班级 1130 个，包含 3800 名教师和 86853 名学生，越南政府在未来几年将增加复式小规模学校的数量。
布基纳法索	1992 年，全国共有小学 5131 所，复式小规模学校占全国学校数量的 36%，其中 91.4% 的复式学校位于农村地区。

资料来源：Étienne Brunswic and Jean Valérien (2004), Multigrade schools: improving access in rural Africa？Paris. International Institute for Educational Planning (IIEP) UNESCO. p. 26, 35. http://www. unesco. org/iiep.

3. 农村小规模学校的作用。研究者对农村小规模学校的作用研究主要

---

① Étienne Brunswic and Jean Valérien (2004), Multigrade schools: improving access in rural Africa？Paris, International Institute for Educational Planning (IIEP) UNESCO. p. 26, 35. http://www. unesco. org/iiep.

集中在几个方面：地方社区中心、方便学生入学、扩大受教育机会、促进教育质量提高等。Miller[①]、Terence[②] 等人论述了小规模学校在农村社区中的作用："农村小规模学校作为一种教学组织形式，在很多方面具有高度的复杂性，它们在当地社区发挥着重要的凝聚和中心作用，它们主宰着偏远农村地区的教育。"Patricia 和 White[③] 对澳大利亚农村小规模学校在社区的作用进行了系统研究，他们指出："从广义上讲，教育为发展和保持社区文化认同发挥着重要作用。农村小型社区内的学校对当地居民来说是一种文化的象征，产生一种无形的凝聚力维持社区的稳定。"Little[④] 等人从扩大贫困地区学生受教育机会的角度论述了农村小型学校的作用："小型复式学校对于扩大教育机会、让所有儿童接受教育（Education for all）的目标具有极其重要的作用。据估计，全世界大概有 1500 万—2500 万的儿童没有接受教育，这些儿童大多居住在偏远落后地区，因此，经济社会发展落后地区的教育普及急需小型复式学校的设立。"Jarousse[⑤]、Rojas[⑥]、Rowley[⑦] 和 Bray[⑧] 等人分别对布基纳法索、哥伦比亚、巴基斯坦和印度尼西亚等国的农村小规模学校的学生表现进行了研究，它们得出的结论都显示了农村小型复式学校的学生在学业成就方面优于大规模学校的学生。其中哥伦比亚的复式学校三年级学生在西班牙语和数学两个科目上优于大规模学校学生；巴基斯坦小型学校学生认知水平优于大规模学校学生；印度尼西亚小型学

① Miller, B. A. (1991), A Review of the Qualitative Research on Multigrade Education, Journal of Research in Rural Education, 7 (2): 3–12.

② Terence Chea. (2009), Economic crisis threatens small, rural schools. Associate Press, March 14.

③ Patricia A. M. White-Davison. (1999), Schooling in Small. Rural/Remote Communities, A thesis submitted in fulfillment of the requirements for the degree of master of Philosophy, University of Queensland. 21, December, pp. 23–25.

④ Angela W Little (2005), Learning and Teaching in Multigrade Settings, Paper prepared for the UNESCO EFA Monitoring Report, p. 8.

⑤ Jarousse, J. P. and Mingat, A (1991), Efficacite pedagogique de l' enseignement a cours multiples dans le contexte africaine. Institut de Recherche sur l' Economie de l' Education, Centre National de la Recherche Scientifique, Dijon.

⑥ Rojas, C and Castillo, Z. (1988), Evaluacion del Programa Escuela Nueva en Colombia. Instituto Ser De investigaciones, Bogota.

⑦ Rowley, S. D. (1992), Multigrade Classrooms in Pakistan: how teacher and practices affect student achievement. Unpublished doctoral dissertation, University of Harvard.

⑧ Bray, M. (1987), Are small schools the answer? Cost effective strategies for rural school provision, London, Commonwealth Secretariat.

校学生的大部分学科成绩都优于大规模学校学生。Korpinen[①]、Peltonen[②]、Webb[③]等人都从教育质量的角度对小规模学校的作用进行了研究，它们指出："农村小型学校有利于培养学生的自学能力和合作能力，教学形式灵活多样，老师和同学之间的关系更加融洽，学生的学习环境像是在家庭氛围下的放松的学习。这也促进了教学法从以教师为中心向以学生为中心的转变，加强了学生的自主意识，极大地促进了教育质量的提高。"Étienne 和Jean[④]对包括中国在内的几个亚洲发展中国家复式小规模学校的作用进行了探讨，主要论述了小规模学校有利于促进学生学习，能够保持较高的教育质量。国外学者对于农村小规模学校的作用研究比较全面，反映出小规模学校在农村地区的重要性，为中国农村教学点的研究提供了新的视角。

4. 农村小规模学校的尴尬处境。国外学者对小规模学校的困境研究主要体现在小型学校面临关闭、学生转学后上学不便、办学条件落后、师资短缺等方面。其中较为典型的研究有：Miller[⑤]从教学、学校和社会文化三个方面具体论述了美国小规模学校的困境，如复式教学普遍、教师工作繁重、教学设备陈旧短缺、学校资金匮乏、文化孤立等（详见表1－2）。Étienne 和 Jean 总结了世界范围内小规模学校的困境："小规模学校不能得到政府的认可、缺乏强有力的政策支持；偏远地区小规模学校工作环境恶劣，有经验的教师不愿意到这些学校任教；教育资源短缺，如教学设备、

① Korpinen, E. (1998), Village school as a developmental context for the self-concept of a pupil (Kyla koulu oppilaan itsetunnon kehittymisympa ristona.) In E. Korpinen (Ed.). The many faces of a village school (Kyla¨koulun monet kasvot). Journal of Teacher Researcher 1, pp. 6 - 20 (In Finnish).

② Peltonen, T. (2002), Development of pre-education in small schools—from the primary school of the old times to pre-school. Faculty of Education, University of Oulu (In Finnish).

③ Webb, R., & Vulliamy, G. (1998), External inspection or school self-evaluation? A comparative analysis of policy and practice in primary schools in England and Finland. British Educational Research Journal, 24 (5): 539 - 557.

④ Étienne Brunswic and Jean Valérien. (2004), Multigrade schools: improving access in rural Africa? Paris, International Institute for Educational Planning (IIEP) UNESCO. pp. 26, 35. http://www.unesco.org/iiep.

⑤ Miller, Bruce A. The Multigrade Classroom: A Resource Handbook for Small, Rural Schools. NWREL Document Reproduction Service, Northwest Regional Educational Laboratory, 101 S. W. Main Street, Suite 500, Portland, OR 97204. 1989. pp. 41 - 42.

教具、方法指南、辅导书等的匮乏导致小规模学校的教学质量下滑。"[1] Dennis M. Mulcahy 对加拿大纽芬兰与拉布拉多省小规模学校面临的困境进行了探讨:"20 世纪加拿大教育当局推行教育改革并实行学校合并和重组政策,其中纽芬兰与拉布拉多省小型学校由 1966 年的 1200 所锐减到 2008 年的 300 所。因此导致了越来越多的学生要搭乘校车去更远的大规模学校上学。但是很多农村小型学校位于偏远孤立的村庄,由于路途遥远,校车并不能解决学校关闭后学生的交通问题。"[2] McEwan 以拉丁美洲三个国家哥伦比亚、危地马和智利为例论述了农村小规模学校的改革:"拉丁美洲的贫困家庭的儿童都土生土长在偏远农村地区,在当地的小规模学校上学,很难接受到同等质量的规模教育。"[3] 此外,Lisbeth[4] 探讨了瑞典政府为了消减教育支出、并且认为农村小规模学校不能达到教育标准,所以决定大范围关闭小规模学校,而很多学生的家与学校距离达 20 公里甚至是 30 公里,上学极为不便。Kennedy 和 MacDougall 指出小规模学校关闭后学生要花费更多的时间乘坐校车,在大规模学校上学需要支出更多的教育成本[5]。Lungwangw[6]、Aikman[7] 和 Hargreaves[8] 分别对亚洲、非洲和拉丁美洲的农村小型学校进行了研究,指出它们的问题主要是缺乏教师、教育资源和空间。

① 资料来源: Étienne Brunswic and Jean Valérien (2004), Multigrade schools: improving access in rural Africa? Paris, International Institute for Educational Planning (IIEP) UNESCO. pp. 51 – 53. http://www. unesco. org/iiep.

② Dennis M. Mulcahy. (2009), Rural and Remote Schools: A reality in search of a policy. Edge Conference October 2009, St. John's, NL Canada.

③ McEwan, P. J. (2004), The indigenous test score gap in Bolivia and Chile. Economic Development and Cultural Change 53, no. 1: 157 – 190; Winkler, D. 2000. Educating the poor in Latin America and the Caribbean: Examples of compensatoryeducation. In Unequal schools, unequal chances, ed. F. Reimers, pp. 113 – 132. Cambridge, MA: Harvard University Press.

④ Aberg-Bengtsson, Lisbeth. (2009), The smaller the better? A review of research on small rural schools in Sweden. International Journal of Educational Research, 48 (2): 100 – 108.

⑤ Norma Kennedy. Mike MacDougall. (2007), School Closure Process Review Review Committee Report and Recommendations. January, p. 8.

⑥ Lungwangwa, G. (1989), Multigrade Schools in Zambian Primary Education: A Report on the Pilot Schools in Mkushi District. Education Division Documents, p. 47.

⑦ Aikman, S. & Pridmore, P. (2001), Multigrade Schooling in 'Remote' Areas of Vietnam. International Journal of Educational Development, 2: 521 – 536.

⑧ Hargreaves, E., Montero, C., Chau, N., Sibli, M. & Thanh, T. (2001), Multigrade Teaching in Peru, Sri Lanka, and Vietnam: An Overwiew. International Journal of Educational Development, 21: 499 – 520.

表 1 - 2 美国农村小规模学校面临的问题

教育教学
- 通常是几个年级的学生在同一个教室上课
- 学生—教师比例很低
- 教师在一天内要做 3—5 次的课前准备
- 教师讲授的课程经常是没有经过充分准备的
- 教学设备、资源陈旧短缺
- 学生学习需要的媒体设备、图书馆等资源十分有限
- 缺乏对教师满足学生特殊需求的支持

学校
- 教师通常要承担繁重的管理、监督、课余辅导、维持秩序等非教学工作
- 初级和高级中学往往连接在一起
- 学校办学经费短缺
- 教师缺少培训和提高业务水平的机会,处于孤立状态
- 得不到上级政府的关注和支持
- 没有既定的办学标准和政策导向,管理不规范
- 教师工资水平很低

社会—文化
- 学校不能合适的选址,购买和出卖资产很困难
- 地理位置的偏僻导致文化的孤立
- 医疗和商品的供给服务十分不便利
- 家长们特别希望教师能参与社区活动
- 孤立
- 要适应特殊的气候

资料来源:Miller, Bruce A. (1989), The Multigrade Classroom: A Resource Handbook for Small, Rural Schools. NWREL Document Reproduction Service, Northwest Regional Educational Laboratory, 101 S. W. Main Street, Suite 500, Portland, OR 97204. pp. 41 - 42.

5. 农村小规模学校的未来发展。很多研究者对如何加强小规模学校建设及其未来发展问题进行了研究。Winsome 等承担的联合国教科文组织项目对澳大利亚、玻利维亚、韩国、马里等 14 个国家的农村小规模学校进行了调查研究,提出了加强小规模学校建设的建议:"全世界各国无论其经济社会发展水平如何,都拥有大量的农村小规模学校,尽管它们的数量在逐渐减少,但它们能满足偏远地区学生的教育需求,这类学校在未来一定是继续存在的。因此必须采取措施加强它们的建设,各国政府要制定合理的教育政策和法律规范小规模学校办学;要在教学设备、资源和服务等方面给予它们特殊的关注和支持;应给予小规模学校的教师额外的经济补偿,改善他们的工作条件,并在专业发展方面加强他们的职业训练;在

理论和实践上尽力探索小规模学校的办学经验和加强教师的技能培养。"①
Étienne 和 Jean 通过对非洲各国小规模学校的研究提出了加强农村小型学校
建设的中长期详细计划，建议中央政府和地方教育行政部门承担起具体的
职责和任务②。该建议涉及了政府职责、教育资源支持、教师发展、课程改
革、远程教育、学校合并等很多方面，对发展中国家小规模学校的建设具
有重要的借鉴意义。Nicole 和 Rashmi 对印度小规模学校发展提出了建议：
"长期看来要对小规模学校的成本—收益进行评估以确定印度哪些小规模学
校需要撤销或保留，对保留的学校要给予长期的财政支持，消除农村地区
学生的经济社会弱势地位，课程设置要适应偏远农村的实际情况，加强教
师培训，促进社区居民与学校之间的相互联系，政府要改变对小规模学校
和复式学校的传统观念等。"③ Dennis④ 从关闭学校的标准、政策导向、课
程设置、资源供给、教师培训、远程教育等方面提出了加强加拿大农村小
规模学校建设的建议。其他研究者侧重从某个角度探讨加强小型学校建设
的建议。Douglas 对中非地区的农村教育进行了考察，从学校关闭和布局调
整的角度指出偏远地区关闭小规模学校必须慎重行事，学生上学距离除了
空间距离外，还应包括文化距离和时间距离，这是影响农村学生享受教育
机会的关键因素，所以从距离的角度出发，必须保留农村小规模学校，保
证当地学生享有受教育机会⑤。Sigsworth⑥ 和 Scott⑦ 等分别针对埃塞俄比亚

---

① Winsome Gordon & Lokisso. (1996), Enhancing the effectiveness of single-teacher schools and multi-grade classes. Unesco in collaboration with the royal Ministry of Education research church affairs, Norway. pp. 2, 41.

② Étienne Brunswic and Jean Valérien. (2004), Multigrade schools: improving access in rural Africa? Paris, International Institute for Educational Planning (IIEP) UNESCO. p. 91 (http: // www. unesco. org/iiep).

③ Nicole, Blum., Rashmi, Diwan. (2007), Small, Multigrade Schools and Increasing Access to Primary Education in India: National Context and NGO Initiatives. Create pathways to access Research Monograph No 17, pp. 43 –45.

④ Dennis M. Mulcahy. (2009), Rural and Remote Schools: A reality in search of a policy. Edge Conference October St. John's, NL Canada.

⑤ Douglas Lehman (2003), Bringing the School to the Children: Shortening the Path to EFA. Education, The World Bank. August.

⑥ Sigsworth, Alan., Solstad, Karl Jan. (2001), Making small schools work: A handbook for teachers in small rural schools. UNESCO International Institute for Capacity Building in Africa Addis Ababa, Ethiopia, pp. 11 – 13.

⑦ Scott, Robert J. (1984), Teaching and Learning in Remote Schools: A Dilemma Beyond Rural. Education. Information from the National Information Center for Handicapped Children and Youth, Sep, p. 6.

和美国内华达州的农村小规模学校情况提出了创建学校联合体来促进这类学校的发展，即将一定区域内的学校组成联合体，中心地区的大学校辐射偏远地区的若干小规模学校，这些学校共享教学设备和资源，教师定期到中心学校进行教学经验交流，各学校之间在资源共享中寻求发展和进步。Laurence 和 Norma[1] 以哥伦比亚、澳大利亚等国偏远农村远程教育的经验为例，提出通过改进教育技术、运用无线收音机、互联网、电话或卫星传输等方式进行远距离教学来辅助偏远地区小型学校的教学活动，从而减轻教师的压力、保证当地学生享受到更高质量的教育。此外，Vincent[2]、Ian&Mike[3] 和 Angela[4] 等很多学者也都探讨了发展中国家小规模学校的未来走向问题，他们的观点与前面列举的文献相类似。总之，国外学者对于农村小规模学校的发展和建设问题的研究十分丰富，他们主要从政策导向、合理规划布局、资金支持、课程改革、教师供给、远程教育、改变对小规模学校态度等几个方面提出促进农村小规模学校发展的对策建议，这些建议都是在对某个国家或地区农村学校实证研究的基础上得出的，对中国农村教学点的发展问题具有重要的实践指导意义。

综上所述，国外学者对农村小规模学校的研究较之国内的研究更为全面具体。

第一，研究涉及的国家地区十分广泛，涵盖全世界范围内很多发达国家和发展中国家，发达国家主要有美国、澳大利亚、英国、法国、加拿大、瑞典等，发展中国家包括坦桑尼亚、老挝、菲律宾、巴布亚新几内亚、越南、莱索托等亚洲、非洲国家和地区。

第二，研究内容主要涉及小规模学校的概念界定、背景、作用、小规模学校面临的困境及其未来发展等方面。首先，他们对农村小规模学校的界定主要是根据当地的学校规模（学生数量）为标准，确立一个学校规

---

① Laurence Wolff and Norma Garcia. (2000), Multi-grade Schools and Technology. TechKnowLogia, May/June, 2000© Knowledge Enterprise, Inc. pp. 38 - 40.

② Vincent, Susan: The Multigrade Classroom. (1999), A Resource Handbook for Small, Rural Schools. Book 1: Review of the Research on Multigrade Instruction. Office of Educational Research and Improvement (ED), Washington, DC.; Institute of International Education, New York, NY. Nov, p. 59.

③ Ian Birch, Mike Lally. (1995), Multigrade teaching in Primary Schools. Asia-Pacific Centre of Educational Innovation for Development. Unesco principal regional office for Asia and the Pacific, Bangkok, p. 67.

④ Angela W Little. (2004), Learning and Teaching in Multigrade Settings. Paper prepared for the UNESCO 2005 EFA (Education for All) Monitoring Report. p. 13.

模的上限，少于上限值的学校均界定为小规模学校。还有另外一个维度是复式小规模学校（Multi-grade school），很多研究者针对农村复式学校的办学情况、教学方式、特殊背景等问题进行实证研究，复式学校是由于学校规模小从而将几个年级的学生整合到一个班上课，其界定从属于小规模学校。国外学者对小规模学校的界定与我国的情况有所不同，由于中国国土面积大，各省、各地区的教学点规模差异很大，所以单纯根据学校规模界定其概念比较困难，只能以年级数小于6为标准将所有的不完全小学都纳入教学点的范围。目前我国的复式学校也都从属于教学点的范畴。其次，关于小规模学校背景的研究主要集中在它们各自所处的地理位置、社区环境（经济社会文化发展落后）、数量变化等方面，这些学校主要位于偏远农村地区（海岛、沙漠、林区等），社区人口密度低，经济社会文化发展滞后，处于被隔离状态，很多国家政府认为复式小规模学校属于不正规办学（大规模单班教学才是正规的办学形式），为节省教育开支以及受教育规模效益观念的影响，逐步采取关闭小规模学校的政策措施。世界范围内农村小规模学校背景的研究与我国农村教学点的背景相类似，如我国教学点也大多处于偏远地区主要是山区，人口分散、经济发展落后、交通不便、信息闭塞等。目前我国农村教学点面临关闭的状况也比较严重，除了上述原因外，我国农村教学点被大量撤销的原因还在于地方政府在学校布局调整过程中的政策执行不当。因此，我国农村教学点的背景存在一定的特殊性，需要进一步从中国的实际情况进行考察。再次，农村小规模学校的作用研究主要侧重它们有助于扩大受教育机会、方便学生就近入学、学生表现更好、促进社区稳定等方面。其中扩大受教育机会和方便学生入学两个方面与我国情况相类似，但对于农村教学点学生表现和成绩的大量实证研究及其文化中心作用的研究，国内学者很少涉及，因此，这方面的文献对农村教学点作用的探讨具有重要的借鉴意义。复次，农村小规模学校的困境主要涉及学校面临关闭及其导致的学生上学困难以及学校办学条件差、师资短缺等方面的问题。这类研究大多采用定量为主的实证研究方法，对于小规模学校具体的财政经费收支，学生上学的交通工具、时间、路程，教师工作量和课堂教学过程等都有详细的说明，值得本研究借鉴。最后，农村小规模学校的未来发展问题研究涉及政策导向、合理规划布局、资金支持、课程改革、教师供给、远程教育、改变对小规模学校态度等。其中国际上一些学者开始引入 GIS 进行分析和评估学校布局的合理性，对关闭小规模学校的决策具有科学指导意义，是一个崭新的研究视角和领域。国外学者对偏远地区远程教育的研究十分详尽，包括具体的多媒体手段应用、远程协助手段等，从新的角度探讨如何促进偏远农村小型学校的教育质量问题。其他方面如政策导向、资金支持、课程改革等都是基于它们各自所面临的问题而提出的对策建议。对策方面的研究为我国农村教学点的未来发展问题提供了很多新的视角。

总之，与国际学者研究的结论相类似，我国农村教学点在未来长时期都必定是存在的。国外学者对小规模学校的研究涉及的范围广泛，本研究应借鉴其研究的全面性、实证性和科学性。对于农村教学点的背景和面临的困境，本研究应从中国农村教育的实际出发，作出更客观、具体的判断。而针对农村教学点的作用，应借鉴国外学者的新视角，侧重学生成绩和表现的实证研究，以及探讨教学点与农村社区的联系。对教学点未来发展问题的研究，不能只停留在理论指导，而应引入新的方法进行科学评价和规划，作出具有实践指导意义的对策分析。

（二）国内的研究

国内学者对农村教学点的专题研究十分有限，大多侧重现象的描述和相关问题的间接探讨。根据已有文献，可将其大致划分为三个方面：农村教学点的概念和类型研究、农村教学点的撤并问题研究、保留并加强农村教学点建设的相关研究。

1. 农村教学点的概念及类型研究

目前并没有文献对农村教学点进行明确的界定，大多文献是基于研究本身的目的赋予教学点形象化的概念，而且其概念和类型往往是重合的。（1）一师一校。如肖小华指出"所谓教学点，一般来说就是指那些一所学校只有一个老师的村级小学，学生虽然不是很多，但往往涉及好几个年级"[1]。张宏萍将一师一校与教学点相区别，认为一师一校是"只有一位老师，他扮演教师、校长、勤杂工和保安员等多种角色[2]"；由于其研究仅限于一师一校，她并没有界定教学点的概念。此外，"夫妻村小"也可

---

[1]　肖小华：《教学点——一个被遗忘的角落》，《中国社会导刊》2008 年第 7 期。
[2]　张宏萍：《陇南山区农村一师一校的调查与研究》，西北师范大学，硕士学位论文，2003 年。

以看作是一师一校的延伸，如李益众将四川省达州市大竹县尖山教学点称为"夫妻村小"[1]，即夫妻二人作为仅有的两名教师常年驻守在偏远山区教学点，与一师一校教学点相类似。（2）村小。张广生[2]根据坝区农村小学的实际情况概括了村小（教学点）的特征：多数村小校舍太小，隔年招生，调配教师频繁，且班额不足三个、教育设备设施分散，部分村小班级规模小，学生到了高年级又被调整到另一所学校就读。又如付荣平[3]、肖明建[4]、严丽蓉[5]等很多研究者都以"村小"为研究对象探讨了村小应如何联片教研、村小的办学困境以及师资问题等。虽然从其文献中能看出村小就是指农村教学点，但他们并未对村小进行严格界定，只是针对村小的特征进行了描述，与张广生的观点相类似。（3）小规模学校。姚宏昌认为"由于受地理条件、思想观念、人口变化等主客观因素的影响，在我国的农村，特别是在山区、偏远地区还存在一些布局散、规模小、设施破旧、师资力量薄弱、教育教学质量不高的小规模学校（6 个班规模以下）。小规模学校在方便学生就学的同时，办学条件也都相对较差。不少学校仅有一间或两间教室，现代化教学设施缺乏，学生缺少活动场地。教师人数少，平均每个班不到一名教师，要承担小学各门学科的教学，教学任务重"。国内对农村小规模学校的称谓大多出现在新闻报刊上，如"浙江省计划投资 11 亿元调整改造农村小规模学校"等相关报道，小规模学校的提出与农村教学点基本吻合。

在农村教学点概念和类型的文献中，首先，探讨一师一校及夫妻学校的学者重点关注偏远山区最小规模的教学点，并没有明确界定教学点的概念，只是提出了教学点的一种类型——一师一校。其次，提出村小概念的研究者多数为基层教育管理人员，如农村地区县教育局行政人员或中心小学校长等，他们根据当地实际将农村教学点称为"村小"，沿用了 20 世纪七八十年代的称谓。村小的概念相对于现时期农村教学点的实际情况显得模糊、不明确。最后，一些新闻报道将教学点称为"小规模学校"，一方面是借鉴国外对农村不完全小学的称谓；一方面是针对农村教学点规模

① 李益众：《夫妻村小——迷茫中寻找方向》，《农村经济与科技》2006 年第 11 期。
② 张广生：《邹议村小集中办学》，《四川教育学院学报》2001 年第 8 期。
③ 付荣平：《加强村小联片教研》，《江西教育》2007 年第 11 期。
④ 肖明建、尚德琴：《山区村小存在的问题及对策》，《中小学管理》2004 年第 9 期。
⑤ 严丽蓉：《村小师资补充的途径与方法》，《教书育人》2006 年第 12 期。

小的特点而提出的。但从学术研究的角度讲，国内学者探讨农村教学点的文献很少采用"小规模学校"的概念，一方面是基于中国农村教学点与国外小规模学校的背景及历史发展不同；一方面是由于小规模学校只突出了学校的规模大小，并不是一个具有概括性的概念。总之，目前文献对教学点概念的界定并不明确，大多数是根据农村小学实际情况给予一个随意性的称谓，而且也没有划分其类型，很多文献对教学点的称谓和其类型互相重合，缺乏概括性和系统性。

2. 农村教学点面临的困难及问题研究

对农村教学点面临的困难的相关研究主要集中在教学点的撤并和其本身的办学困难问题。其中关于教学点撤并问题的探讨大多间接地包含于农村学校布局调整的文献中；教学点本身的办学困境研究文献主要侧重于微观的现象描述。

第一，撤并农村教学点的原因研究。农村教学点的撤并是农村学校布局调整工作的内容之一，关于撤并的原因研究主要有两个方面。

（1）合理撤并分散的教学点的原因研究。范先佐指出：通过学校布局结构调整，调整和撤销一批生源不足、办学条件差、教育质量低的学校，实现区域（县、市、区）内或更大范围内中小学教育的均衡发展是政府进行农村中小学布局调整的直接动力。此外，有利于满足广大农民及其子女对优质教育的需求，提高教育的质量和效益。① 杜育红提出：学校布局结构调整是实现教育均衡发展的契机，学校布局结构调整是提高教育资源利用效率的重要手段②。庞丽娟也指出：农村中小学布局调整就是一项旨在优化农村基础教育结构，合理配置农村教育资源，以求进一步促进农村义务教育改革与发展的重要政策。③ 张忠福在论述农村学校布局调整的目的时指出：从教育经济学的角度看，取得同样质量的教育效果，其教育资源消耗越少，效率就越高。提高教育资源的利用率，降低资源消耗，提高劳动的有效性，使有限的资源发挥最大的效能，是教育资源与成果产出之间的中心环节，这是农村中小学布局调整的理论依据；从规模经济理论看，在一定的市场条件下，生产规模的扩大，可以导致最低平均成本的

---

① 范先佐：《农村中小学布局调整的原因、动力及方式选择》，《教育与经济》2006 年第 1 期。

② 杜育红：《学校布局结构调整的战略意义》，《人民教育》2005 年第 2 期。

③ 庞丽娟：《当前我国农村中小学布局调整的问题、原因与对策》，《教育发展研究 》2006 年第 4 期 。

下降。采用并点等多种形式调整学校布局，节约用地，建设规范校舍，教学设施装备达标，有助于提高教育质量，提高教育资源的规模经济效益①。

（2）地方政府盲目撤销教学点的原因研究。王嘉毅②等认为：地方教育管理人员在撤销教学点过程中没有正确理解中央关于学校布局调整的政策，没有遵循"循序渐进、分步实施、区别对待"的原则，没有依据当地实际、因地制宜地开展，盲目地搞"一刀切"，因而伤害了群众，尤其是偏远农村地区困难群体的利益，损害了教育公平。贺新向③以 G 市为个案探讨了教学点被盲目撤销的原因为：关闭学校的一些地方政府对此缺乏深入地领会，不能全面地分析和理解调整工作，对布局调整的原因认识模糊甚至片面，将"调整"片面地理解为仅仅为了追求教育质量或效益，将"调整"简单化地理解为"撤并"或"缩减"农村中小学，将调整目标错误地等同于在一定年限内（甚至在短期内）撤减一大批农村中小学。此外，袁桂林④、熊向明⑤、王一涛⑥等人也在实地调查的基础上针对地方政府一味追求学校数量和规模方面的调整，对教学点撤销存在盲目性的问题进行了探讨。

关于合理撤并教学点的原因研究表明，适当撤并农村教学点的理论依据为规模经济理论和资源合理配置理论。布局调整的动力来源于追求规模效益、促进中小学教育均衡发展和提高教育质量。因此，适当调整撤销布点过于分散、规模小、教育质量低的学校（很多是教学点）符合布局调整政策的初衷，也是农村教育发展的大势所趋。同时，很多学者通过实地调查发现地方政府盲目撤销教学点，片面理解布局调整政策的初衷，这类

① 张忠福：《农村中小学布局调整问题研究——来自安徽省霍邱县的个案研究》，华东师范大学，硕士学位论文，2003 年。

② 王嘉毅、吕晓娟：《教育公平视野中的农村学校布局调整》，《甘肃社会科学》2007 年第 6 期。

③ 贺新向：《农村中小学布局调整问题研究——以 G 市（县级）为个案》，华东师范大学，硕士学位论文，2007 年。

④ 袁桂林：《农村中小学布局调整与资源优化配置的个案研究》，《教育学术月刊》2008 年第 7 期。

⑤ 熊向明：《对当前农村中小学布局调整的反思——河南中原地区农村中小学布局调整调查分析》，《教育与经济》2007 年第 2 期。

⑥ 王一涛：《教学点：何去何从？——关于农村学校布局调整的一项质的研究》，《江西教育科研》2007 年第 5 期。

研究为揭示教学点存在困难的原因提供了参考。但目前关于撤并教学点的原因研究大多隐含在学校布局调整的相关文献中，很少有学者直接地针对教学点撤并问题进行系统的论述和理性的分析。

第二，农村中小学布局调整对教学点的负面影响研究。庞丽娟指出：部分地区脱离当地农村实际，快速撤减了大量的农村中小学和教学点，打破了调整前基本每村一所小学，一个乡镇 2—4 所初中的格局，不考虑当地的人口密度和地理环境等问题，盲目将学生集中到乡、镇的中心学校，使得许多农村学生上学路途遥远，就近上学成为奢望。一些农村中小学生一天要步行十里甚至二三十里崎岖的山路到乡、镇中心学校上学。[①] 石人炳也指出：在老、少、边、穷地区的农村，调整学校布局可能会使一些学生到离家较远的地方上学，带来诸多不便，这种"不方便"甚至可能导致学生辍学。以牺牲学生就学、降低普及程度为代价调整中小学布局，不符合教育事业发展的本质要求。[②]

王林[③]和广健梅[④]都通过个案调查的方式发现学校布局调整造成偏远地区的学生上学困难。他们总结了布局调整后存在的问题是：（1）部分乡（镇）的布局调整缺乏科学规划。（2）一些地方的农村中小学生上学路程远、困难，且存在严重的安全隐患。（3）家庭经济、生活负担加重，群众供子女上学读书难、意见大。卜文军[⑤]、何卓[⑥]、刘贤伟[⑦]、徐吉志[⑧]、杨延宝[⑨]等人对布局调整负面影响的研究也都提到由于地方政府盲目撤校给偏远地区学生带来上学远、上学难的问题。此外，东梅等人以陕西省为例分析了农村学校布局调整对学生成绩的影响，研究结果表明：学

① 庞丽娟：《当前我国农村中小学布局调整的问题、原因与对策》，《教育发展研究》2006年第 4 期。

② 石人炳：《用科学发展观指导中小学校布局调整》，《中国教育学刊》2004 年第 7 期。

③ 王林：《民族贫困地区农村中小学布局调整问题研究——来自云南省镇沅沅彝族、哈尼族、拉祜族自治县的个案研究》，云南师范大学，硕士学位论文，2006 年。

④ 广健梅：《思茅市翠云区农村小学网点布局现状分析及调整中存在问题初探》，云南师范大学，硕士学位论文，2006 年。

⑤ 卜文军、熊南凤：《农村贫困地区中小学布局结构调整存在的问题与对策》，《教育与经济》2007 年第 4 期。

⑥ 何卓：《对我国农村中小学布局调整的思考》，《教育发展研究》2008 年第 1 期。

⑦ 刘贤伟：《农村中小学校布局调整的负面影响》，《教育科学研究》2007 年第 8 期。

⑧ 徐吉志：《对当前农村小学布局调整的忧虑》，《教书人》2006 年第 18 期。

⑨ 杨延宝：《当前农村小学布局调整存在的问题及思考》，《基础教育研究》2004 年第 1 期。

校合并后，家与学校距离变远将会导致孩子用在上学路上的时间加长，从而减少了学生的学习时间，有可能导致其学习成绩下降但并不显著；学校合并使得农村小学中一些非常小的复合班被合并，导致合并学校的班级规模随之扩大，合并学校的教师因此不能很好地照顾到每一个学生，导致学生的学习成绩下降①。

对布局调整负面影响的研究囊括的问题较多，包括中心校的建设、经费的短缺、校产的处理、教师缺编、学生上学不便、学习成绩下降、增加家长教育负担等多方面的问题。其中与教学点联系较大的是学生上学远的问题。但这一方面的研究并没有深入剖析布局调整给教学点带来哪些负面影响，布局调整是如何影响教学点的发展的。此外，布局调整对教学点的影响只是一定阶段上的，教学点的发展具有其历史性和长期性，一些地方布局调整过程中的不恰当的做法更加剧了教学点的困境。因此，教学点问题与农村学校布局调整既有联系，又具有其自身的独立性。

第三，农村教学点本身的办学困难研究。黄建雄②对民族贫困地区教学点的生存状态进行了描述：1）教学点校点多、布局分散、学生少、设施简陋、地处偏远、学生家庭贫困面大。2）教师素质低、教师工作动力不足、教学秩序不正常、教育质量低下。吕国光③探讨了中西部农村地区在学校布局调整后教学点师资面临的困境。其调查研究结果表明，农村中小学师资配备近年来进一步分化，继续留守教学点的教师老龄化严重，近半数教师学历不达标，他们完成教学点正常的教学任务有困难。向中华④以湖北省武汉市黄陂区为例，指出教学点办学存在的问题：办学效益低下，教育投入严重不足，不能维持正常教学运转，教育环境差，信息技术教育不配套，难留住教师。陈铁⑤根据如东县农村学校实际情况指出教学点在信息技术教育方面的落后现状。其他多数文献都是通过写实的方式，在阐述山区村小教师艰苦的工作环境和奉献精神的同时，展现教学点的办

---

① 东梅、常芳、白媛媛：《农村小学布局调整对学生成绩影响的实证分析——以陕西为例》，《南方经济》2008 年第 9 期。

② 黄建雄、林美键：《对民族教学点生存状态和发展路径的几点思考》，《基础教育研究》2007 年第 6 期。

③ 吕国光：《中西部农村小学布局调整及教学点师资调查》，《教育与经济》2008 年第 3 期。

④ 向中华：《农村教学点现状亟待改善》，《学习与实践》2004 年第 8 期。

⑤ 陈铁：《当前村小信息技术教育的偏差与缺失》，《学校管理》2006 年第 2 期。

学困境。如肖昌斌①、封德、田亚军等分别记述了咸宁市五爱教学点殷小兵老师、河南省西峡县将军岭教学点王建敏老师和湖南省保靖县清水坪镇五十二村教学点何美基老师在偏远农村地区教学点教书育人的事迹，在描述他们艰苦工作条件的同时，我们可以看出教学点办学条件的恶劣，诸如此类的文献不计其数，但仅仅停留在叙事层面。

可见，国内学者对农村教学点办学困难的相关研究仍然较少，其中黄建雄、吕国光和向中华三人的研究具有代表性。黄建雄与向中华侧重对教学点的整体办学困境进行描述，吕国光侧重揭示教学点在农村学校布局调整过程中师资方面的困境。这仅有的几篇文献是基于各自地区的个案调查而对教学点生存状态进行的描述，缺乏对教学点困难的宏观把握和深入的原因分析。其他多数文献均为写实性的报道形式，主要记述某个偏远山区教学点教师艰苦的工作条件和奉献精神，间接地反映出教学点落后的办学条件和尴尬的境遇，不具有学理性。因此，目前学界对农村教学点办学困境的研究仍然十分有限，教学点问题需要引起更多的关注和研究，尤其是学术性的理论研究。

3. 农村教学点的办学形式研究

基于农村教学点的教学组织形式、办学规模特征，其办学形式研究主要涉及教学点的教学组织形式即复式教学研究，学校规模的理论研究和小规模学校、小班教学研究。

第一，复式教学的相关研究。这方面的研究侧重从教学组织形式的角度分析复式教学的作用和实用性，其中也有相当一部分文章侧重对教学点教师的奉献精神和刻苦钻研复式教学方法的赞颂。赵百禄在《复式教学浅说》中指出："复式教学是在一个教室里，有一位老师同时给两个年级以上学生上课的教学组织形式。它是符合我国农村、特别是广大山区特点的节省人力、物力和财力的一种行之有效的教学组织形式。"② 吕晓虹也指出：我国广大农村的自然环境、社会条件、人口分布千差万别，情况各异。特别是偏僻的山庄、窝铺、海岛、渔村、边陲、牧区……村庄稀疏，居民居住分散，再加上交通不便，信息闭塞，文化经济比较落后。复式教学使适龄儿童能按时就近入学，又不造成人力、物力、财力的浪费。③ 中国教育学会复式教学专业委员会认为

---

① 肖昌斌：《殷小兵———一只手撑起一个村小》，《湖北教育》2009 年第 1 期。
② 赵百禄：《复式教学浅说》，未来出版社1989 年版，第 5 页。
③ 吕晓虹：《复式教学在义务教育中的地位及前景》，《教育评论》1999 年第 3 期。

复式教学还有很强的生命力。由于经济上和习惯上的原因，寄宿制学校一时难以在农村普及。在这些地方，复式教学自有其生命力。[①]

对复式教学的研究与教学点问题的联系在于当前我国大多数教学点采取的教学组织形式是复式教学，而复式教学正是适应我国偏远地区教学点规模小、办学条件差、师资短缺的情况而存在并为农村教育教学发挥重要作用的。在相当长的时期内，它将继续为偏远山区的教育发挥作用，这种教学组织形式的载体也就是规模小的教学点，二者具有统一性。相对于本书来讲，复式教学的研究从教学组织形式的角度反射出农村教学点的作用，长年从事于复式教学的教师大多是教学点的教师，他们的艰辛与奉献精神也反映了当前农村教学点的困境。

第二，学校规模的理论研究。范先佐在分析学校规模适度理论时是这样论述的：学校规模适度是提高教育资源利用效率的重要手段之一。学校规模适度理论主要是根据经济学上所谓之规模经济的理论应运而生。在经济学上，对于任何一种产业的投资与经营，均可视为一种生产过程，经济学家在讨论生产过程时，通常喜欢用投入和产出两个变数来表示。一般而论，当生产规模扩大时，产出增加的比例大于成本增加的比例，便是规模经济；反之，规模扩大时，产出增加的比例小于成本增加的比例，便是规模不经济。学校规模适度，是指在教育的其他条件基本不变的情况下，学校拥有恰好可以使所有资源得以充分和恰当利用，并在不违背教育规律的前提下，保证培养规格、教育质量不受到影响的合理限额的班级数和学生人数[②]。

同时他又结合学校布局问题进行论述：与学校适度规模密切相关的是教育的合理布局问题。普通中小学应按人口密度和所跨地区半径设置学校网点，以方便学生就近入学。但这种布局也有不合理、不经济的一面。特别是在农村，小学一村一校，初中一乡一校，导致许多学校规模过小，师资力量差，班额严重不足，造成人力、财力、物力上的巨大浪费。随着我国农村城镇化的发展以及计划生育工作的不断深入，过去按照乡村依次设置中小学的学校布局已经显露出种种弊端，重新加以调整已势在必行。

范先佐在讨论学校规模与学校布局问题时指出了农村学校布点分散的

---

①　田中岳：《复式教学还有很强的生命力——中国教育学会复式教学专业委员会第四届年会综述》，《中小学管理》2001 年第 1 期。

②　范先佐：《教育经济学》，人民教育出版社 1999 年版，第 278 页。

不经济现象，认为布局调整是大势所趋。但他并没有说调整学校布局就是把所有布点分散的小学校、教学点统统撤掉，而是看到"我国幅员辽阔，各个地区在人口分布、生源多寡、经济和地理条件等多方面都存在着较大差异。这就客观上决定了不同地区、不同性质的学校，其最佳规模的选择标准也不同"①。因此，在实际中，应灵活运用学校规模适度理论，同时必须要考虑到经济、社会和教育的各种因素，这就为我们对偏远地区农村教学点的调整提供了理论依据。

靳希斌分析了经济学中的规模经济理论，并将其运用于教育领域，探讨了教育规模经济问题。英国人马克西和西尔伯斯通通过对汽车工业规模经济进行了研究，提出了关于规模经济的问题。在他们合著的《汽车工业》一书中，计算并绘制了汽车工业生产线的长期平均费用曲线图。这条曲线图就是著名的马克西—西尔伯斯通曲线（Maxey-Silberston Curve）②

根据马克西和西尔伯斯通对汽车生产线长期平均费用的分析，就一种车型的生产批量同成本的关系而言：当年产量由 1 千辆增加至 5 万辆时，单位成本将下降40%；当年产量由 5 万辆增加至 10 万辆时，单位成本将下降15%；当年产量由 10 万辆增加至 20 万辆时，单位成本将下降10%；当年产量由 20 万辆增加至 40 万辆时，单位成本将下降5%；当年产量超过 40 万辆时，成本下降的幅度急剧减少，在年产达到 100 万辆的水平后，再加大批量，成本不再下降，反而上升。由此，在生产技术、组织和其他条件不变的情况下，一定的投入，固然会有一定的产出，却未必是在充分运用所投入的资源并发挥效能的条件下生产，如果投入以一定的比例增加，产出也相对增加同一比例，资源使用效率不变，这是规模效益恒常。用公式表示为：$\alpha = \beta$（α——产出的增长率；β——投入的增长率）。那么，当 $\alpha > \beta$ 时，即生产规模扩大，产出增加的比例大于成本增加的比例，便是规模经济；反之，当 $\alpha < \beta$ 时，即生产规模扩大，但产出增加的比例小于成本增加的比例，便是规模不经济。

由此可见，规模经济理论最初是从生产领域而得出的经济学相关理论。规模经济理论与其他经济学理论一样也具有严格的限制条件，即

---

① 范先佐：《教育经济学》，人民教育出版社 1999 年版，第 278 页。

② 唐杰：《城市产业分析———项经济案例研究》，经济学院出版社 1989 年版。转引自靳希斌《教育经济学》，人民教育出版社 2001 年版，第 370 页。

"在生产技术、组织和其他条件不变的情况下"。其自变量是"以一定比例增加的生产投入",因变量是"产出增加的比例情况"。判断规模经济与否的标准是在相关条件不变的情况下,严格按照产出增加比例与投入增加比例的数量大小来衡量的。这样的判断在经济生产领域是可行的,也是非常有意义的。规模经济理论有助于促使生产者在生产技术、组织等条件不变的情况下,通过扩大生产规模、增加投入而获得大于投入增加比例的产出量。这也是生产者追求以较少的投入获得较多的产出的一种过程,符合经济学领域"以最少投入获得最大产出"的基本逻辑。

根据规模经济理论,靳希斌是这样论述教育规模经济的:教育资源投入,以单位学生成本计算,产出则以学生人数计算。学生人数增加的比例大于单位学生成本增加的比例,便是教育规模经济。如果人数增加的比例小于单位成本增加的比例,便是教育规模不经济。而教育资源的投入分成固定资本和变动成本。由于固定资本成本是不变的,学生人数增加比例永远大于单位学生成本增加的比例。因此,在判断教育规模经济与否时,教育资源投入通常指的是单位平均成本。即教育规模经济指的是单位平均成本因学生人数增加而下降的情况;反之,教育规模不经济是指单位平均成本因学生人数增加而上升的情况。[1]

但教育规模经济的形成当然也是有条件限制的,而且比经济学的规模经济更为复杂。教育规模经济的形成可使学校资源获得充分适当地使用;同时,规模经济的产生必须在规模扩大后不致衍生不经济缺陷的条件下才能成立。教育规模经济的形成基于三个条件:资源利用的充分性、教育资源使用的适当性以及教育规模扩大的有限性。

首先,资源利用的充分性是指由于教育资源本身具有整体性和不可分割性,即使学校规模小,也因教育功能的需求而投入相当大的比例,这就使已投入的资源因人数太少而未能获得充分利用,也就产生了教育规模不经济,这时就需要扩大学校规模,从而促使教育资源更充分的利用。

其次,教育资源使用的适当性是指把资源功能的特性用在相当的需求场所,也就是说,学校规模扩大后,有利于促进专用建筑设备、教师专才专用及教育功能的多样性发挥,学校更能表现出课程及活动功能的多样性,有利于教育质量的提高。

---

[1]　靳希斌:《教育经济学》,人民教育出版社 2001 年版,第 371 页。

最后，教育规模扩大的有限性是指学校规模扩大到一定限度后，如果继续扩大，会产生人际关系冷漠和行政僵化等不经济缺陷，这时学校规模扩大就应该停止。

上述关于学校规模形成条件的论述，不仅包括了学校规模扩大形成规模经济所需要的条件，而且也隐含了学校规模扩大的必要性和相对优势以及学校规模无限制扩大的负面影响。如关于"资源利用的充分性"旨在指出：要达到学校规模经济，必须对教育资源充分利用，而在论述中它又暗含了学校规模经济是有利于教育资源充分利用的，因为"学校规模小，使投入的资源因人数太少而未能获得充分利用"。此外，"教育资源使用的适当性"，也说明了教育规模经济有利于各项设备、教师多样性的发挥。因此，教育规模经济形成的条件也同时是学校形成规模经济的优点。那么，如果根据教育规模经济理论，虽然教学点学生人数少，但由于教育资源的整体性和不可分割性，要保证教学点质量，也必然向教学点投入一定的教育资源。显然，如果仅仅从规模经济理论出发而不考虑其他因素，教学点规模小，不能达到教育规模经济，与规模经济理论是不相符的。

基于学校规模无限制扩大的弊端及学校规模过小造成的不经济，靳希斌还论述了学校规模适度。学校规模适度是指"学校拥有恰好可以使资源获得充分与适当地运用，而又不衍生人际关系疏离及行政僵化等不经济现象。教育规模经济的效果唯有适度规模的学校可以获得"。关于学校规模适度的定义，靳希斌与范先佐的论述基本相同，都提出学校规模适度与学校规模经济的统一性。关于学校规模适度，实质上是教育规模经济效果形成的载体，也就是说，只有学校规模适度了，教育资源才能得以充分有效的利用，同时也不会产生不经济因素，这就达到了教育规模经济的效果。那么，同样对教学点来说，学校规模小却需要投入一系列完整的教育资源，教学点的规模也不是适度的，而是规模偏小的不经济现象。

王善迈也指出：学校规模是影响资源利用效率的重要因素。学校规模效率是将经济学中规模经济的理论和方法运用到教育领域中的表现。学校作为非营利机构，是以教育成本大小、以资源利用效率度量收益。学校适度规模实质是把教育成本作为学校规模的函数。就全国总体情况来看，提高中小学规模效率还有一定的潜力，应当在学校布局上进一步实施教育资源优化配置，以提高规模效率。义务教育学生规模的扩大，应尽可能走现有学校扩大容量的路子。在城市郊区和农村发达地区，应对中小学布局作较大幅度的调整。

在经济落后的山区、边远地区和少数民族地区，学校学生规模扩大有一定的困难，除建立寄宿制学校外，可推广复式教学，以扩大班额。[①]

在论述学校规模经济问题时，上述三位学者是结合学校布局进行讨论的，现实中，学校规模与学校布局也是密切相关的两个问题。杜晓俐、王贵福两人的研究也进一步指出了：学校规模是学校布局的重要问题。学校规模是规划调整学校布局必须认真考虑的一个重要问题。学校规模的大小，涉及学校中教师、学生人数，班级的数量和教学设备的设置情况，还涉及教育资源利用的效率和教育效益等问题。从实际调查中，我们感到学校布局与学校规模要受人口数量、经济水平、交通情况、气候特点等诸多因素的制约。在地广人稀、居住分散或经济落后、交通不便、自然条件差的山区及偏远地区，学校布局和学校规模之间，则出现了相互矛盾的状况。在这些地区我们应该：坚持义务教育的原则，采取灵活多样的办学模式，提高"下伸点"的教育质量。[②]

总的来说，对学校规模经济问题的探讨，靳希斌、王善迈和范先佐等学者不仅有对理论的精辟解释，也有对现实问题的紧密结合。那么根据前辈们的研究，窥探学校规模经济理论与教学点问题之间的关系，可以说二者关联性非常强，联系十分紧密。某种意义上来讲，从学校规模的角度看，关于教学点的研究是直接源于教育规模经济理论的，但并不是简单地套用，而是首先要对规模经济理论充分理解，在此基础上再来分析教学点问题。因为教学点问题具有自身的特殊性，甚至对规模经济理论提出了挑战，而并不是被教育规模经济理论所完全覆盖和支配。具体来讲：首先，从学校规模经济理论本身来说，它是根据经济学领域的规模经济理论衍生而来，其主要观点也是符合规模经济理论的要旨。教育经济学家们将规模经济理论引入到教育领域，便形成了教育规模经济理论。根据这一理论，教学点的办学模式是达不到规模经济效果的，可以说它并不符合教育规模经济理论，甚至是背道而驰。这是从教育规模经济理论出发而得出的判断。其次，从教学点本身出发，教学点是一种教学组织形式，难道因为它达不到教育规模经济就意味着这种教学组织形式应该完全取消吗？我们必须对这一问题及其相关研究进行审视。教学点地处偏远落后地区，交通不

---

① 王善迈：《教育投入与产出》，河北教育出版社1999年版，第206页。

② 杜晓俐、王贵福：《关于学校布局与规模的思考》，《教育探索》2000年第5期。

便、经济落后是决定教学点存在的最重要原因。对待教学点，是不能单纯以规模经济理论作为唯一尺度的。因此，从教学点本身出发，教育规模经济理论只是一个视角，而不能不切实际地套用。再次，从教育规模经济理论与教学点问题的关系角度看，研究者们虽然详细论述了教育规模经济理论，但我们应该清醒认识这一理论对教学点问题的适用性。教育规模经济理论是有其限制条件的，其中最根本的也是最实质性的限制条件就是必须保证教育质量，否则，即使教育规模经济形成也是有悖于教育规律和本质的。因此，如果根据规模经济理论取消偏远地区教学点，将给当地学生上学带来上学远、上学难等诸多问题，这就违背了义务教育的本质和教育公平，得不偿失。总之，教育规模经济理论对确定学校规模适度、提高学校规模效益提供了理论依据，但对于教学点，它显现出理论本身的局限性和不适用性，因此，教学点需要从更广阔的视角去探究。

第三，小规模学校和小班教学的研究。由于学校规模与班级规模是紧密相连的两个概念，二者既相互区别又相互联系，因此将二者研究归为一类。班级规模是指一个特定教师指导下的一个特定班级或教学团体的学生人数。班级规模主要影响教师的"关照度"、课堂教学管理（包括班级成员间情感联系、教师组织课堂所花费的时间和精力、班级成员间的交往模式、班内非正式小集体的形成与性质）、教学效果。学校规模是指一个学校的班级个数和注册学生人数，它主要影响学校氛围、教师集体、制度弹性、学生对学校生活的参与度、平等与对差异的理解并最终影响学业成绩。相比较而言，前者的影响对个体的发展显得直接、可察；后者则显得潜在、深远。而从共同点来说，它们都是从学校本身、学校组织内部展开对提高学校教育质量的探讨，探讨的主体就是小规模学校和小班教学。而本文探讨的教学点问题恰恰也在形式上符合小规模学校和小班教学的特征，因此，这些研究对教学点问题具有启示和借鉴意义。

首先，小规模学校的研究。关于小规模学校的研究大多集中在对美国小规模学校改革的描述阶段，阐述小规模学校所产生的背景，改革进程、教育效益及其引发的一些争论。马健生、鲍枫[1]认为缩小学校规模是美国为了提高基础教育质量所采取的新举措之一。并主要分析了推动微型学校走向前台的教育和社会诱因，揭示出微型学校的教育特色以及微型学校在

---

①　马健生、鲍枫：《缩小学校规模：美国教育改革的新动向》，《比较教育研究》2003 年第 5 期。

实施和推行的过程中所遭遇到的诸多困扰。陆伟、李素敏[1]从微型学校的目标运行机制、条件运行机制、措施运行机制来论述微型学校如何保证教学质量的问题。李钰[2]对"美国教育界掀起的一场小班化与小学校化教育改革的论争"进行了详细介绍。夏心军[3]认为随着现代教育的发展和社会的进步，传统学校的弊端也显而易见，微型学校已成为我国基础教育发展的必然趋势。文章以我国微型学校发展的背景为切入点，探讨了积极发展微型学校教育资源的优势，实现教育主体的和谐发展，提高学校学术成绩和教育的有效性，促进微型学校的健康发展等问题。

其次，小班教学的研究。中国教育学会实验研究会 2001 年学术年会及理事会以"小班化"教育为主题，就有关小班化的若干问题进行了研讨，一致认为在当前的教育形势下，随着小学入学人数的降低，实行小班化教育是实现以学生为主、因材施教的有效形式，是实现素质教育的有效途径。国内一些研究者也逐渐开始考虑"缩小班级规模"的问题，并研究和介绍了国外改革的初步成果，涌现出一些相关的理论研究，如张雪珍的《小学"小班化教育"教学指南》、姚仲明主编的《"小班化教育"的区域性推进与实施》、青岛市四方区教育局编著的《小班化教育理论与实践》、和学新主编的《小班化教育探索》等，极大地推动了我国小班化教育实践的发展。大多数研究是从国外发达国家小规模学校的改革入手，提出我国小班化教育可以吸取他们的经验，并结合我国的具体实际，拓宽研究范围，加深研究层次，以提高我国小班化教育的实效。

总之，小规模学校与小班教学的相关研究，可以说是教育规模经济理论实证研究的一部分，与教学点有较为直接的联系，教学点同样具有学校规模和班级规模小的特征，但同时也存在差异。具体来讲，就小规模学校和小班教学的研究情况来看，大部分研究集中在以美国为代表的发达国家，从教育史和比较教育的视角阐述美国小规模学校或小班教学的产生、发展及改革状况，中间也有涉及成本与效益的论述，结尾部分的经验和启示显得比较单薄和粗糙；而且关于国外农村学校合并及农村小规模学校的研究很少，对我国农村教学点研究提供的借鉴十分有限。我国小规模学校

---

[1] 陆伟、李素敏：《美国小型校的运行机制》，《教育评论》2003 年第 4 期。

[2] 李钰：《减小规模：班级？学校？——美国小班化改革与小学校化改革之争》，《上海教育科研》2003 年第 6 期。

[3] 夏心军：《我国微型学校发展述评》，《教育科学》2003 年第 2 期。

和小班教学的研究主要是针对城市教育投入比较充裕的地区，探索通过缩小学校、班级规模以提高教育质量的新途径。这类研究大多是沿着发达国家的研究轨迹而前行的，即便是对我国的研究，也只侧重于城市地区的学校，而作为偏远地区典型小规模学校的教学点却很少受到关注。

4. 保留并加强农村教学点建设的相关研究

关于保留并加强教学点建设的直接研究很少，适当保留教学点的研究涉及教学点所处的时代背景及其具体的布局状况，因此，区域经济学、农村聚落等方面的相关研究可以为农村教学点的存在和未来发展提供理论上的依据。此外，加强教学点建设的文献主要分散在学校布局调整的相关文献中。

第一，农村教学点的宏观背景及其存在的必然性研究。教学点主要分布在我国中西部农村地区，偏远地区人口分布和区位理论的相关研究与它们的存在和发展息息相关。关于上述研究与教学点的关系，目前国内尚没有直接研究，本文通过相关文献提炼出可供借鉴的内容。

首先，人口分布特征研究。此类研究主要是从整体上反映我国人口分布的地理特征、自然环境特征、人口密度状况，农村教学点分布的总体特征可以从该类研究中找到依据。张善余总结了中国人口的分布特点："各地区人口分布极不平衡；人口分布明显地趋向于沿海，越往内地，人口越稀少；人口主要分布于较为地平的地区，人口密度与地面海拔呈密切的负相关。"[1] 葛美玲等[2]将中国人口密度适度划分为 9 级：集聚核心区、高度集聚区、中度集聚区等 9 大类型区。其研究表明，中国 3/4 以上的人口集中分布在不到 1/5 的国土面积上，半数以上的国土面积居住着不到 2% 的人口，较好地揭示了中国人口分布的空间规律性。韩嘉福等人[3]对中国人口空间分布的不均匀性进行研究，指出中国人口分布的总体格局是东部密集，西北稀疏，人口分布最稀疏的地区主要集中在胡焕庸线以西及其附近地区，以及东北的大、小兴安岭及长白山地区，小部分乡镇零散分布于云贵高原、大巴山地区、南岭地区、浙闽丘陵地带。这类地区的特点是地理环境恶劣，

---

① 张善余：《人口地理学概论》，华东师范大学出版社 2004 年版，第 290—291 页。

② 葛美玲、封志明：《中国人口分布的密度分级与重心曲线特征分析》，《地理学报》2009 年第 2 期。

③ 韩嘉福、张忠、齐清文：《中国人口空间分布不均匀性分析及其可视化》，《地球信息科学》2007 年第 12 期。

即使在将来相对长时间内也不会有太大的改变。郭来喜等人①分析了中部山地高原环境脆弱贫困带、西部沙漠高寒平原环境恶劣贫困带、东部平原山丘环境危急及革命根据地孤岛型贫困带，文中还论述了环境与贫困度的关系，即环境愈脆弱，贫困度愈高，脱贫难度愈大。关于全国人口分布特征的研究还有很多，如韩惠等②探讨了人口分布与空间分布的相关性；王美艳③揭示了全国人口分布与地区经济发展的关系；孟向京④对我国人口分布的合理性进行了综合分析，并对城镇人口分布的合理性及各省的动态人口分布合理性进行了评价。此外，其他相关研究大多集中在针对西部省区（多为地形复杂、环境恶劣省区）的人口分布特征进行分析，如马戎⑤、刘绍文等⑥分别分析了新疆喀什和新疆地区的人口分布状况；党国锋⑦、郭志仪等⑧分别探讨了甘肃省区域经济非均衡性与人口空间分布的关系以及该省人口分布变化及其原因；李旭东、张善余⑨探讨了贵州喀斯特高原人口分布的自然环境因素。

其次，农村聚落（居民点）研究。农村聚落指的是以农业生产为主要生产方式的居民聚居点，即村庄内各居民点的布局组合方式。从人文地理的角度讲，农村聚落的特点是农村教学点存在和发展的前提和依据。陶莉等⑩从社会生产方式的角度对我国农村居民点特征进行了分析：在农区或林区，村落通常是固定的；在牧区，定居聚落、季节性聚落和游牧的帐幕聚落兼而有之；在渔业区，还有以舟为居室的船户村。龚达麟⑪总结了我国近年来各地农村居民点的规划类型：（1）以公社或场所在地为中心，建立完全集中式居民点（大集中）；（2）虽有公社或大队

---

① 郭来喜、姜德华：《中国贫困地区环境类型研究》，《地理研究》1995年第6期。

② 韩惠、刘勇、刘瑞雯：《中国人口分布的空间格局及其成因探讨》，《兰州大学学报》2000年第4期。

③ 王美艳：《人口密度与地区经济发展》，《浙江社会科学》2001年第6期。

④ 孟向京：《中国人口分布合理性评价》，《人口研究》2008年第5期。

⑤ 马戎：《新疆喀什地区的民族人口分布》，《西北民族研究》2000年第2期。

⑥ 刘绍文：《新疆人口分布的地域性研究》，《兵团教育学院学报》2004年第4期。

⑦ 党国锋、徐国保：《甘肃省区域经济非均衡性与人口空间分布研究》，《云南地理环境研究》2008年第1期。

⑧ 郭志仪、曹建云：《甘肃省人口分布变化及其原因分析》，《西北人口》2006年第3期。

⑨ 李旭东、张善余：《贵州喀斯特高原人口分布与自然环境定量研究》，《人口学刊》2006年第3期。

⑩ 陶莉、吴闽、陈志新：《传统农村聚落研究初探》，《安徽农业科学》2008年第36期。

⑪ 龚达麟：《农村居民点布局的集中与分散问题》，《建筑学报》1983年第3期。

所在地的集中式居民点，周围再分布有较小的集中式居民点（大集中＋小集中）；（3）以一个生产队为中心，建立小型集中式居民点（小集中）；（4）沿用原有村落，就地进行改建或新建（分散或不集中）；（5）既有集中式新村，又有分散的小居民点（集中与分散相结合）。其他很多研究是针对中西部地区特殊地形而进行的农村聚落特征分析。如朱文孝[1]探讨了贵州喀斯特山区乡村分布特征及其地域类型划分，将村落规模划分为集中、分散和孤立三种类型；杨庆媛[2]、沈燕[3]分别以地处西南丘陵山区的重庆市渝北区、长寿区为个案探讨了当地农村聚落的现状以及如何针对丘陵山区的农村居民点进行调整，促进当地经济、社会发展；牛叔文[4]分析了天水人口分布在地域上明显地表现为河谷高密度区、丘陵中密度区、山地低密度区三种类型，分散的、小规模的村落仍是当地人口分布的主要形式。

最后，村庄合并研究。村庄合并是指村镇的迁移与合并，是将现有的规模小、用地大，分布零散、基础设施落后，或不适宜居住的自然村和散布于山地的居民迁入择点而建的中心村或集镇，并将原居住地还耕或退耕还林。村庄合并过程与农村学校布局调整和教学点撤并过程存在关联，相互伴随。李海燕[5]、裴贻敏等[6]都对村庄合并的必然性进行了论述：山多地少、村镇人居分散、经济落后，"迁村并点"可以合理利用土地，优化资源配置，节约基础设施和公共设施投资，提高土地的利用效率，也是乡村城市化的必由之路。郭晓冬[7]在总结前人研究的基础上论述了影响村庄合并的因素主要有自然因素、人文社会因素、经济因素、家庭因素、交通因素、政策因素和安全因素。此外，很多学者对于许多地区村庄合并的问

① 朱文孝：《贵州喀斯特山区乡村分布特征及其地域类型划分》，《贵州科学》1999 年第 6 期。

② 杨庆媛：《西南丘陵山地区农村居民点土地整理模式——以重庆渝北区为例》，《地理研究》2004 年第 7 期。

③ 沈燕：《西南丘陵山区农村居民点整理潜力的评价分级——以重庆市长寿区为例》，《西南大学学报》2008 年第 6 期。

④ 牛叔文：《基于村落尺度的丘陵山区人口分布特征与规律——以甘肃天水为例》，《山地学报》2006 年第 11 期。

⑤ 李海燕、权东计、李建伟、刘兴昌：《迁村并点理论与实践初探——以长安子午镇为例》，《人文地理》2005 年第 5 期。

⑥ 裴贻敏、龚淑芳：《石泉县池河镇迁村并点现状及思考》，《山西建筑》2006 年第 2 期。

⑦ 郭晓冬：《黄土丘陵区乡村聚落发展及其空间结构研究》，兰州大学，博士学位论文，2007 年。

题提出了质疑。陈俊①等指出：在社会化、市场化还没有完全跟上的时候，行政建制的撤销，再伴随学校、医院、邮局、防疫、金融等单位的撤并，会造成那些本来就很偏远的乡村被社会遗忘，群众更加难以共享发展的成果。许多村镇规划存在着将问题简单化、"一刀切"的现象，致使一些村庄布点规划出现了对"乡村文化"的忽视乃至破坏等问题。刘科伟②以陕西省凤翔县为例分析了合并后县域内的村庄等级：建制镇—中心村——一般行政村—自然村，或集镇（乡政府驻地）—中心村—一般行政村—自然村。农村居民点的布局结构特征分为：带状延伸形态、块状聚集形态、点状分散形态。他特别指出针对山区受自然条件限制成点状分布的村庄，由于交通不便、自然灾害等因素，应进行适当的迁建、合并，迁建、合并一般不打破行政村的界限，以利操作减少矛盾。其他很多学者如陶冶③、杨建军④、廖禹⑤等也对相关问题进行了论述。

总之，上述三方面研究都从人文地理的角度为农村教学点存在和发展的背景及必然性提供了客观依据。首先，关于人口分布特征的研究为农村教学点的地理分布特点提供了依据，我国国土面积大，人口分布不均匀，80%的人口分布在不到20%的土地上，而剩余的20%人口分散在中西部偏远地区，且地形复杂多变。偏远地区人口密度低，但这里的孩子需要接受教育，这就决定了人口密度低的地区需要教学点的存在，大多数教学点分布在偏远地区。其次，相对于人口分布研究，农村聚落的相关研究加入了人文因素，也可以称为人地关系研究。我国农村聚落类型同样是复杂多样，不同地区的农村居民点布局方式不同。平原地区，农村聚落特征主要是集中型，在中西部省份，丘陵、山区、牧区等地形复杂，农村聚落呈现出分散、孤立的特征，主要是分散的小规模点状村落。农村聚落的不同类型是农村中小学布局的客观参照，在分散孤立的村庄设立教学点是符合实际的必然选择。最后，村庄合并是影响农村学校布局调整及农村教学点撤并问题的动态因素之一。村庄合并是促进城镇化进程的途径之一，农村学校合并与教学点撤并与之相伴随。但村庄

---

① 陈俊：《撤乡并镇谨防偏远村庄走向边缘》，《农村工作通讯》2007 年第 4 期。

② 刘科伟：《西部地区县域村庄布局研究——以陕西省凤翔县为例》，《开发研究》2008 年第 6 期。

③ 陶冶：《基于 GIS 的农村居民点撤并可行性研究》，《河南科学》2006 年第 10 期。

④ 杨建军：《统筹城乡发展的实践：村庄布局规划》，《经济地理》2006 年第 12 期。

⑤ 廖禹：《村庄合并对村级组织的负面影响——以成都市郊赛驰村为例》，《中国乡村发现》2007 年第 4 期。

合并过程中的问题与教学点撤并过程中遇到的困难也相类似，如合并过程中均存在"一刀切"、不切实际等现象，特别是将山区点状村内的教学点盲目撤并后给当地村民带来诸多负面影响。

第二，合理布局农村学校（教学点）的原则研究（区位理论研究）。区位理论是区域经济学领域的核心理论，它是关于人类活动、特别是经济活动的空间组织优化的理论。经济活动的存在和运动，都会占有一定的空间，从而在空间上形成一定的理论分布和移动。只有这种分布和移动合理，经济活动才会产生最大的经济效益。区位理论就是阐明各种经济活动分布和移动规律的理论①。区位理论的研究对象即区域经济学的行为主要包括："企业（生产、技术工艺投入产出关系、投资新建和固定厂址）、家庭（劳动力、收入供应、教育居住地）、公共机构（政府、基础结构如交通、通信、教育等）。"② 可见，区位理论与学校布局问题之间的联系在于：学校布局也是区位理论的研究对象之一，因为从机构属性上来讲，学校是一种公共设施，而公共设施与其他经济活动单位一样都属于区域经济学的研究对象。从布局的原则和合理性的角度看，学校布局问题应该可以从区域经济学中找到理论支撑，区位理论作为区域经济学的核心理论，是学校布局问题的理论基础。

结合区位理论与学校布局问题的关系，即区位理论对学校布局问题到底有哪些值得借鉴的地方，相关的研究主要有以下几个方面：

（1）区位因素对学校布局的影响作用。郝寿义和安虎森对区位因素的概念进行了论述，区位因素是指："区位单位进行空间配置的外部约束因素。"③ 艾德加·胡佛（Edgar. M. Hoover）等侧重从经济因素的角度即需求、供给的角度对区位因素进行了总结，包括地区性投入、地区性需求、输入的投入和外部需求④。阿尔弗雷德·韦伯（Alfred Weber）对区位因素的论述更为全面，他将区位因素从三个维度进行划分：一般要素（运输成本、劳动力成本和地租）和特殊要素（产品的易腐性和空气湿度等）；集聚

---

① 潘学标：《经济地理与区域发展》，气象出版社 2003 年版，第 13 页。

② 陈秀山、张可云：《区域经济理论》，商务印书馆 2007 年版，第 7 页。

③ 郝寿义、安虎森：《区域经济学》，经济科学出版社 2004 年版，第 50 页。

④ [美]艾德加·M. 胡佛、弗兰克·杰莱塔尼：《区域经济学导论》，上海远东出版社 1992 年版，第 15 页。

还是扩散的地理分布；自然技术因素与社会文化因素①。潘学标②、张金锁③等细化了区位因素的内容：经济活动布局受多种因素的影响和制约，主要包括自然条件、社会经济条件、技术条件和人口分布状况。克里斯塔勒（Christaller Walter）依据不同商品和服务的类别对区位因素进行了论述，他将学校等公共设施列入"具有固定价格、可随时增加数量的商品"，影响学校布局的主要因素应主要由行政区的规模和人口决定。④ 其他学者如高进田⑤、吴传清⑥、陈秀山和张可云⑦等也从不同的角度探讨了区位因素问题。总的来讲，韦伯对于工业区位布局的区位要素的总结、潘学标对区位要素的论述以及克里斯塔勒对学校等公共设施布局的区位分析对农村学校布局问题具有一定的借鉴意义。前两者对区位因素的论述都引入了社会、自然、地理、人口、文化等多方面的因素，这也正是综合影响农村学校布局的因素。克里斯塔勒侧重从学校的机构属性的角度，指出了影响学校布局的主要因素，是具有针对性的理论观点。

（2）具体的公共设施选址问题。区位选择和决策问题是区域经济学的又一重要研究领域，它是经济主体为追求最大化的经济利益、根据自身的需要和相应的约束条件选择最佳区位的过程。韦伯的工业区位论奠定了区位选择的理论基础，他运用抽象研究的方法，在假设前提的基础上，将运输成本、劳动成本和聚集效益作为影响工业区位的三个变量建立工业区位选址的模型，又划分了生产区位选址结果的三种情形：运费指向、劳动费指向和集聚指向。韦伯的工业区位论的重要原则就是费用最小化，即费用最小点是最佳区位点。⑧ 这一理论不仅对工业布局、对其他经济主体的区位选择也具有重要的指导意义。之后，郝寿义和安虎森⑨借鉴韦伯的工

---

① ［德］阿尔弗雷德·韦伯：《工业区位论》，李刚剑、陈志人、张英保译，商务印书馆 2009 年版，第 38 页。

② 潘学标：《经济地理与区域发展》，气象出版社 2003 年版，第 28 页。

③ 张金锁、康凯：《区域经济学》，天津大学出版社 2003 年版，第 48—49 页。

④ ［德］沃尔特·克里斯塔勒：《德国南部的中心地原理》，常正文、王兴中译，商务印书馆 1998 年版，第 48 页。

⑤ 高进田：《区位的经济学分析》，上海人民出版社 2007 年版，第 143 页。

⑥ 吴传清：《区域经济学原理》，武汉大学出版社 2008 年版，第 62 页。

⑦ 陈秀山、张可云：《区域经济理论》，商务印书馆 2007 年版，第 37 页。

⑧ ［德］阿尔弗雷德·韦伯：《工业区位论》，李刚剑、陈志人、张英保译，商务印书馆 2009 年版，第 39 页。

⑨ 郝寿义、安虎森：《区域经济学》，经济科学出版社 2004 年版，第 63 页。

业区位理论，针对不同类别的区位选择主体，分别探讨了厂商、家庭和公共设施的区位选择问题。其中，他们在分析公共设施的区位选择时指出：公共设施具有公共品的特征，对社会及其成员具有长期的、动态的影响，其区位选择通常又由公共权力机构（如政府）根据市民的消费需求做出决策，在公共设施区位选择过程中，距离、消费成本、消费需求、人口规模等是关键的区位因素。同时，他们提出了公共设施区位选择的费用最小化模型，模型的最终结果说明"当公共设施服务范围内的居民的成本和此公共设施的成本最小时，就确定了该公共设施的最佳区位"。此外，白光润[1]、张文忠[2]、陈忠暖和阎小培[3]等也应用区位理论论述了公共设施布局的问题。他们主要以古典区位论（包括杜能的农业区位论、韦伯的工业区位论和克里斯塔勒的中心地理论）为基础，提出公共设施区位布局的模型和决策过程。总之，区位理论指导下的区位选择模型特别是公共设施选址问题对于学校布局问题的研究具有直接的借鉴意义。其中韦伯提出的工业区位选址的费用最小化模型为其他经济主体的区位选择提供了理论基础；郝寿义、安虎森等对于公共设施区位选择模型的提出，为学校布局问题提供了实际的应用指导，模型中指出的"居民的成本和公共设施的成本"两项成本最小化从经济学角度指出了学校布局的基本原则，具有一定的合理性。这给实际的农村学校布局问题提供了启示：当前很多地方政府在学校布局调整过程中从自身利益出发，为节省资金、方便管理撤销大量的农村教学点，这种做法从区位选择理论的角度看，就是过分计较"公共设施成本"的表现；而与此形成对比的是，偏远农村的学生及其家长要为学校承担更多的负担，如上学路途遥远、交通和生活成本增加等，这说明学校区位布局的过程中虽然总体上"公共设施的成本"有所降低，但"居民"的成本反而提高，这与"成本最小化"的区位选择模型并不相符，是违背区位选择理论的表现。

（3）学校的布局结构问题研究。区位理论中侧重区位布局结构研究的代表人物有杜能和克里斯塔勒。杜能（Johann Heinrich von Thünen）是区域经济学的创始人，他的农业区位论是区位理论的奠基理论。杜能最早

---

[1]　白光润：《应用区位论》，科技出版社 2009 年版，第 310 页。

[2]　张文忠：《经济区位论》，科技出版社 1991 年版，第 205 页。

[3]　陈忠暖、阎小培：《区位模型在公共设施布局中的应用》，《经济地理》2006 年第 1 期。

应用抽象法和边际分析法，假设有一个与世隔绝的孤立国，全境的土地是均质的，全国只有一个城市，除此之外，其他区域均是农村。成本和价格是孤立地确定生产布局的决定因素，在此假设前提下，他得出了生产布局的原则和措施：孤立国全境的生产布局以城市为中心，形成许多有规则的、界限相当明显的同心圈境——杜能圈。第一圈主要生产蔬菜、水果、牛奶等鲜货；第二圈主要发展林业生产，向城市出售燃料和木材；第三、第四、第五圈主要生产谷物；第六圈主要经营畜牧业。[①] 克里斯塔勒在杜能和韦伯前期研究的基础上，将政治、社会、经济、地理等因素都纳入自己的调查研究，试图提出一个完整的经济空间结构模型。他同样应用抽象分析法，在一定假设前提的基础上，提出了集中型等级序列的城市中心地理论，简称"中心地理论"。在城市的中心地体系中，城市具有等级序列（从小到大的中心地序列为 MAKBGPL），是一种蜂窝状的经济结构，城市的辐射范围是一个正六边形，而每一个顶点又是次一级的中心。[②] 中心地体系范围不仅限于城市，城市中心地的外围延伸到县镇、村庄和小型居民区。克里斯塔勒将对公共设施（学校）的布局结构也纳入了其中心地体系，在每一级中心地范围内，不同等级的学校也布局在相应的中心地。其中，小规模学校、完全小学依次布局在小型村庄中心地、村镇中心地；完全中学、高级中学分别布局在县镇、城市中心地；大学或大学城布局在城市、省级中心地。可见，克里斯塔勒的中心地理论相对于之前的区位理论，是更为全面、系统的理论体系。该理论对我国城镇化进程中的农村聚落结构、经济主体布局以及公共设施布局等都具有重要的指导意义。其中，克里斯塔勒也对小村庄及其对应的村级小学布局做了论述，强调了小村庄的中心地作用。我国学者徐全勇也论述了中心地理论指导下的中国农村中心村布局问题以及农村学校的布局原则[③]。其他学者如刘红光、刘科伟[④]、赵建军等分别探讨了中心地理论对我国城镇等级模型的构建和中心地在现实中的应用，但并没有论述学校布局问题。

---

① ［德］约翰·冯·杜能：《孤立国同农业和国民经济的关系》，吴恒康译，商务印书馆1997年版，第10页。

② ［德］沃尔特·克里斯塔勒：《德国南部的中心地原理》，常正文、王兴中等译，商务印书馆1998年版，第2页。

③ 徐全勇：《国外中心村对我国小城镇建设的启示》，《农业经济管理》2005年第2期。

④ 刘红光、刘科伟：《基于中心地理论的城镇等级——规模模型的分形构建及其应用》，《地理与地理信息科学》2006年第3期。

　　总之，区位理论的相关研究从三个方面给我国农村学校布局问题提供了理论基础和应用指导。虽然区域经济学领域很多经济学家将研究重点集中在经济区位主体特别是工业企业单位的区位布局方面，但对于学校等公共设施的布局问题也有所涉及，主要有以下三个方面：第一，区位因素对学校布局问题的指导。区位因素包括自然地理、社会经济、政治、文化、技术等多方面的复杂因素，这些都应成为我国农村学校布局的影响因素。第二，公共设施选址问题研究。基于韦伯工业区位选址的研究，郝寿义等人提出的公共设施选址函数对农村学校选址问题具有重要的指导意义。第三，公共设施布局结构研究。克里斯塔勒提出的中心地理论不仅是经济学领域的经典理论，同时对于农村聚落结构、学校布局结构等问题也是重要的理论基础。通过对区位经济学理论的文献综述，我们可以发现，农村学校布局问题并不是教育领域的一个单一的独立问题，它与农村地区社会经济发展、自然地理状况、人口分布、文化多元等问题都存在紧密的联系。基于中心地理论提出的社会经济发展格局的等级序列模型，我国农村地区也呈现出县—镇—乡—中心村—自然村—小型聚落等以多层中心地组成的布局结构。那么，学校正是作为各个中心地区域内的为当地人口服务的基础设施而存在的，从某种程度上来说，它是依附于农村经济、人口布局结构的。因此，农村学校包括教学点布局问题不能仅仅局限在教育领域内进行探讨，而应将视角扩大到整个农村社会经济发展的宏观背景中，才能找到更有力的理论支撑和技术支持。

　　第三，加强农村教学点建设的相关研究。我国偏远农村人口密度小的地区，尤其是以点状散村为布局结构的农村聚落，教学点的长期存在和发展是必然。针对如何保证农村教学点质量的专门系统研究仍然较少。比较典型的研究有，吕国光[1]从教育投入、教师专业发展的两个方面提出了加强教学点建设的建议：尽快出台改善教学点办学条件的配套措施，保证足额资金投入；要分批分次对教学点现有师资进行现代教育技术综合素质培训，如简单的光盘使用知识和维护常识等进行大面积甚至全员培训。谢志菊[2]认为：可在边远山区发展私塾教育或者私人举办的小规模学校；教学

---

[1]　吕国光：《中西部农村小学布局调整及教学点师资调查》，《教育与经济》2008年第3期。
[2]　谢志菊：《集中资源办学后边远贫困山区农村基础教育现状考察及思考》，《农村经济》2007年第9期。

点在经费、师资和监管力度上全方位挂靠中心小学，与中心学校享受同样的待遇和标准。王嘉毅[①]等提出：在农村人口较为分散但地理环境较好的地方，采取以教学点为主、开展远程教育为辅的教育形式；在农村人口较为分散、人口较少、地理环境恶劣且不具备实施远程教育条件的山区，应该主要依靠设立教学点来开展教育活动。教学点的运作，形式可以灵活多样，如可以通过隔年招生的方式来解决学生人数少的问题；可以通过推迟上课时间、提早放学时间的方式来解决家校之间路途遥远的问题；可以通过鼓励家长建立轮流接送制来解决儿童上学途中的安全问题；等等。此外，其他学者如王献玲[②]、王慧[③]、丁克贤[④]、沈永寿[⑤]等人分别从偏远农村代课教师问题、教学设施、提高教学质量和远程教育等方面对加强教学点建设提出了建议。

综上，目前关于加强农村教学点建设的研究仍十分有限，代表性的观点主要来自吕国光、谢志菊和王嘉毅等人，他们直接针对教学点面临的困境提出改善其办学条件、保证教学质量的对策建议，包括了经费投入、教师专业发展、监督管理等方面。特别是王嘉毅提出的教学点运作形式可以灵活多样，提倡因地制宜办复式教学、适当调整上下学时间、家长轮流接送学生的观点，十分符合当前我国偏远山区教学点的实际情况，为本研究提供了有益的借鉴。其他研究大多是针对某一问题如代课教师、农村远程教育等进行探讨，我们知道，全国几乎所有的农村代课教师都工作在偏远山区教学点，代课教师的问题与教学点问题不可分割；农村远程教育的应用对保证教学点质量意义重大，从这些研究我们可以得出很多加强教学点建设的启示。但对于加强教学点建设的问题仍未引起学界的关注，原因可能在于农村学校布局调整是农村学校发展的主流政策，撤并教学点、集中教育资源是布局调整过程中的政策实施。教学点是被调整的对象，很多学者关注的是如何集中教育资源、提高教育效益，或者是撤销教学点后带来的负面影响；但对于如何判定保留哪些教学点、保留的教学点的办学形式

---

① 王嘉毅：《教育公平视野中的农村学校布局调整》，《甘肃社会科学》2007 年第 6 期。

② 王献玲：《农村代课教师如何"消化"——代课教师问题反思》，《当代教育科学》2007 年第 12 期。

③ 王慧：《西北贫困地区农村学校教学设施配置与利用现状研究》，《教育管理》2008 年第 2 期。

④ 丁克贤：《农村贫困地区学校教学基本情况调查研究——以甘肃省陇南地区某村小 A 为例》，《教学研究》2008 年第 6 期。

⑤ 沈永寿：《充分利用远程教育设施促进农村教育跨越式发展》，《教育革新》2007 年第 6 期。

设计、办学条件改善、教学质量提高等问题，仍然缺少有针对性的系统研究。这些问题应该成为亟待关注和解决的焦点。

四　农村教学点的界定

农村教学点主要涉及的是我国农村地区特别是偏远地区的不完全学校，这些地区地形以山区为主、交通不便、人口稀少、居住分散，客观上决定了当地小学班级规模小、以复式教学为主。从数量上看，截至 2008 年，全国农村教学点数量达 77519 个，约占全国教学点总数的 98.02%，占全国小学学校总数的 25.77%[①]；从地理分布上看，农村教学点主要分布中西部农村欠发达省份和地区如云南、四川、贵州和广西等，以及其他省份的山区县；从类型上看，教学点可以按规模划分为“一师一校”型和规模稍大一些的只包含低年级的“初小”，按当前其生存状况可划分为偏远型、新生型和没落型。

（一）农村教学点的概念

农村教学点是适应我国农村地区，特别是人口稀少、居住分散的偏远地区的教育发展而设置的以复式教学为主小学阶段的小规模不完全学校。就当前情况来看，农村教学点具有区别于一般学校的典型特征：第一，地处偏远；第二，规模小；第三，教学形式灵活；第四，办学条件差。但教学点又是学校的一种形式。“学校是按照一定社会的需要，有目的、有计划、有组织地对年轻一代进行培养教育的场所。”[②] 郑金洲在其《教育通论》中进一步指出了学校应具备的条件：“学校作为一个组织严密的教育机构来说，具备下列条件是必要的：一是严格的入学规定，包括对年龄方面的以及入学水平方面的要求；二是修业年限的规定；三是分年级教学；四是有明确的课程方面的要求；五是有严格的管理制度，特别是严格的组织纪律方面的规定；六是有较为固定的专职教学人员；七是有较为固定的教学场所。”[③] 我国的现行学制为：“幼儿教育、初等教育、中等教育、高等教育。”其中初等教育“主要指全日制小

---

① 中华人民共和国教育部发展规划司编：《中国教育统计年鉴（2008）》，人民教育出版社 2009 年版，第 155、525 页。

② 顾明远：《教育大辞典》（第一卷），上海教育出版社 1990 年版，第 74 页。

③ 郑金洲：《教育通论》，华东师范大学出版社 2000 年版，第 65 页。

学，招收 6—6.5 岁的儿童入学，学制为 6 年"。[①]

可见，教学点符合学校的定义和条件，在学制系统中属于初等教育，其特殊性主要体现在，它在管理上隶属其所在地的中心校，它的保留主要是基于边远地区特别是山区交通不便、适龄儿童少的现状，以便低年级学生就近入学，大多数教学点保留低年级（1—4 年级不等），高年级学生开始转到中心校上学。因此从学制角度看，教学点不是完整独立的初等教育形式，而是从属于完全小学的不完全小学；但从教学组织形式上来说，教学点具有一定的独立性，由于地处偏远，很多教学点"一师一校"，老师充当校长、后勤人员、教师等各种角色，维持教学点的正常运转，复式教学是主要的教学方法，教学形式更加灵活多样。而从规模上讲，农村教学点可以说是教育系统中最小的单位。[②]

（二）农村教学点的服务范围

学校的服务范围是指一所学校服务的学生所属区域的所有人口和地域范围，它包括两个主要指标，即服务人口和服务半径。例如以 2 公里为半径、以学校为圆心形成的圆周即为该学校的服务范围，该区域内的人口数即学校的服务人口数量。由于我国农村地区地形复杂多样，村庄聚落形式不一，所以没有统一的学校服务范围标准。一些地区在农村学校布局调整过程中规定学校服务人口数量标准，如小学服务人口数量为 2000 人以上，初中服务人口数为 1 万人以上；小学服务半径为 1.5 公里，初中服务半径为 10 公里。教学点作为小规模学校，服务范围也较小。有的教学点地处高山区，只服务一个村庄，服务人口只有几百人，而服务半径可能差异很大，原因在于山区聚落分布十分分散，山路蜿蜒崎岖，学生上学路程远近不等。如表 1 - 3 所示，以调研所在地广东省山区县新丰县为例，横江、罗洞和龙文三个教学点的服务人口分别为 1500 人、800 人和 1000 人，平均服务半径分别为 2500 米、5000 米和 1000 米。

（三）农村教学点的类型

教学点的类型划分主要有两种标准：第一，按学校规模可以分为

---

①　王道俊、王汉澜：《教育学》，人民教育出版社 1998 年版，第 146 页。

②　王国强、黄爱红、李佑恩：《1 个老师和 22 个学生》，《湖北教育》2007 年第 2 期。

"一师一校"型和规模稍大一些的只包含低年级的"初小";第二,根据当前教学点的生存状况可划分为偏远型、新生型和没落型。

1. 按规模分

根据和学新的定义:班级规模是指在一位特定教师指导下的一个特定班级或一个教学团体的学生人数;学校规模是指一所学校的班级个数和学生人数。[①] 我国教育部颁布的《中等师范学校及城市一般中小学校舍规划面积定额》规定:小学规模为18—23个班,每班学生名额近期为45人,远期为40人。[②] 原国家教委1996年4月1日正式实施的《小学管理规程》第十一条规定:小学采用班级授课制,班级的组织形式应为单式,不具备条件的也可以采用复式。教学班级学额以不超过45人为宜。[③] 可见,无论是从定义还是从国家对于小学学校规模及班级规模的相关规定来看,都不能对教学点的学校规模和班级规模作出定量标准的判断。

当前我国农村教学点的生源数量不稳定,学校布局调整继续推进,这种现实状况也决定了依据规模来划分其类型具有一定难度。因此,从规模角度讲,只能大致将教学点划分为"一师一校"型和规模较大的包含低年级的"初小"。无论是"一师一校"还是"初小",其每年的生源变化状况都是不稳定的,这是偏远农村人口居住分散、出生率低、流动人口增多的客观现实所致。此外,当前农村中小学布局调整继续推进,根据本地的学龄人口、交通、学校状况,完小可能会被调整成初小或教学点,初小也可能被调整成"一师一校"或被撤并,教学点可能被调整成更小的规模或被撤并。所以这样的划分可以看成是以教师数量为标准。下面结合相关个案来分析两种类型教学点的状况。

第一,"一师一校"型。"一师一校"就是一名教师负责一个教学点,一位教师充当多种角色——校长、任课教师、后勤人员,学生的学习、生活甚至回家的路途都要靠老师负责。如广西百色市那坡县坡荷中心小学有一个教学点,叫善何异布教学点,1个老师,17个学生,17个学生分别是1—5年

---

① 和学新:《班级规模与学校规模对学校教育成效的影响——关于我国中小学布局调整问题的思考》,《教育发展研究》2001年第1期。

② 中华人民共和国教育部1982年4月16日颁发试行:《中等师范学校及城市一般中、小学校舍规划面积定额(试行)》,转引自《质疑巨型学校,人越多越好?》,中国教育新闻网(http://www.jyb.cn/zt/ xwzt/jcjyzt/t 20061014_ 45671. htm)。

③ 中国教育新闻网:《中华人民共和国国家教育委员会令第26号:〈小学管理规程〉》(http://www.jyb.cn/jyzl/jyfg/ bmgz/t20060305_ 12052. htm, 2006 - 03 - 05)。

级，采取五级复式教学。去年是1—6年级进行复式教学，但是考虑到这么多年级的学生一起进行复式教学太困难，所以在2008年把6年级的学生调到坡荷中心小学。如果善何异布教学点撤销，这些孩子到最近的善何村完小上学，需要走6公里的山路。在西部，大部分县乡都存在"一师一校"现象，大多规模偏小，如青海省化隆回族自治县，全县24万多人口，365个行政村，中小学校有275所，全县"一师一校"的学校有88所，学生人数在50人以下的学校有133所，学生人数在100人以下的学校有182所①。

第二，初小。初小规模相对大一些，教师数量不等且没有一定标准，根据具体的学生和班级数量而定。简单地说，除了"一师一校"以外的所有教学点都划为"初小"的范围。如表1—3所示，新丰县丰城镇横江、罗洞和龙文三所教学点，均只有1—4年级，它们都属于初小。具体的例子如内蒙古武川县沙岱小学（耗赖山乡中心学校沙岱小学教学点）目前只有1—3年级，28个学生，5名教师。其中有4名学生需要住宿，但是学校没有住宿条件。2005年设为教学点。服务人口1500—1600人。2007年这所学校按计划被撤掉，并入中心学校。

2. 按生存状态划分

根据调研地区教学点的实际情况，农村教学点的类型可以被划分为三种：偏远型、新生型和没落型。对于各具体类型教学点的举例说明，仍采用新丰县丰城镇教学点资料（如表1-3所示）。

表1-3　教学点班级规模、服务范围及类型（以新丰县丰城镇若干教学点为例）

单位：人

		学前班	一年级	二年级	三年级	四年级	五年级	六年级	教师数量	服务人口	服务半径（米）	布局调整规划
丰城镇	横江教学点	4	7	12	9	13	—		6	1500	2500	撤销
	罗洞教学点	—	8	4	6	5			6	800	5000	保留
	龙文教学点	—	5	8	8	13			7	1000	1000	撤销
	松园完全小学	15	25	25	26	36	47	38	18	3000	21000	高年级并入中心学校，保留1—4年级

---

① 康建文：《西部教育对〈规划纲要〉寄予厚望》，《中国教育报》2009年2月5日第一版。

第一，偏远型。"偏远型"的教学点主要指的是由于地理位置偏远，学校布局调整前后都一直存在的学校。如表1－3中丰城镇罗洞教学点地处偏远，服务人口较少（800人，相当于一个村庄），但服务半径较大（5000米），也正表明了罗洞教学点所在村庄是典型的散居村落，如果罗洞教学点一旦被撤销，罗洞村的孩子上学必将面临上学远、上学难的困境。由于罗洞教学点的特殊地理位置，该教学点不能轻易被撤销，它是偏远型教学点的代表。

第二，新生型。"新生型"教学点是指由于有的村与村之间距离很近，但因为以前"村村办小学"，每个村都有一所小学，近几年学龄人口大幅减少，为了整合教育资源，根据各地具体情况把一些邻近的村小撤并到中心校，对于个别偏远的村小或完小不能完全撤并，只能暂时保留低年级，这样由原来的完小转变成的初小或教学点就是"新生型"的。至于今后这些教学点是否将继续保留，大部分要取决于当地的具体情况和教育行政部门的政策。如表1－3中的松园完全小学由于生源过少且学校危房多、师资差，将五、六年级并入中心校，保留原来的1—4年级，成为新生型的教学点。

第三，没落型。"没落型"的教学点主要可以分为两种：自然没落型和行政没落型。"自然没落型"是指那些离中心校或完小路途较近的教学点。家长们与其将孩子送到教学点还不如让孩子去条件较好的中心校或完小上学。这些与完小、中心校距离近、教学条件差的教学点是随着当地学生的自然选择而消亡的，是客观条件起决定作用。表1－3中龙文教学点服务半径只有1000米，服务人口1000人，相当于1—2个村庄。据调查，龙文教学点距离镇上中心学校只有1公里路，龙文村的学生去镇中心学校上学也比较方便，所以将龙文教学点撤销是顺应村民意愿的。"行政没落型"主要是针对当地教育行政部门对教学点的态度而言的。在学校布局调整过程中，各地把重点放在中心校的建设上，对条件差的村小和教学点采取逐步撤并的政策。在调查中，大多数县教育行政人员和中心校校长对教学点的态度是"迟早要撤销，只是时间长短的问题"。可见，地方教育行政部门认为大部分教学点是"没落型"的，是迟早要撤并的。

五 研究意义

相对于已有研究，本研究对农村教学点问题的探讨更为全面、系统，层次更加深刻。本研究运用学校规模经济理论、中心地理论进行探讨，具有一定的理论价值；从现实角度看，农村教学点面临很多困境以至于影响到偏远地区学生不能顺利接受义务教育，这些问题引起了社会广泛关注以及高层政府的重视，因此，本研究也具有重要的现实意义。

第一，从新的角度探讨教学点问题，具有一定的理论价值。回顾与教学点相关的研究文献，对教学点进行较全面、系统的研究很少。《陇南山区农村"一人一校"现状的调查与研究》虽然是直接研究教学点问题，但它只是以个案调查的形式为我们提供了一个教学点问题的案例，缺少对教学点困境的深层次原因的挖掘，也没有展开对全国范围内教学点问题的探讨。

相对教学点而言，复式教学的研究侧重从教学组织形式的角度探讨其对教育教学效果的影响；农村中小学布局调整研究是从宏观政策的维度看当前布局调整过程中对教学点的态度及处理方式；学校规模研究着眼于学校本身的规模大小对教育效益的影响，这与教学点规模小的状况相联系，教学点规模小是不是与追求教育规模效益背道而驰呢？答案是否定的。因为"基础教育的效益并不意味着提供最低成本的教育，而更应是最有效的利用所有资源（人力、财力和组织资源）以达到所要求的入学水平和必要的学习成就水平"[1]。班级规模的研究侧重从教学的微观角度看班级人数的多少对教学效果的影响。因为教学点不仅学校规模小，班级规模也较小。小班化教学已逐渐成为西方发达国家教育改革的重要举措，而在我国尤其是教育资源匮乏的偏远农村以复式教学为主的小班教学情况是具有其特殊性的。

首先，本书将对农村教学点问题作比较全面的探究，并对当前教学点面临困境的原因进行深层次分析。农村教学点问题同时也是农村教育发展中的一个侧面，因此本文并不满足于就教学点谈教学点，而是通过对教学

---

[1] 联合国教科文组织：《教育的使命——面向二十一世纪的教育宣言和行动纲领》，教育科学出版社1996版，第34页。

点问题的研究折射出农村教育发展中的种种问题。

其次，现有的文献大多在以扩大学校规模、促进教育资源优化配置的理论前提下主张农村学校布局调整中撤销撤并教学点。而本文的立足点是建立在对教学点问题综合分析的基础上。"教育领域比其他领域能更好地证明社会科学中各学科相互并存的基本法则。"① 教学点的存在及发展受到教育、经济、社会等多方面因素的制约和影响，对那些布点过于分散、规模小的教学点适当撤并有利于教育规模效益的形成；而对于那些偏远地区的教学点，我们认为，应该更多地从教育和社会的视角去衡量和看待其作用及未来走向。

最后，本书运用规模经济理论、学校规模适度理论，将现实问题提升到理论的高度加以审视和思考。"那些最有名望的思想家并不把研究工作与日常生活相割裂。他们舍不得冷落任何一方面，以至于不能容忍这样的分割，并且要力图使两者相得益彰。"② 教学点问题是当前值得关注的现实问题，但只有在分析现实问题的同时上升到理论的高度才有助于我们对问题认识更为深刻。

第二，教学点问题的研究具有重要的现实意义。首先，对于教学点自身来说，教学点规模较小，教学形式灵活，本应能够发挥出教育教学的重要作用，而且长期以来它一直是农村学校教育中不可缺少的组成部分。随着农村义务教育逐渐纳入政府的职责范围，农村教育日益受到关注，特别是随着农村中小学布局调整的推进，县镇的中心学校、完全小学的办学条件、师资等方面都得到了相当程度的改善。但是，农村教学点的状况却不容乐观，偏远农村特别是山区的教学点大部分被撤销或被并入镇中心学校，被暂时保留下来的教学点在办学条件、师资等方面难以得到改善，办学经费短缺，教师年龄老化、学历水平低等情况都直接影响到教学质量的提高。在很多地区，地方政府盲目追求学校规模效益，把有限的资金都集中投入中心校的建设中。教学点同样是一种重要的教学组织形式，对偏远地区的教育发展不可或缺，教学点本身面临的不平等的境遇值得关注。

① ［英］M. 布劳格：《教育经济学导论》，春秋出版社 1989 年版，第 4 页。
② ［美］C. 赖特·米尔斯：《社会学的想象力》，陈强、张永强译，生活·读书·新知三联书店 2005 年版，第 211 页。

其次，对于教学点的学生及其家长来说，大量教学点被撤销撤并，原来就读于教学点的学生要转到离家较远的中心校或完小上学，尤其是在偏远山区的学生面临上学远、上学难的问题甚至被迫辍学。对那些在中心校寄宿的学生家长来说，寄宿加重了家庭的经济负担。而对于暂时保留下来的教学点的学生，他们享受不到同等质量的教育。"教育系统的首要目标，应是减少来自社会边远和处境不利阶层的儿童在社会上易受伤害的程度，以便打破贫困和排斥的恶性循环。"① 偏远地区经济落后的客观现实已经使那里的学生处于不利境地，而他们接受教育又面临种种困难，因此，教学点问题给当地学生及家长带来的负面影响更不容忽视。

最后，这一问题日益引起高层政府的关注。高层政府对教学点问题的关注主要是通过对布局调整后偏远山区学生上学远问题的关注而引起的。为防止在中小学布局调整过程中出现新的学生失学、辍学和上学难问题，切实解决农村边远山区、交通不便地区中小学生上学远问题，2006 年 6 月 7 日和 9 日，教育部先后发出《教育部办公厅关于切实解决农村边远山区交通不便地区中小学生上学远问题有关事项的通知》② 和《教育部关于实事求是地做好农村中小学布局调整工作的通知》③，要求各地按照实事求是、稳步推进、方便就学的原则实施农村中小学布局调整，确保适龄儿童少年顺利完成九年义务教育。2010 年 1 月 4 日，教育部印发《关于贯彻落实科学发展观进一步推进义务教育均衡发展的意见》④，其中涉及农村学校布局调整及教学点问题，该文件强调："地方各级教育行政部门在调整中小学布局时，要统筹考虑城乡经济社会发展状况、未来人口变动状况和人民群众的现实需要。对条件尚不成熟的农村地区，要暂缓实施布局调整，自然环境不利的地区小学低年级原则上暂不撤并。对必须保留的小

---

① 联合国教科文组织：《教育——财富蕴藏其中》，教育科学出版社 2004 年版，第 129 页。

② 中华人民共和国教育部：《教育部办公厅关于切实解决农村边远山区交通不便地区中小学生上学远问题有关事项的通知》 （http://www. moe. edu. cn/edoas/website18/level3. jsp? tablename = 1157&infoid = 20239，2006 – 06 – 07）。

③ 中华人民共和国教育部：《教育部关于实事求是地做好农村中小学布局调整工作的通知》（http://www. moe. edu. cn/edoas/website18/info20238. htm，2006 – 06 – 09）。

④ 中华人民共和国教育部：《关于贯彻落实科学发展观进一步推进义务教育均衡发展的意见》，基基一〔2010〕1 号，2010 年 1 月 4 日（http://www. moe. edu. cn/edoas/website18/level3. jsp? tablename = 1157&infoid = 1264494881468395）。

学和教学点，要保证教育教学质量。对已经完成布局调整的学校，要保障学生的学习生活。要进一步规范学校布局调整的程序，撤并学校必须充分听取人民群众意见。"

六　研究方法

研究方法是指一项研究的具体研究过程（研究设计、研究对象选取、数据采集、调查方式等）以及在研究过程中采用的研究分析工具①。任何研究都需要借助合适的研究方法来达到研究目的。而研究目的主要分为三类：探究、描述和解释②。根据具体研究目的的侧重点不同，采用的方法也有所不同。但多数研究的目的往往是这三种的交叉和综合。本研究的研究目的在于通过实地调查，描述农村教学点的现状和面临的困境，探究并解释其困境存在的原因，并提出对策建议。因此，关于教学点的研究是一个全面、系统的工作。研究内容涉及很多方面，包括教学点的历史背景、现实背景、现状、问题、未来发展等。针对教学点这一特定的研究对象，本研究的研究方法包括这样几个步骤：

（一）确定研究对象和目的

对研究对象的选择和研究目的的确定是整个研究的开端，更是能决定一项研究的最终价值的关键步骤。基于此，本研究经历了很长时间的前期准备，研究对象和目的的确定主要得益于以下几个方面的工作：

第一，参与导师课题研究，找到论文研究的切入点。农村教育问题一直是范先佐教授课题团队关注并致力研究的课题，2006 年开始至今，"中西部地区农村中小学合理布局结构研究"重大项目受中英双边政府资助，由范先佐教授主持，在全国中西部农村地区展开研究。通过参与该课题为期两年半的长期调研以及相关工作，笔者对农村中小学布局现状、布局调整过程中存在的问题及合理布局的政策等问题都有了更为深入的了解。在调研过程中，作为学校布局调整政策涉及的重要客体之一——农村教学

---

① Gideon Sjoberg and Roger Nett. (1968), *A Methodology for Social Research*, Harper Row, Publishers, New York, Evanston, and London, p. 2.

② ［美］艾尔·巴比：《社会研究方法第 8 版》（上），华夏出版社 2000 年版，第 116 页。

点，其特殊的地理位置、极其落后的办学条件以及它对于偏远农村学生的重要作用，引起了课题组的关注，这是农村教学点作为学校布局项目子课题的重要缘由和基础。在实地调查中，它走入了学术研究的视野，成为本研究的研究对象和内容。同时，该研究课题得到了导师和同学的赞成与支持。这一过程也可以说是在继续和重复之前的研究的基础上，意图找到新的突破口，志在进取、有所拓展。因为无论在社会科学还是自然科学研究领域，"重复与拓展他人已经完成的研究课题，是确定研究课题的重要方略之一"[①]。

第二，搜集并阅读与"教学点问题"相关的研究文献。文献法在任何一项研究中尤其是社会科学研究中都必不可少，它一方面为研究者提供有关研究对象的丰富知识和材料，奠定后期研究的文献基础；另一方面为研究提供理论支撑，贯穿研究的始终，使一项研究具有灵魂和支柱。基于文献的重要作用，本研究的文献工作力求扎实稳健。

首先，整合所有的与教学点问题相关的文献。关于教学点问题的研究文献主要可以划分为几个部分：以教学点为直接研究对象的文献、有关教学点发展的历史资料、教学点的背景文献、国外学者对农村小规模学校的研究文献等。这几大类文献从各个角度为本研究提供材料，其中，国内国外关于教学点和小规模学校的研究作为必不可少的文献基础，使本研究在已有研究的基础上获得继续研究的空间，同时避免一味重复前人的研究；教学点发展的历史和背景文献为介绍教学点的历史发展、作用和背景提供资料。

其次，确定本研究的理论支点。在整理文献的基础上，寻找教学点研究的理论支点是一项关键的任务。它关系到整个研究的理论架构，是研究的精髓。那么，众多研究文献中，与教学点问题最为拟合的理论主要有规模经济理论和区域经济学理论。其中，规模经济理论是直接与教学点本身的办学形式相关。基于规模经济理论是评价学校办学效益的经典理论，教学点作为一种办学形式不可避免地应受到该理论的检验，这种特殊的办学形式并不符合规模经济，甚至是相悖的。那么，如何评价教学点的作用以及未来发展，将成为研究我国农村教学点问题的一个核心，同时也为本研究提供了新的空间；

---

① ［美］梅雷迪斯·D. 高尔、沃尔特·R. 伯格、乔伊斯·P. 高尔：《教育研究方法导论》，江苏教育出版社 2002 年版，第 47 页。

另外，区域经济理论是针对如何合理布局农村教学点问题的契合理论，该理论从社会经济发展的广阔视角为解决教学点的撤留问题、学校布局问题提供理论上的指导。总之，从文献中找到研究的理论支撑决定着研究的成败，因为理论可以"赋予事实以意义，有助于明确研究的问题；并可以以一种系统的方式来解释一些现象，为研究教育问题指引方向"①。

（二）研究过程设计及具体的研究方法

教育研究多种多样，依赖于许多学科和实践作为它们研究的基础。同样，对于教学点问题的研究，它既需要建立在坚实的理论基础之上，也必须经过实地调查研究来进行印证，才能得出全面客观的结论。农村教学点研究是一个系统的过程，借鉴艾尔·巴比（Earl Babble）② 对社会科学研究方法的论证，本研究的过程设计主要包括以下几个部分（见图 1－1）：第一，在确定研究兴趣、对象和理论支撑的基础上，将"想法"付诸实践。这部分内容在前一部分已经进行了论述。第二，运用具体的研究方法，将研究的"想法"具体实施，如采用实验法、实地调查研究、二手资料研究、比较研究、评估研究等。本研究综合采用了上述多种研究方法。第三，将实地调查所得的数据和资料进行后期处理，分析问题，得出结论。本研究对教学点问题的相关结论可以说是开放性的，一方面调研数据可以用来描述教学点的现状和困境；另一方面也对教学点的未来走向包括如何布局、如何加强建设等问题提供实践意义的指导。而且，最后的结论与初期研究阶段的假设、理论遥相呼应，一部分结论源于对理论（如规模经济理论）的挑战和实地调查的论证；一部分结论源于相关理论（如区域经济理论）的指导和恰当研究方法的运用。

那么，在研究的具体过程中，确定选择哪些研究方法和分析工具，是有效达到研究目的的保障。如前所述，教学点问题是涉及理论和实践的综合问题，因此，除了前一部分提到的"文献法"之外，调查研究法是本研究的重要研究方法。通过调查研究，我们可以获得有关教学点问题的一手资料和数据，在印证理论的同时，可以发现新的问题，甚至可能找到新的研究思路。访谈法和个案调查法是调查研究中同时运用的研究方法。

---

① ［美］威廉·维尔斯曼：《教育研究方法导论》，教育科学出版社1997年版，第22页。
② ［美］艾尔·巴比：《社会研究方法第8版》（上），华夏出版社2000年版，第137页。

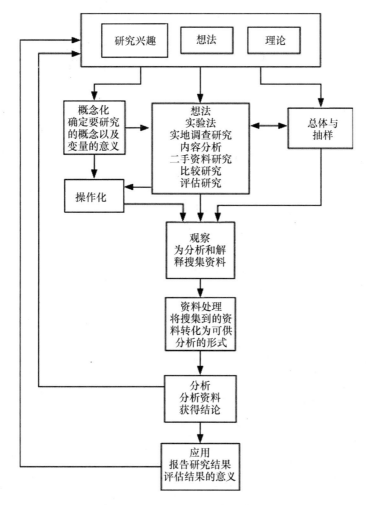

图 1-1 研究过程及方法应用

实地调查法在具体的实施过程中主要包括以下几个方面：

第一，信息收集。本研究收集的关于教学点问题的相关信息及主要方式包括：（1）学校布局调整的规划文本。这类文本主要有布局调整前后的学校（教学点）数量、学生和教师数量、学生最远上学距离、学校服务范围、学校资产值、布局调整投入资金等。这些信息是关于农村学校及教学点布局的最基本信息，它将用于介绍教学点的类型、现状、困境以及分析并构建合理布局的模型。因此，学校布局调整规划的相关数据是必不可少的。

（2）问卷。问卷的设计和发放是另一种重要的数据获得方式。本研究的问卷发放主要分为两个阶段：第一阶段是 2006—2008 年间，国家级课题"中西部农村中小学合理布局结构研究"项目调研期间，如表 1-4 所示，课题组总计发放问卷 39210 份，问卷种类包括教育行政人员问卷、校长/教师问卷、家长问卷和学生问卷，各类型问卷有效回收率分别为 86.2%、76.4%、62.0% 和 99.9%。第二个阶段是 2009 年 5 月，广东省典型山区县新丰县被选为后续调研地区，问卷发放类型主要有学生卷（405 份）、家长卷（457 份）和教师卷（102 份），三种问卷的回收率分别为 92.3%、77.0% 和 70.6%（见表 1-5）。从问卷发放数量和回收率来看，均能保证数据收集的有效性。问卷涉及的调查内容主要包括：被调查群体的基本情况；学校布局调整的目标和动力；不同群体对布局调整政策的看法；被调查学校的基本信息如规模、地理位置、教师情况等等；学校布局调整的成效与问题；教学点撤并前后的办学状况和未来学校合理布局的规划建议等。

表 1-4　　　　　　中西部六省区问卷发放和回收情况　　　　　单位：份

类型	发放	回收	回收率（%）	有效问卷	有效回收率（%）
教育行政人员	210	194	92.3	181	86.2
校长/教师	15000	12490	83.3	11463	76.4
家长	12000	7995	66.6	7421	62.0
学生	12000	11997	99.9	11990	99.9
总计	39210	32476	83.0	31055	79.2

表 1-5　　　　　　新丰县调研问卷发放和回收情况　　　　　单位：份

数量 类别	发放	回收	有效回收率（%）
学生卷	405	374	92.3
家长卷	457	352	77.0
教师卷	102	72	70.6

（3）访谈。针对大规模问卷调查可能出现的被调查者不回答或者回答粗心的情况，访谈法可以弥补上述缺点。通过开放型题目的设计获得深层探索的机会，研究者能够挖掘出更深层次的问题，与问卷调查的数据互相补充、互相印证，促进调查研究的顺利开展。访谈的类别可以从两个维度进行划分，其一，根据被调查者的数量，访谈可以分为个体访谈和群组访谈。这两种访谈方式在本研究中均被设计和应用。在对行政人员、教师、学生和家长的访谈中，一类访谈是与单个人进行访谈，每个受访者谈话的时间较长、个人观点陈述也较为深入；一类是以5—8人组成的小组访谈，其优点在于受访者各抒己见，可以互相补充对问题的看法，信息量较大。其二，根据调查问题的深度，访谈可以分为结构式访谈、半结构式访谈、非正式谈话（访问）、一般谈话法和标准随机开放式访谈①。本研究将上述方法综合运用。结构式访谈包括一系列既有是非题又有简短回答选择题的封闭式问题；半结构式访谈包括提出一系列结构式问题，然后使用更深层次的启发式问题以得到额外的信息；非正式谈话和一般谈话法完全依赖于相互影响而自发产生的问题，谈话比较自然开放，能获得大量额外信息；标准随机开放式访谈较多地应用于小组访谈，包括对每个对象提出预定的顺序和措辞相同的一套问题以降低偏差。

（4）参与式观察和个案研究。参与式观察和个案研究都是本研究中获得信息的重要方法。首先，参与式观察是实地调查的一种特殊形式，它是指研究者通过亲自参与被研究的事件，获得调查需要的信息。本研究在调查过程中大量运用了这种方法，比如在调查各类学校的过程中，课题组成员都是亲自走访当地的若干所学校，甚至不惜长途跋涉到达最偏远的山区教学点进行参与式观察，亲身感受偏远农村地区教学点办学的落后面貌和贫困学生的学习状态。参与式观察一般是与访谈、个案研究同时应用，而且研究者在观察的同时都要认真做好记录，以便调查结束后对资料进行系统整理。该方法是本研究获得真实信息的重要手段。其次，个案研究是针对单独的个人、群体或社会所进行的案例式考察。个案研究的目的包括

① ［美］梅雷迪斯·D. 高尔、沃尔特·R. 伯格、乔伊斯·P. 高尔：《教育研究方法导论》，江苏教育出版社2002年版，第261页。

描述、解释和评估，好的案例调查能够细致而生动地描述现象，从而为解释说明现象的本质提供翔实的依据，正如巴泽尔（Yoram Barzel）所说："一个精心寻找的实例往往提供了比任何一种理论模型都丰富得多的内容。"① 同时，典型个案的运用也是与数据分析相互印证的一个过程。比如在教学点的类型介绍及财政问题分析中，文中引用广东省新丰县和湖北省英山县等地区的教学点相关个案形成较为鲜明的印象。关于农村教学点的个案研究，从办学条件、教师质量、学生的学习生活环境等方面生动地展现了偏远山区农村教育的落后面貌，有力地印证了问卷及访谈调查所获得的数据。

第二，调查对象的选取。研究者不可能对总体中的每一个个体进行调查，所以，研究者有必要从总体中选择一个样本（即一定数量的调查对象）来进行研究，这一过程也称为"抽样"。抽样的最终目的在于从总体中选择一些要素，并通过对这些要素的描述（统计值）来精确描绘样本总体的各种特征。抽样的方法有很多种，根据样本选择方式的不同，它可以被划分为概率抽样和非概率抽样②。

首先，本研究在问卷调查过程中，主要运用了概率抽样。该方法的基本原则是：如果总体样本中的每一个体被抽取为样本的概率相同，那么从这个总体中抽取的样本对总体就具有代表性。它主要包括简单随机抽样、系统抽样、分层抽样（stratified sampling）和多级整群抽样（multistage sampling）。由于本研究调查的范围很大，无法做到简单随机抽样或系统抽样所要求的对每一个调查个体进行电脑编号，因此，本研究主要应用分层抽样和多级整群抽样方法，同时，多级整群抽样的每一个群组抽样过程中，应用随机抽样和系统抽样方法。分层抽样是在抽样之前将总体按照其属性如地理位置、规模、乡村或城市、学生或教师等来进行划分；多级整体抽样的步骤是在分层的基础上，将总体划分为不同的群集，再在每一个群集中按照随机或系统抽样方法选择个体。多级整群和分层抽样方法更适合于大规模的跨省区的调查研究，便于操作，且能够在较大程度上保证样

---

① ［美］Y. 巴泽尔：《产权的经济分析》，费方域、段毅才译，上海人民出版社 2006 年版，第 2 页。

② ［美］艾尔·巴比：《社会研究方法第 8 版》（上），华夏出版社 2000 年版，第 247 页。

本的代表性。

那么，上述抽样方法在本研究的具体抽样过程为：根据分层抽样和整群抽样的原则，本研究依据调查地区的地理位置和经济社会发展水平，首先选定了中西部六省区包括湖北、河南、广西、云南、陕西、内蒙古，其中前二者属于中部地区，后四者属于西部地区，完成第一级整群抽样；然后在每个省区内，依据地理、经济、教育等发展状况选取两个地市（经济较为落后），每个地市选取三个县，其中主要选取指标为经济发展水平，即每个省区内选出的三个样本县体现为经济状况较好、中等、落后三个等级，完成二级整群抽样；三级整群抽样，即在每个县内按照学校类别（高中、初中、小学包括中心小学、完全小学和教学点）选取若干所学校，同时，按照教育行政人员、校长、教师、学生、家长等类别进行样本个体的选取。在第三级整群抽样过程中，简单随机抽样和系统抽样方法开始被引入，在确定了县样本之后，我们可以获得每个县域内的学校名单，然后根据学校类别随机选取出样本学校。在确定样本学校之后，同样根据随机抽样或系统抽样方法选取学生、家长和教师样本。

由此，通过抽样，本研究主要选取了 6 个省区的 38 个县、178 个乡镇、986 所学校包括 764 所小学、140 所初级中学、45 所九年一贯制学校和 37 所高级中学。调查样本的选取过程可参考图 1－4，分级整群抽样的第一个群组为省区，然后是地市、县、乡镇，最后为被调查个体，在每一个级别，分层抽样和随机抽样都被应用。此外，对于 2009 年补充的广东省山区县新丰县的调查由于只涉及一个县的范围，因此主要采用了随机抽样和系统抽样方法来选取学校样本和调查个体样本。多级整群抽样事实上一直在重复两个步骤，即列表名册和抽样。除了抽样过程的介绍，图1－4也显示出问卷调查的整个过程，即确定调查问题、设计问卷、访谈提纲、试点调查、发放问卷、反馈、问卷回收。这一整个流程的完成，也就是实证调研的核心部分。而其中，调查对象的选取又是问卷调查过程的核心，因为抽样方法的科学运用将决定着样本的代表性，从而决定整个研究的成败。

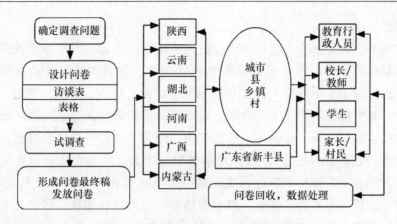

图1-2　调查对象的选取和问卷发放

　　其次，在访谈过程中，本研究采用了非概率抽样中的多数方法。从研究的性质来看，访谈调查应被划分为定性研究的范围。定性研究是社会科学研究领域的一种重要研究方法，在教育研究领域也不例外。其研究方式的灵活性以及对研究对象选择的典型性都有助于研究的进一步深入，研究者可以拥有不断开发探索研究对象的新视角和改进研究方法的自由空间。访谈过程中，本研究主要应用了就近法、滚雪球抽样、配额抽样、选择线人[①]等方法。其一，就近法。就近法就是在调查所在地范围内如某一个街区拐角、商店、学校等区域内随意就近选择一个调查对象进行访谈，了解相关信息。本研究在针对学生家长或村民的访谈中，对该方法有所应用。由于调查范围十分广泛，无法做到对所有的村民进行调查，我们采取在某一村庄内就近选取个别农户家庭进行深度访谈。村民了解了访谈目的后，都可以如实地反映对学校布局调整政策以及农村教学点的态度，能提供十分丰富的信息。其二，滚雪球抽样。即根据既有研究对象的建议找出其他研究对象的过程。该方法在本研究中被大量采用，如在访谈学生家长和村民的过程中，很多农户家庭的具体情况我们无法获得，这类访谈对象的确定多数由既有的访谈对象推荐而确定，尤其是对贫困学生家庭的调查，当地村民的建议使得调查对象的选择具有很强的典型性。其三，配额抽样。该方法在访谈中的应用主要是指要选取区域内的各种特性的调查群体，以保证研究的代表性。如在访谈教师的过程中，我们要根据教师的年龄段、

---

　　①　[美]艾尔·巴比：《社会研究方法第8版》（上），华夏出版社2000年版，第247页。

教学质量程度、所在学校的类别等标准分别选取一定比例的教师。同样，对于学生的访谈，要根据学生的年龄、学习成绩好坏、家庭经济条件、居住地的远近等因素选取多种类型的学生群体，从而使调查对象覆盖更多类型的群体。其四，选择线人。当访谈内容涉及个人隐私或敏感话题时，研究者会遇到困难诸如访谈对象由于陌生感带来的戒备心理，影响访谈的效果。因此，寻找访谈对象群体内部的"线人"是调查研究中的重要方法。在本研究中，在访谈贫困学生家庭以及民办教师的过程中，我们采取了寻找线人的方法，通过联络村庄内的熟人即线人，由线人引荐我们进入调查对象的生活，获得真实可靠的信息。

第三，数据处理工具。本研究应用的数据处理工具主要有两种：SPSS 和地理信息系统（Geography Information of System，GIS）。首先，SPSS 软件作为社会科学领域最常用的统计工具之一，承担了几乎所有的问卷数据统计工作。本研究问卷调查数据回收后，课题组成员首先依据地区（省、市、县、乡镇）、学校类型、调查对象类别等将所有回收问卷进行编码，然后将数据统一录入 SPSS 数据处理平台。由于调查范围很大，所以数据录入工作花费了大量的时间和人力。完成数据录入后，我们根据研究假设和目的导出相关的数据结果，包括描述性统计图表、方差分析、回归模型等。这些统计结果为研究结论提供了有力的支撑，相关模型为预测农村学校合理布局特别是教学点的撤留问题提供重要依据。其次，地理信息系统（GIS）的应用。20 世纪六七十年代，国外学者已经开始尝试将 GIS 引入社会科学研究领域；80 年代，联合国教科文组织陆续出版了 GIS 在教育规划中的应用文集，至此，GIS 在教育研究领域的应用全面铺开。这一重要的研究方法和工具对教育规划的作用是不可估量的，其背后的原理较为复杂，本研究主要引入了 GIS 中关于学校布局规划的基本原理和数据分析工具，以试图更加科学合理地解决农村教学点的撤留问题。如图 1－5 所示，GIS 在本研究中处理数据的工作流程主要分为 3 个步骤，即导入数据信息、数据运算和输出结果。其中，导入的数据信息包括同一坐标系后的海拔、学校地理位置和通过 GPS 导航获得的其他信息；GIS 工作平台会根据研究目的将数据信息整合、运算，从而输出以地图、图表为主要形式的空间/地理模型。本研究导出的相关模型主要包括学校布局调整前后的学校（教学点）地理位置、学校（教学点）的服务范围、学生上学的空间可达性模型等。

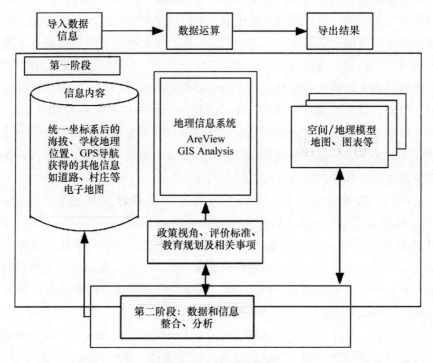

图 1 – 3　GIS 工作流程

（三）相关结论

在梳理文献、调查研究、数据处理等工作的基础上，研究者开始根据数据结果及相关材料进行研究结果的分析和讨论，这一过程中，相关结论也将最终形成。除了上述研究方法之外，历史法、比较法等将辅助研究结论的进一步分析。首先，历史法是借助于对相关历史发展过程的史料进行分析，认识研究对象的过去，研究现在和预测未来的一种方法[①]。在讨论教学点的作用及其未来发展问题的过程中，教学点的历史发展过程对该问题具有重要的启示意义。调查研究得出的实证性结论表明教学点当前面临很多困境，甚至面临逐渐走向消亡的危机，但正是其历史发展的相关资料表明，教学点事实上是我国农村义务教育的雏形，

————

① 裴娣娜：《教育研究方法导论》，安徽教育出版社 1997 年版，第 136 页。

它为农村教育发展所做的贡献不可替代。从历史发展的视角看，教学点对偏远山区的作用将一直持续，从过去到现在、到未来。其次，比较法是对某类教育现象在不同时期、不同地点、不同情况下的不同表现进行比较分析，以揭示教育的普遍规律及其特殊表现，从而得出符合客观实际的结论①。比较法在本研究中的应用主要体现在，通过介绍国外农村偏远地区的小规模学校存在的背景及发展状况，尤其是发展中国家政府对小规模学校实施的教育优惠政策以及教育资源共享模式的经验，为我国农村教学点的建设提供可借鉴之处。总之，历史法和比较法为研究结论的分析提供了有力的工具，它们与其他研究方法相辅相成，促进研究结论的构建和完善。

通过上述研究过程和方法的介绍，我们可以看出，本研究的研究范式是实证与规范研究相结合。实证与规范研究范式来源于经济学研究领域，其中，实证研究借助现代数学方法分析问题，力图取得较为精确的结论。由于数学计量本身所具有的价值判断，不可避免地会导致计量的不确定性和模糊性；规范研究则是针对实证研究的一些缺陷而提出的一种范式，是通过演绎推理的方式，即根据假设、按事物内在联系运用逻辑推理得到结论，侧重理论性的分析和论述。其中，实证研究范式长期主导着经济学研究。教育经济学作为一门研究教育与经济之间相互关系的交叉学科，其学科研究方法很大程度上是借鉴了经济学的研究方法，因而，实证研究范式备受推崇。但是，教育问题又是极其复杂的，具有独特性："它具有多种目标，但是其中不包括追求最大利润；它的生产周期相当长；教育的实施仍是手工技艺式的；它是用管理的价格而不是市场价格来购进其主要投入。"② 可见，对教育经济学科来说，单一的运用实证方法分析教育问题是远远不够的，教育的复杂性与独特性要求实证与规范相结合。马歇尔（C. Marshall）和罗斯曼（G. B. Rossman）也提出："应根据研究过程中问题的特点和资料的需要，灵活采用不同的研究方法或同时采用多种方法进行研究，从而使它们取长补短，较好地达到研究的目的。"③ 因此，本研究总的研究范式采取实证与规范相结合的方式，符合教育经济学学科的

---

① 裴娣娜：《教育研究方法导论》，安徽教育出版社 1997 年版，第 223 页。
② ［英］M. 布劳格：《教育经济学导论》，春秋出版社 1989 年版，第 2 页。
③ 王宝玺：《复杂科学视角下的教育科学研究方法》，《外国中小学教育》2002 年第 1 期。

研究范式要求，充分考虑到了本学科的学科性质以及教育问题的相对复杂性。

七　结构安排

本书的逻辑思路是：农村教学点在我国农村地区特别是偏远山区大量存在，从古至今，教学点的产生和发展具有其特定的轨迹和必然性，它对农村义务教育的普及和发展发挥了重要作用。而且目前给偏远地区的学生上学带来了便利，作为一种特殊的教学组织形式，在农村义务教育发展过程中不可或缺。但目前教学点面临诸多困境，这不仅给偏远地区学生上学带来了困难，而且也有悖于教育公平、不利于农村义务教育的均衡发展。教学点面临困境的原因何在？应该如何改善教学点的办学条件和师资水平，让它为偏远地区的义务教育发挥出应有的作用？这些问题都迫切需要回答。具体讲，本书的结构安排为（见图1-6）：

第一章为导论，主要是说明本文研究的缘起，并简要分析教学点及其相关问题的研究现状，表明文章的研究意义和研究方法。同时，对农村教学点进行概念界定，并归纳出当前我国现存教学点的几种类型。其中，对教学点的界定是明确本文的研究对象和范围，确定什么样的学校是教学点，它们具有哪些特征等。对教学点类型的划分主要根据两种标准——规模大小和生存状态。分类标准的确定是从当前教学点的实际情况出发的，不同类型教学点的分析有助于从微观角度了解它们的状况。

第二章介绍农村教学点的历史渊源、现实背景和数量分布。这部分内容主要包括：首先，农村教学点的历史渊源一直追溯到古代，它从教学组织形式上经历了古代"私塾"，近代"村学"、"乡学"，现代"村小"等不同发展阶段，具有久远的历史，与我国小学教育的发展相伴相生。其次，教学点的现实背景主要包括经济、社会和政策背景，经济社会背景主要是从我国二元经济社会特点来分析为什么当前大部分教学点分布在广大中西部农村偏远地区且办学条件落后，同时生育率逐年下降和社会流动也导致农村适龄人口减少，从而促成了教学点的形成。政策背景分析了高层政府对当前教学点问题引起的关注、对改善教学点的态度和改善其办学条件的具体建议，说明教学点问题的重要性和紧迫性。

最后，数量分布包括教学点在全国范围的总数，城市、县镇、农村不同区域内的数量以及各省教学点的具体数量。通过对教学点数量的分析，可以大致看出教学点主要分布在欠发达的中西部农村地区，也即教学点分布的地域特点。

第三章分析了教学点的作用。教学点的作用主要包括历史作用和现实作用。首先，教学点具有重要的历史作用。它不仅扩大了平民的受教育机会，而且促进了义务教育的普及。其次，教学点也具有不可替代的现实作用，它确实有助于解决偏远地区孩子上学远、上学难的问题。同时，教学点也是一种有效的教学组织形式，具有重要的教育教学作用。

第四章描述了当前教学点面临的困境及其带来的负面影响。当前教学点面临的困境主要包括：布局调整过程中教学点被大量撤销，教学点的学生面临上学远、上学难的问题；暂时保留下来的教学点在运转经费、办学条件和师资水平等方面都存在很多困难。正是教学点的这些困境给农村偏远地区的学生、教学点教师和农村学校的发展带来了负面影响，它导致了教学点学生不能公平接受教育、阻碍了农村义务教育的均衡发展，也在一定程度上损伤了农民对教育的期待和信心。

第五章分析了教学点面临困境的原因所在。教学点面临困境的原因涉及教育价值观、教育政策执行以及财政管理体制三个方面。首先，地方政府的教育价值观存在误区，对教学点缺乏理性认识。大部分地方政府对教学点的价值取向源于经济理性价值观，即单一地从办学效率的角度来衡量教学点的价值，而忽略教学点的教育价值和社会价值。其次，学校布局调整政策执行不当，导致教学点成为附属品。许多地方政府盲目追求规模效益和政绩，偏离学校布局调整政策的初衷，盲目撤销大量教学点，使教学点处境十分艰难。再次，财政管理体制不尽合理，导致教学点建设滞后。"以县为主"的财政体制以及中心校与教学点之间的隶属关系导致了教学点经费的总量短缺和分配性短缺，从而造成了现存的教学点在办学条件等方面十分落后。最后，从管理的角度看，农村教师缺编及师资调配方式不合理影响了教学点师资水平。

第六章论证了合理确定教学点撤留问题的经验及其理论依据。教学点面临的困境及相关原因分析表明：目前，农村教学点的撤留及合理布局是当前最棘手、最迫切需要关注的问题。这一章内容从实际经验和理论论证两个方面来分析和讨论农村教学点合理布局的过程和原则，试图解决"如何决策农村教学点撤留"的问题。第一部分为实际经验部分，主要以调研样本县广东省新丰县为例，运用地理信息系统（GIS）分析该县农村小学布局调整的规划过程。农村学校布局调整是一个整体规划，教学点的布局问题被包含在此过程中论述。第二部分为理论论证部分，根据第一部分对教学点撤留问题的实际经验分析，归纳总结合理确定教学点撤留问题的理论依据和原则，为全国范围的农村教学点布局问题提供借鉴。

第七章提出了改善教学点状况的对策建议。这一章从完善财政管理体制、优化教师资源以及促进教育资源共享等方面论述了如何加强教学点建设的对策建议。首先，完善财政管理体制，对保留下来的教学点予以适当支持。具体来讲，我国应进一步完善农村义务教育财政体制，保障中西部地区农村义务教育经费；要规范教学点的经费来源和划拨方式，及时满足教学点的资金需求。其次，合理配置教师资源，加强教学点师资。该项策略要求适当放宽农村教师编制、鼓励优秀年轻教师到偏远地区任教；同时，加强教学点师资培训，提高教学点师资水平，从而提高教育质量。最后，建立教育资源共享模式，促进教学点与其他学校均衡发展。我国农村教学点的发展有必要借鉴国外先进的教育理念，引入"学校联合体"的概念和策略，将教学点与完小、中心学校建立成学校合作网络，使教育资源在各学校之间得到共享，从而促使教学点与其他学校共同进步。

第八章论述了教学点的发展及未来走向。这一章主要从三个方面就此观点进行论述：首先，农村教学点将长期存在，其原因在于我国农村的经济、社会和文化特征，即偏远乡村经济的封闭和滞后、农村聚落的稳定性以及多元民族文化的特征。其次，教学点将成为一种灵活有效的义务教育供给形式。教学点在未来将逐渐发展成"卫星学校"，促进义务教育普及；复式教学为主的教学组织形式将发挥出更大的功效；教学点作为偏远农村地区的教育供给形式，秉承了全纳教育的理念，将为实现教育机会均等和更高的教育质量发挥更多的作用。最后，介绍世界其他国家的农村小规模学校发展情况，为我国农村教学点的发展提供经验。各国教育决策者日益重视农村小规模学校的作用，并针对偏远农村社区居民的教育需求，为他们保留小规模学校，同时，通过增加投入、提高教育质量以及创新办学模式等多项措施促进小规模学校的发展。

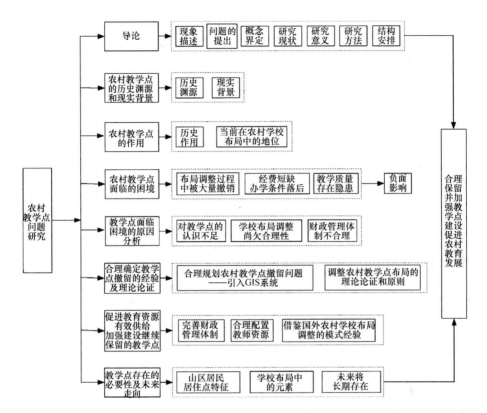

图1-4　全书结构安排示意图

第二章　农村教学点的历史渊源、
现实背景和数量分布

农村教学点在我国具有悠久的历史，它伴随着我国小学教育的发展而发展。从教学组织形式上来看，农村教学点大致经历了古代的"私塾"，近代的"村学"、"乡学"以及现代的"村小"等不同阶段的不同形态；从经济背景来讲，教学点绝大部分都分布在中西部经济落后地区，这是我国长期以来二元经济结构导致的教育二元特征的体现。中西部经济落后地区交通十分不便，加之长期以来的教育投入不足，导致这些地区的农村教学点的办学条件极其落后。除交通不便以外，地区经济的落后以及农村居民生活条件的困难，是导致这些地区学生上学远、上学难问题的根本原因；人口出生率下降、人口流动性增强导致的农村居住分散、适龄儿童数量减少是我国农村教学点所处的现实社会背景；农村学校布局调整政策的实施是我国农村教学点所处的政策背景，该政策对农村教学点的类型以及产生均具有直接的影响。

一　农村教学点的历史渊源

要想全面了解教学点的产生发展过程以及教学点在我国农村教育发展中的重要作用，必须对教学点产生的历史背景进行翔实的考察。克劳德·巴斯蒂安（Claude Bastian）说过："认识的进化并不是朝向建立愈益抽象地认识，而是正相反，朝向把它们放置在背景中。这个行为确定了知识被插入的条件和它们的有效性的界限。背景化是（认识运作）发挥效能的一个基本条件。"① 因此，了解教学点产生的历史背景对于教学点问题的研究是至关重

---

① 转引自［法］埃德加·莫兰《复杂性理论与教育问题》，陈一壮译，北京大学出版社2006年版，第25页。

要的。

我国上古时期，传说中虞舜时代就已经出现"下庠"，即类似于现在的小学。而史料中我国小学教育可考的历史可以追溯到公元前1046年到公元前771年的西周时代——"家有塾，党有庠，术有序，国有学"[①]，这其中所提到的"塾"和"庠"便是那时期的乡村孩童接受教育的处所，大体上相当于我们现在的农村小学；到了秦汉时期，私学性质的"蒙学教育"、"义塾"和"家学"成为农村小学教育的主要形式；再以后的唐宋时期，农村小学的教育形式出现了官办与私学并存的局面，"每乡立学"在当时被提上了议事日程，与此同时，"私塾"这种农村小学教育形式在一定程度上也使更多的乡村孩童享受到了受教育的机会；历史发展到宋代，我国农村小学教育出现了"义学"、"义塾"等主要形式，"义学"、"义塾"的出现大大促进了我国乡村教育的发展；元、明、清时期是我国小学教育的兴盛时期，这个时期，既有相当数量的官办"义学"、"社学"，也有许多私人办的"义塾"、"乡塾"。尤其是清代时期的小学，集以往各时代小学类型之大成，除了有"义塾"、"义学"、"乡学"、"乡塾"、"书塾"、"蒙学"性质的书院外，还有当朝专门为旗人及内务府官员的幼小子弟而兴办的小学[②]。总体来讲，"义学"、"社学"、"义塾"、"乡塾"、"书塾"等是我国古代地方小学教育的主要形式。从教学组织形式上来讲，无论是"官办"还是"私办"，其特征均为规模小、地方化，这些小学教育形式与我们现在所说的农村教学点在办学特点方面存在很大的相似之处，从这点来讲，我国古代的私塾可以说是我们现在所讲的农村教学点的雏形。

到了近代，传统私塾仍然是我国内地和偏远地区农村小学的主要办学形式。曹诗弟所做的研究表明："19世纪末20世纪初，邹平的所有村庄都能见到传统小学。他们建立在私人家里或旧的寺庙里，学校只有一个老师，村里以实物或现金的形式来支付教师的工资。学校通常有5—20个学生，全都是男孩。"[③] 在我国的民国时期，陶行知、梁漱溟、晏阳初等人所倡导的农村教育运动带动了小学教育的发展，这一时期的小学办学形式

---

① 池小芳：《中国古代小学教育研究》，上海教育出版社1998年版，第12页。

② 同上书，第83页。

③ ［丹麦］曹诗弟（Stig Thoegersen）：《文化县——从山东邹平的乡村学校看二十世纪的中国》，泥安儒译，山东大学出版社2005年版，第21、134页。

多种多样，例如晏阳初倡导的民众学校以及山东邹平的村学、乡学等。识字教育是这一时期农村小学教育的主要任务。作为"学长"的村学、乡学老师是当时村里、乡里声望最高、品德最尊的领袖级人物。乡村所征收的税费和所得捐款的利息是当时教育资金的主要来源。除此之外，中央苏区对学龄儿童的教育形式为"劳动小学"（后改为列宁小学，分半日制和全日制两种），这种教育形式属于正规学校教育范畴。与中央苏区相比，陕甘宁边区更加重视小学教育，边区小学中绝大多数为民办，而且几乎全部为初小，① 至今，这些地方的很多农村小学或教学点仍留有以前"乡学"、"村学"和"初小"的痕迹。

在中华人民共和国成立之初，我国的农村教育极为落后。1949 年到 1952 年的三年间，村民出钱出力兴办学校的热潮在我国各地不断地掀起，促使了农村小学教育的快速发展。1956 年党中央做出指示："农村办学应采取多种形式，除国家办学外，必须提倡集体办学以促进普及小学教育。"国务院在 1958 年和 1965 年曾先后两次提出国家办学和依靠群众办学的"两条腿走路"的方针。耕读小学、简易学校、村办小学等形式多样的学校都促进了我国义务教育的普及和发展。我国的农村义务教育在 1978 年以后逐步划为政府的管理范围，1985 年，《中共中央关于教育体制改革的决议》中规定乡村义务教育实行三级办学、两级管理的体制；明确了利用财、税、费、产、社、基等多渠道筹措教育经费。义务教育属地化管理体制的确立使村村办小学在"普九"期间再度兴起，很多贫困地区甚至举债办学。然而随着我国城镇化步伐的加快、农村适龄儿童的减少，农村小学的规模也随之减小，从此，一些规模过小的学校被并入中心小学或者被撤销，也就是现在所说的农村中小学布局调整。很多被撤并后只保留了低年级的学校便成了教学点。

综上所述，教学点的发展历史是与我国农村小学教育发展相伴相生的历史。我国农村教育长久以来受传统教学组织形式及办学模式的影响，熊贤君说："大约到鸦片战争之前，中国基础教育的主要教学组织形式是社学、私塾，教学方式主要是教师个别指导、辅导。"② 我国近代虽然产生

---

① 喻本伐、熊贤君：《中国教育发展史》，华中师范大学出版社 2000 年版，第 531、533 页。

② 熊贤君：《千秋基业——中国近代义务教育研究》，华中师范大学出版 1998 年版，第 36 页。

了新的教育组织形式，但传统的私塾教育并没有因此而消失，在农村，"一师一校"仍然是小学教育的主要形式。新中国成立后，村办小学在我国财政困难与农村义务教育属地化管理的大背景下再度兴起。由此可见，我国古代的"私塾"，近代的"村学"、"乡学"对农村教育的发展都具有极为深远的影响。上述事实也充分证明了：教学点是我国农村教育发展过程中的重要教学组织形式，它非但不是现代社会农村教育的附属物，甚至比正规的完全小学具有更为久远的历史。

二 农村教学点的现实背景

农村教学点目前面临的现实背景主要包括三个方面：经济背景、社会背景和政策背景。其中经济背景主要是指教学点分布的区域多处于经济落后的中西部边远地区；社会背景主要包括教学点所处的特殊地理地形、人口密度和人口分布特点以及交通状况；政策背景主要是指农村中小学布局调整政策过程中对教学点产生的影响。

（一）经济背景

我国是一个发展中大国，工业化最初起始于传统经济中的若干产业部门，由此形成了现代工业部门与传统农业部门同时并存的二元经济结构。即"一种是以传统方法进行生产、劳动率极为低下，收入只能维持劳动者最低生活水平的乡村农业部门；另一种是以现代生产方式进行生产、劳动生产率较高、劳动者工资水平也相应较高的城市工业部门"[1]。经济的二元结构直接导致了巨大的城乡差别，农村特别是偏远贫困地区的落后面貌长期得不到改善。如 1978—2004 年间，城乡居民人均收入水平差距总体上从 1978 年的 2.57 倍增加到 2004 年的 3.21 倍。[2] 2008 年我国的城乡收入差距依然比较高，城乡收入比是 3.3:1。假如考虑到可比性的因素，城乡收入差距在 4—6 倍左右[3]。如图 2-1 所示，1978 年到 2009 年间，我国城乡居民家庭人均纯收入虽然都有所增长，但城乡差距却在继续上

---

[1] 张培刚：《新发展经济学》，河南人民出版社 1992 年版，第 196 页。
[2] 金敏：《中国城乡差距的多维度分析》，《财经界》2006 年第 6 期。
[3] 魏后凯：《我国城乡收入差距达 4—6 倍》，中国网（http://news.163.com/09/0615/12/5BRMH94 P0001124J.html），2009 年 6 月 15 日。

升，这充分反映了二元经济背景下的城乡差异。教育发展水平方面，2009年全国普通小学生均预算内事业费支出为3357.92元，比上年的2757.53元增长了21.77%。其中，农村普通小学生均预算内事业费支出为3178.08元，比上年的2617.59元增长了21.41%，但农村小学生均预算内事业费水平依然低于全国平均水平，更低于城市水平①。美国著名经济学家西奥多·W. 舒尔茨（Thodore W. Schults）曾提出，农村教育之所以会出现数量不足和质量低劣的情况，最根本的原因是对农村学校的投资不足。② 有限的教育经费主要集中于城市，原本更需要扶持的农村教育得到的资源远远少于城市。因此，教育投入的不足导致了城乡教育发展的差距，如图2-2所示，城镇与乡村农村小学的办学条件存在巨大的差距，从实验室、图书室、微机室面积以及计算机和实验设备的拥有量上来看，农村学校的水平都远低于城镇学校。

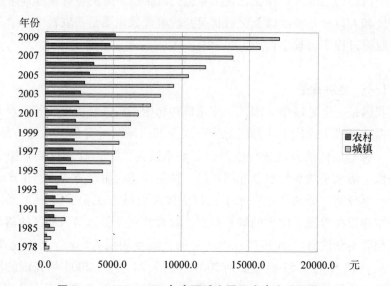

图2-1 1978—2009年全国城乡居民家庭人均纯收入

资料来源：根据《中国统计年鉴2010》数据整理所得。

---

① 新华网：《教育部、财政部权威发布：2009年全国教育经费执行情况统计公告》，2010年12月7日（http://news.xinhuanet.com/edu/2010-12/07/c_12855698.htm）。

② 转引自傅松涛《美国农村社区基础教育现状与改革方略》，《比较教育研究》2004年第9期。

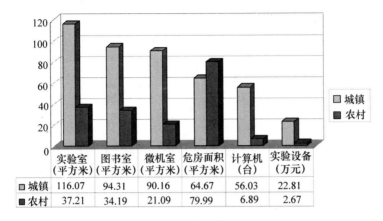

	实验室 (平方米)	图书室 (平方米)	微机室 (平方米)	危房面积 (平方米)	计算机 (台)	实验设备 (万元)
城镇	116.07	94.31	90.16	64.67	56.03	22.81
农村	37.21	34.19	21.09	79.99	6.89	2.67

图2-2 城镇与农村小学学校办学条件对比

资料来源：根据《中国教育统计年鉴2008》数据整理所得。

我国农村教学点大多分布在经济条件落后、交通不便的偏远地区。这些地区不仅是二元经济结构下一元的缩影，而且其经济、教育发展更呈现出极其落后的状况。以我们调查的广西德保县为例，德保县位于广西西南部，是国家重点扶持的贫困县之一。现辖15个乡3个镇，2108个自然村，居住着壮、汉、瑶等9个民族。2003年县财政收入为5618万元，农民年人均纯收入为1186元，远低于全国平均水平。全县土地面积较大，但有效耕地面积小，仅占9.18%；石山区比重较大占69.62%，自然环境恶劣。2002年全县小学179所，乡镇中心校18所，教学点428个（学生不足20人的有393个）；教学班1688个，其中单式班1334个，复式班354个。实行"一费制"后，仍有相当部分的学生欠费，很多学校靠借债维持学校正常运转。在税改前，全县学校兴建教学楼欠债1067万多元，税改后，欠款更难以筹措。另据甘肃省农调队数据显示，该省农村贫困地区7—12岁学龄儿童入学率为92%，失学率为8%；宁夏回族自治区最贫困的南部山区7—15岁适龄儿童失学率达28.87%。[1]课题组调研的陕西南郑县、湖北英山县等地区与德保县的情况类似，偏远贫困地区的落后面貌客观上决定了教学点不仅数量大，而且处境艰难。

---

[1] 转引自林毅夫、李勇军《中国扶贫政策——趋势与挑战》，社会科学文献出版社2005年版，第102页。

二元经济结构下巨大的城乡差异直接决定着教育的二元特征，而偏远落后的贫困地区其经济、教育发展处于更加落后的状况。我国教学点大部分分布在中西部偏远农村地区特别是贫困地区，偏远农村地区经济落后、交通不便，教育投入长期不足。这里的学生上学远、上学难不仅仅是因为交通不便，经济落后和家庭贫困是导致其上学难的最根本原因。经济贫困与教育贫困的恶性循环阻碍着这些地区的发展和教育的进步。"一张严密的网罩住了这些孩子，在这张网中，他们匮乏的教育资源与影响其生存的所有磨难联系在一起。"① 农村教育的落后已经引起社会广泛的关注，并逐步得到改善。而农村教学点事实上是处于我国农村地区最贫困的角落，因此没有理由忽视它的存在甚至让它成为农村学校布局调整的牺牲品。

（二）社会背景

教学点所处的社会背景主要包括其所分布区域的地理地形特点为中西部山区、丘陵等偏远地区；人口密度低，居住分散，适龄人口逐年减少；交通闭塞。这些区域的自然地理、人文特征决定了教学点的存在状况。

1. 自然地理环境

总体上来讲，我国地形复杂，综合了山地、高原、盆地、平原和丘陵等各种地形。在各种地形中，山地、高原和丘陵的比例总和高达69.27%，而平原只占到11.98%。从海拔高度看，全国海拔在500米以上的区域总共占到74.82%（见表2-1）。从海拔高程地带对应的区域来看，中西部及青藏地区的海拔都在500米以上，华中区平均海拔为525米，西北区平均海拔为1877米，西南区1865米，内蒙古区1062米，青藏区4536米②此外，具体区域往往具有其特殊的地形地貌和气候特点，如西部沙漠高寒山区（包括新疆、青海、西藏三省的沙漠地区和帕米尔高原条件恶劣区）、秦巴山地生态恶化区、贵州喀斯特高原丘陵环境危急区、横断山脉高山峡谷封闭区（川滇）、蒙古高原东南边缘风

---

① ［美］菲利普·库姆斯：《世界教育危机》，赵宝恒、李环等译，王英杰校，人民教育出版社2001年版，第229页。

② Feng Zhiming, Tang Yan, Yang Yanzhao & Zhang Dan. (2008). Relief degree of land surface and its influence on population distribution in China, *Journal of Geographical Sciences*, 18 (2).

蚀沙化区和东北沿边地带平原洼盐碱地区革命根据地（冀鲁、豫皖及淮河中上游，沂蒙山、大别山、井冈山、闽赣地区）[1] 等，这些地区不仅海拔较高，而且往往一个区域内多种地形交互存在，气候恶劣。以四川省西南部的凉山彝族自治州为例，境内高山、深谷、平原、盆地、丘陵相互交错，有海拔最高为 5958 米的木里县恰朗多吉峰，最低的雷波县大岩洞金沙江谷底 305 米，相对高差为 5653 米[2]。断裂带纵横交错，断块山、断陷盆地、断裂谷众多，这种多元性地貌导致夏季山洪容易暴发，路垮桥断，该地区大多数居民散居在高山深谷、气候寒冷、交通不便的地区，因而学生就读的学校大多是"一师一校"型教学点，低年级学生只能在离家较近的村级教学点上学，以克服特殊自然地理环境带来的上学困难。

表 2-1　　　　　　　　　我国土地分布状况

项目	面积（万平方公里）	占总面积（%）
总面积	960	100.00
按地形分		
山地	320	33.33
高原	250	26.04
盆地	180	18.75
平原	115	11.98
丘陵	95	9.90
按地高分		
500 米以下	241.7	25.18
500—1000 米	162.5	16.93
1000—2000 米	239.9	24.99
2000—3000 米	67.6	7.04
3000 米以上	248.3	25.86

资料来源：根据《中国统计年鉴（2010 年）》数据整理所得。

---

① 张善余：《中国人口地理》，商务印书馆 1997 年版，第 17 页。

② 陈晓莉：《凉山自然地理环境对彝区基础教育的直接影响》，《科技信息》2008 年第 12 期。

2. 人口状况

影响教学点存在和分布的人口因素主要包括人口密集度低、农村聚落分散、适龄人口减少三个方面。

第一，人口密度低。

人口密度是指单位土地面积上的人口数量①，它可以反映不同地区的人口分布状况。由于地形复杂多样，我国人口分布不均、中西部地区人口密度低的状况决定了这些地区教学点数量庞大。据统计，我国海拔500米以下的区域虽然只占25.18%，但却居住着85.37%的人口。② 这说明14.63%的人口分布在74.82%的广阔区域内，人口分散、大部分地区人口密度低的特点显而易见。从人口密度对应的省份来看，中西部省份如内蒙古、甘肃、云南、宁夏四个省区的人口密度分别只有32.9、57.9、138.6和95.4人/平方公里，远低于全国平均水平（见图2-3和表2-2），其他中西部省份如湖北、广西、青海、陕西等省的人口密度也较低。各省区人口密度状况可以更清晰地由图2-4显示。再从全国行政县分布与人口密度的关系看，全国2394个行政县中，人口密度大于1000人/平方公里的仅有184个，占总数的7.69%。东南区域的行政县人口密度在100人/平方公里以上的占到84.91%，而西北区域的大部分行政县人口密度都在50人/平方公里以下，占总数的70.44%。可见，全国人口密度低的行政县大多集中在西北地区，这些地区的单元平均面积都远大于高人口密度区（见表2-3）。具体地区的人口密度情况更进一步说明了教学点存在的人口背景。如贵州省可划分为平坝类县、丘陵类县、山地类县三类地区，它们各自的土地面积分别占全省总面积的比重为2.72%、19.44%和77.83%，其中不到22.16%的平坝类县和丘陵类县居住着全省33.65%的人口，而77.83%的山地类县拥有全省66.35%的人口，在山地地形中，地形起伏不定，人口密度参差不齐③，大部分山地人口分布稀疏。

---

① 张善余：《人口地理学概论》，华东师范大学出版社2005年版，第266页。

② Feng Zhiming、Tang Yan、Yang Yanzhao、Zhang Dan, "Relief degree of land surface and its influence on population distribution in China", *Journal of Geographical Science* 2007, 62（10）: 1073—1082.

③ 李旭东、张善余：《贵州喀斯特高原人口分布与自然环境定量研究》，《人口学刊》2006年第3期。

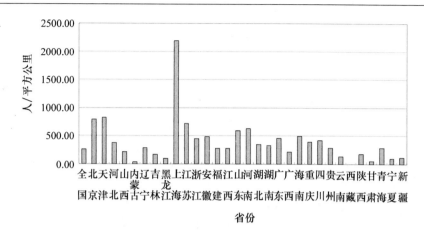

图 2 - 3 全国各省区人口密度统计

资料来源：《中国城市统计年鉴 2009》数据整理所得。

表 2 - 2　　　　　　　　全国各省区人口密度　　　单位：人/平方公里

全国	北京	天津	河北	山西	内蒙古	辽宁	吉林	黑龙江	上海	江苏
260.3	792.1	823.9	380.4	218.4	32.9	288.3	170.5	96.1	2194.1	718.2
浙江	安徽	福建	江西	山东	河南	湖北	湖南	广东	广西	海南
450.3	485.0	279.7	275.2	595.8	633.7	349.6	334.6	457.9	216.6	498.7
重庆	四川	贵州	云南	西藏	陕西	甘肃	青海	宁夏	新疆	
393.2	425.7	291.4	138.6	2.6	184.4	57.9	284.7	95.4	115.6	

表 2 - 3　　　不同人口密度级别的行政县数量和平均区域面积

人口密度级别 (人/平方公里)		分县单元个数（个）			单元的平均面积 （平方公里）
		全国	东南	西北	
1	>3000	47	46	1	356
2	1001—3000	137	132	5	666
3	801—1000	100	98	2	941
4	601—800	203	200	3	1157
5	501—600	137	137	0	1315
6	401—500	181	178	3	1539

人口密度级别 （人/平方公里）		分县单元个数（个）			单元的平均面积 （平方公里）
		全国	东南	西北	
7	301—400	203	198	5	1792
8	201—300	263	248	15	2098
9	151—200	215	203	12	2363
10	101—150	277	244	33	2602
11	51—100	265	224	41	3329
12	26—50	108	60	48	5709
13	11—25	72	16	56	9222
14	6—10	61	4	57	1 1459
15	2—5	89	0	89	17 468
16	0—1	36	0	36	54 947
全部		2394	1988	406	3920

资料来源：《中国人口分布的密度分级与重心曲线特征分析》，《地理学报》2009 年第 2 期。

　　我国中西部地区人口密度低的状况决定了教学点的大量存在，这些地区地广人稀，村庄与村庄之间相隔很远，居民点极其分散，学校只能设置在自然村范围内才能保证当地学生就近入学，教学点就是针对这种客观现实而设置的。中西部省份如广西、云南、贵州、内蒙古、新疆等人口密度低的地区，是教学点大量存在的区域。以新疆巴里坤县为例，该县以牧业为主，其中哈萨克族长期过着游牧生活，居住十分分散，人口密度很低。如表 2－4 所示，2006—2007 年，全县小学教学点数量为 14 个，其中农区教学点有 5 个，2 个已经没有学生；牧区教学点有 9 个。从该县教学点的班级规模看，每个教学点的班级规模都很小，每班只有 10 人左右，学校规模最大的为 71 人，多个教学点的小规模小于 10 人。因此，新疆牧区人口密度低的状况直接导致了教学点在牧区的大量存在，而且这些教学点学校规模和班级规模都较小。基于当地牧民的生活方式和人口特征，这些教学点只能保留为适龄儿童服务，尽管 2006 年农区有两个教学点生源为零，但在未来几年，这两个村庄很可能又有儿童出生，也要求教学点继续保留。因此，中西部地区人口密度低是教学点存在的重要背景之一。

表 2 - 4　新疆牧区巴里坤哈萨克自治县小学教学点情况（2006—2007）单位：人

序号	名称	教工	专任教师	工勤人员	班级数（个）	学生数	生师比	班级规模
1	石人子学校小黑沟	2	2		1	7	3.50	7.00
2	石人子学校高家湖	2	2					
3	奎苏台泉水地	5	5		3	28	5.60	9.33
4	三塘湖学校东庄子	1	1		2	8	8.00	4.00
5	三塘湖学校岔哈泉	1	1					
	农区合计	11	11	0	6	43	3.91	7.17
6	海子沿卡子湖	1	1		2	11	11.00	5.50
7	萨乡吴家庄子	10	9	1	6	71	7.10	11.83
8	萨尔乔克营盘	2	2		4	14	7.00	3.50
9	萨尔乔克黄土场	1	1		1	6	6.00	6.00
10	下涝坝中心校消尔苏	1	1		2	8	8.00	4.00
11	下涝坝中心校加满苏	1	1		1	3	3.00	3.00
12	下涝坝中心校吴昌沟	14	13		6	54	3.86	9.00
13	大红柳峡花儿刺	10	10		6	49	4.90	8.17
14	大红柳峡中心校北山	2	2		2	11	5.50	5.50
	牧区合计	42	40	1	30	227	5.40	7.57

资料来源：滕星：《西部民族贫困地区农村义务教育财政、资源配置与效益研究——基于云南、新疆、内蒙古等》，民族出版社 2010 年版，第 147 页。

第二，农村聚落分散。

我国中西部地区的农村聚落特点是教学点存在的重要人文地理背景。农村聚落是人类活动的中心，是人们生产、生活、休息和进行政治、文化活动的场所，它包括所有村庄、寨子及自然集镇，小至由几个村庄单元组成，大到市镇那样的规模，规模小的聚落即村庄和村落称为乡村聚落[①]。我国乡村聚落体系由三级构成：集镇、中心村和自然村。其中集镇是乡镇政府所在地，是整个乡镇的政治、经济、文化和教育中心；中心村是村政府和中心学校所在地，没有商业区；自然村是最小的单位，是自然形成的零星散户或规模很小的居民点，规模从一户到十几户不等，零星居民点规模小，居住分散，户平占地面积大，在很多地区自然村属于被撤并的对象。根据不同地区的自然地理环境，我国农村聚落主要被划分为四种不同

① 金其铭：《农村聚落地理》，科学出版社 1988 年版，第 59 页。

的布局类型：卫星式、条带式、团状式和自由式布局（见图 2 - 4—图 2 - 7）①。其中前三类布局形式主要适合一般平原或地形平坦规则的地区而设置的。自由式则是中西部山地、丘陵地区的常见类型。受到地形的限制，当地居民有的为了便于耕作，在自己耕作田块附近建造房屋；有的村民根据地形建造房屋，使居民点内部房屋布局高低错落；还有的居民点房屋是满天星式不规则分布。

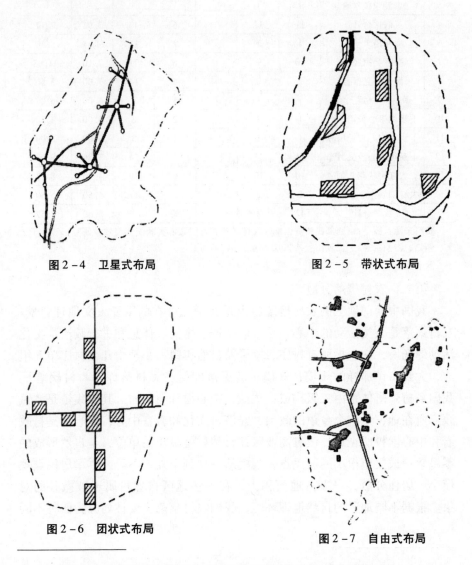

图 2 - 4　卫星式布局　　　　　　图 2 - 5　带状式布局

图 2 - 6　团状式布局　　　　　　图 2 - 7　自由式布局

① 石坚：《村庄空间的深层结构原理及应用》，《小城镇建设》2001 年第 3 期。

从农村聚落的数量和平均规模上来看，丘陵和山区的农村聚落数量和人口密度明显低于东部和南部地区，而且其平均规模也远远小于东部和南部的平原地区。如表 2 - 5 所示，在我国若干典型的农村聚落中，只有位于长江下游平原地区的上海嘉定的村庄密度较高，其他高原、丘陵和山区县的农村聚落密度均低于 2 个/平方公里；云贵高原、江南丘陵、华北山区、西北黄土高原等地的农村聚落平均规模均低于 200 人/村。如贵州省长顺县总人口不过 25 万人，面积却达到 15546 平方公里①，境内群山连绵、峰峦叠嶂，从河坝到半山、从半山到高山，都散布着自然村落，居住极为分散。以鼓杨镇为例，该镇辖 13 村，有 157 个村民组（自然寨），其皆居于高山、半高山，山高路险，相互间隔较远。其中，有 50 多个村寨相距 30 分钟至 1 小时路程，有 8 个村寨到乡政府有 2 小时以上的路程。

表 2 - 5　　　　　中国一些代表性地区的乡村聚落分布特点

县名	自然区	村庄数（个）	分布密度（个/平方公里）	平均规模（人/个）
上海，嘉定	长江下游平原	3427	6.91	128
贵州，仁怀	云贵高原	3101	1.74	141
江西，宜丰	江南丘陵	2310	1.19	103
河北，宽城	华北山区	1520	0.8	126
河北，安新	华北平原	404	0.68	630
宁夏，西吉	西北黄土高原	7825	0.58	156
海南，琼中	华南山区	648	0.21	247
吉林，长白	东北山区	148	0.06	394

資料来源：沈茂英：《山区聚落发展理论与实践研究》，巴蜀书社 2006 年版，第 36 页。

偏远山区农村聚落的布局形态以及平均规模导致了这些聚落的边缘性，这种边缘性对于聚落内部的居民来说，主要体现在他们出行的便利程度。距离是衡量居民出行便利程度的关键指标，由于交通的闭塞，偏远乡村聚落居民出行采用的交通工具极其有限，甚至很多居民只能靠步行，因此他

---

① 谢治菊：《集中资源办学后边远贫困山区农村基础教育现状考察及思考》，《农村经济》2007 年第 9 期。

们出行的物理距离和时间距离值都很大。同样，聚落内适龄儿童上学的距离也受到聚落边缘性的影响，面临着出行不便的问题。以贵州省石门乡丰村为例，石门乡地处乌蒙山区腹地，境内海拔落差很大，最高处薄刀岭2762米，最低河谷1218米，乡政府驻地海拔为1900米。丰村是乌蒙山区深处一个少数民族山村，四周环山，属于高寒地带，其地理位置的偏远对于村民的出行具有非常显著的影响。如表2－6所示，村内最远两端的距离为7公里，村小学到最远的村寨4公里，村内到最近的初中、高中距离分别为16公里、40公里，村内到乡政府、卫生院、邮局、县政府、省政府的距离分别为16公里、16公里、40公里、160公里和520公里。由于当地地形复杂、自然环境恶劣以及经济发展落后，村民出行的方式大多只能靠步行，如果去邮局、县政府或省政府可能会乘坐长途车。像石门乡丰村这样的案例在我国中西部偏远地区广泛存在，这种聚落的边缘性导致村民出行不便。聚落内适龄儿童上学路途遥远，甚至很多村寨在聚落内上学都要走几个小时的山路，这在客观上决定了偏远聚落农村教学点的存在。

表2－6　　　　　　贵州省石门乡丰村的边缘性（2004）

	距离（公里）	对于当地村民		对于外界来访者	
		交通方式	一次往返所需时间	交通方式	一次往返所需时间
村内最远两端	7	步行	4小时	步行	6小时
从村小学到最远的村寨	4	步行	3小时	步行	4小时
从村到最近的完全小学	3.5	步行	1—3小时	步行	2—4小时
从村到最近的初中					
从村到本乡政府所在地	16	步行	6—8小时	步行	1天
从村到本乡的卫生院					
从村到最近的高中		步行	3天	步行＋吉普车	1—2天
从村到最近的邮局	40	步行长途车	6天隔3—4天一次车		
从村道邻近的集市	15—16	步行	6—8小时	步行	1天
从村到县政府所在地	160	步行长途车	6天隔3—4天一次车	步行＋吉普车	3—4天

续表

	距离（公里）	对于当地村民		对于外界来访者	
		交通方式	一次往返所需时间	交通方式	一次往返所需时间
从村到省政府所在地	520	步行长途车	6天以上隔3—4天一次车	步行+吉普车	4—5天

资料来源：翁乃群：《村落视野下的农村教育——以西南四村为例》，社会科学文献出版社2009年版，第174页。

总之，中西部偏远地区农村聚落的特点主要是布局分散自由、数量少、密度低等，这些特点的形成受到当地特殊自然地理条件的制约和影响，当地居民为了方便生产生活，在接近自然资源的方位建筑房屋，经过长期的历史演变，便形成了现在的农村松散型聚落。限于自然村落之间的相隔距离很远，甚至有的村落之间隔着群山峻岭，农村居民的孩子尤其是低年级学生只能在邻近自然村的小学上学，才能保证他们顺利入学。因此，农村聚落特点是继自然地理环境、人口密度等背景之后，教学点面临的又一重要背景，它具有鲜明的人文地理特征，既受到前两者的影响和制约，又融合了人类物质生产生活的历史人文因素，从人文地理学的角度体现了农村教学点存在的社会背景。

第三，适龄人口减少。

农村教学点存在的社会背景主要就是农村适龄学生减少的客观现实。这一方面是受到计划生育政策的影响；另一方面是由于城镇化步伐的加快促进了社会流动。农村适龄学生减少的事实不仅促进了学校布局调整的实施，而且间接决定着各种类型教学点的存在。

首先，计划生育政策导致适龄人口减少。20世纪70年代以来，我国开始实施计划生育政策，城乡新生人口呈逐年下降的趋势。如图2-8所示，自1978年到2009年，全国人口出生率从1978年的18.25‰下降到2009年的12.13‰，中间有若干年份出现出生率回升，但总体呈现下降趋势。人口出生率下降同时导致了小学生源日趋减少。如图2-9和表2-7所示，自2000年至2009年全国普通小学招生数量总体上呈逐年下降趋势，2009年普通小学招生数比上年减少57.9万人，比2000年减少了308.7万人。个别省份和地区的人口变化也显示出相同的趋势，如河南省适龄学生数量自2003年以后呈逐年下降趋势，2005年小学一年级学生相

当于 2000 年一年级学生的 56.5%，减少 43.5%。另据河南省许昌市 2004
年统计资料显示：鄢陵县中小学在校生 2004 年为 89840 人，比 2003 年减
少 8.8%，长葛市中小学在校生为 113852 人，比 2003 年减少 6.47%。因
此，我国计划生育政策引起了人口出生率的下降，从而导致适龄人口的
减少。

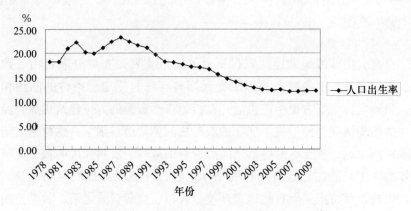

图 2 - 8　1978—2009 年全国人口出生率变化折线图

资料来源：根据《中国统计年鉴 2010》数据整理所得。

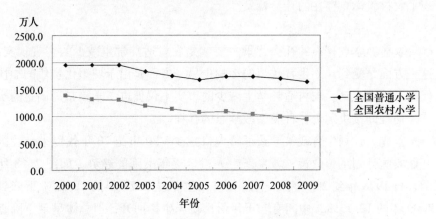

图 2 - 9　2000—2009 年全国普通小学和农村小学历年招生数

资料来源：根据《中国统计年鉴 2010》数据整理所得。

表 2－7　　　　　　　　　　**全国农村普通小学招生数**　　　　　　　　单位：万人

年份	2000	2001	2002	2003	2004	2005	2006	2007	2008	2009
全国小学	1946.5	1944.2	1952.8	1829.4	1747.0	1671.7	1729.4	1736.1	1695.7	1637.8
农村小学	1384.7	1311.8	1294.6	1192.4	1130.3	1067.9	1081.4	1034.6	985.8	942.1

资料来源：根据 1999—2010 年《中国统计年鉴》数据整理所得，中国统计出版社。

　　我国 70% 的人口在农村，适龄学生减少同样明显体现在农村地区。农村地区的适龄学生数量变化情况更能反映出教学点当前面临的社会背景。如图 2－10 和表 2－7 所示，自 2000 年到 2009 年全国农村普通小学每年招生数均呈逐年下降趋势。2009 年全国农村小学招生数为 942.1 万人，比上年减少 43.7 万人，减少比例为 4.4%；比 2000 年减少 442.6 万人，减少比例高达 32.0%。具体到各省份和地区的情况也呈现类似的变化趋势。如我们调研的湖北省石首市高基庙镇马家垸教学点，其前身是一所完全小学，但由于学龄人口逐年减少（见表 2－8），2005 年秋季改为教学点，学校开设 1—4 年级，每个年级一个班。因此，根据教学点的分类，它属于新生型的教学点（初小）。类似于马家垸小学的学校在湖北省乃至全国还有很多。总之，自 1978 年以来实施的全国人口计划生育政策引起了人口出生率的下降，农村人口出生率同样也呈下降趋势。因此，适龄学生数量减少导致了很多学校规模减小，学校合并政策逐步在各地推开。同时，偏远地区形成了很多新生型的教学点，虽然规模小，但由于地理位置的特殊性而暂时保留。

表 2－8　　　**湖北石首市马家垸小学每年招生人数**（1999—2006）　　　单位：人

年份	1999	2000	2001	2002	2003	2004	2005	2006
新招学生数	51	41	38	33	33	21	18	12

资料来源：湖北省石首市调研资料整理。

　　其次，城镇化进程加快了人口流动。随着城市化步伐的加快，越来越多的农村人口涌向城市。农民工由个人打工发展到举家进城，他们将子女也带进城市或当地城镇，这样导致了当地中小学生源的减少。据 2000 年第五次全国人口普查结果推算：我国流动人口规模已超过 1 亿人。其中 18 岁以下的流动儿童有 1982 万人，占全部流动人口的 19.37%。在全部流动儿童中，户口型为农业户口的占74%，也就是说随父母进城的农民工子女将近1500万名①。如全国有名的豆腐之乡湖北省钟祥市石牌镇，全镇8.6万人，目前外出务工做豆腐的有2.8万人，在外就读的学生有2000多名。当地农民外出打工收入增加，对孩子的教育提出了更高要求，很多学生转入镇中心学校读书，也导致当地生源的减少；内蒙古牧区近年来由于土地沙化、退耕还林政策的实施，牧民收入减少，很多牧民开始举家搬迁到城市打工；陕西省汉中市勉县和南郑县的农村很多去外省做凉皮生意。因此，学校进行布局调整，偏远、交通不便的学校或被撤销合并，或联村办学，形成了一些新的教学点。

最后，乡村规划和合并导致偏远自然村落的适龄人口发生迁移。乡村规划是指对某一具体的乡村地域，对一定期限内的资源综合开发、合理利用土地、工农业交通运输布局、村镇建设、保护改善生态环境等进行综合规划②。村庄合并是乡村规划工作中的一项重要工作，就是将规模过小、发展滞后的行政村或自然村合并到中心村，以配合乡村用地的整体规划和资源的充分利用。其中行政村是指包括农业生产资源、以农业为主要生产方式的人口居住群落，是依法规定的农村社会基层管理单位，设有村委会组织、建立党的支部委员会。自然村指自然形态的居民聚落，它往往是一个或多个家族聚居的居民点，是农民日常生活和交往的单位，但不是一个社会管理单位。目前，我国村庄合并有两种基本方式，一是行政兼并，让几个行政村合并成一个行政村，农户并不搬迁；二是在行政合并的同时，让农民集中居住，称为迁移式合并③。我国平原地区农村聚落的区位布局密度较大、人口较集聚，大多进行行政兼并；而山区丘陵地带的区位布局较分散，交通通信费用较大，很多地区进行迁移式合并，进而改善山区居住条件差、交通不便、公共设施建设困难等问题。

伴随着乡村合并的过程，近年来中西部一些地处边远山区、交通不便的弱村、小村数量减少很快。全国自然村数量由1998年的1865247个减少到2008年的536876个，减少比例高达71.2%。全国行政村数量从

① 苏敏：《我国流动儿童失学率高达9.3%》（http：//wwwsina.com.cn.2004-05-14）。

② 金其铭、董昕、张小林：《乡村地理学》，江苏教育出版社1990年版，第287页。

③ 党国英：《中央政府应避免提"大村庄制"》，《南方日报》2008年2月28日。

1985 年的 94.1 万个减少到 2008 年的 60.4 万个，减少比例为 35.8%（见图 2 - 11）。可见，乡村规划政策带来的村庄数量逐年减少现象较为明显。在村庄被合并或撤销的同时，村庄内的教学点也随之撤销，被合并到中心学校。因此，偏远乡村数量的减少直接导致了农村教学点数量的减少。另一方面，村庄合并并不是"一刀切"，很多偏远农村的自然村落由于其所处的特殊自然地理环境和文化背景，只能保留并长期存在。在这些地区，农村教学点也随之继续保留和存在。总之，村庄合并作为近年来我国农村发展的一项政策，给农村地区人口的布局带来了直接影响，进而影响了偏远地区农村学校和教学点的布局。

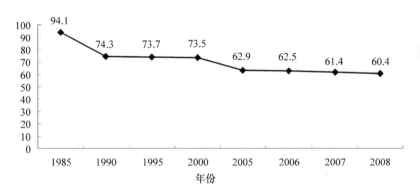

图 2 - 10　1995—2008 年全国行政村数量变化情况（万个）

资料来源：根据《中国农村统计年鉴（2009）》数据整理所得。

　　总之，无论是计划生育政策、农村人口外流还是村庄合并，都导致了农村学龄人口减少或布局变动。"人口变动的结果是总人口的变动和再分布，也是学龄人口的再分布"[①]，这样，农村学校布局调整成为必然，各地将规模过小、布点分散的完小、教学点撤并，以集中资源办学。对于偏远且交通不便的地区，一些教学点必须暂时保留；一些完小或初小只能将高年级学生并入其他学校，保留下来的低年级成为新生型的教学点；对于一些城镇化水平高的地区，教学点所在地的家长自愿将孩子送到镇上读书，这样的教学点处于"自然消亡"状态；还有一些教学点学生过少，教育资源匮乏，当地教育行政部门也无能为力，以行政撤销为主导，因此

① 石人炳：《人口变动对教育的影响》，中国经济出版社 2005 年版，第 159 页。

属于"行政没落"型。当前农村教学点的类型及状态直接受到农村适龄人口减少的影响。

第四，偏远地区交通不便。

偏远地区交通不便是教学点面临的又一社会背景。由于中西部大部分地区海拔较高，地形复杂多样，自然地理环境的特殊性以及经济的落后导致了这些地区的交通十分不便。如表2-9所示，全国范围内的公路里程总长度为3860823公里，平均值为124543公里。其中等级公路和等级外公路的平均值分别为98598公里、25953公里。而我国西部12个省区运输线路长度的统计显示，除去内蒙古、云南、四川和陕西4个省区外，其余8个省区的等级公路长度均低于全国平均值；而等级外公路的情况与此相反，除了广西、陕西和宁夏以外，其余9个省区的等级外公路长度均高于全国平均值。这说明我国西部省区的公路长度值仍然比较低，交通状况仍然处于较低水平。另据统计，全国65万个行政村中，有近4万个村不通公路，农村公路中沙石路占70%[1]。以西部省份四川为例，位于不同地形的行政村公路设施差别很大：平原村落基本上实现了每个行政村通汽车，丘陵地区通车比例在93%左右，盆地山地接近或超过80%，而川西高原通车的行政村只有50%左右[2]。由于相关统计的最低统计单位仅限于行政村级别，其他自然村（村民小组或若干小聚落）的公路设施实际很差，绝大多数处于高原地区的自然村没有公路，却没有进入统计数据。

表2-9　　　　　　　　　　西部12个省区运输线路长度　　　　　　（单位：公里）

	公里	等级公路	高速	一级	二级	等级外公路
全国	3860823	3056265	65055	59462	300686	804558
全国平均	124543	98589	2099	1919	9700	25953
内蒙古	150756	122231	2176	3137	11821	28525
广　西	100491	77154	2395	827	8559	23337
重　庆	110950	70425	1577	516	7495	40526

---

① 韩俊：《基本公共服务均等化与新农村建设》，《红旗文稿》2007年第17期。

② 沈茂英：《中国山区聚落持续发展与管理研究——以岷江上游为例》，中国科学院研究生院，博士学位论文，2005年，第82页。

	公里	等级公路	高速	一级	二级	等级外公路
四 川	249168	183108	2240	2186	13099	66060
贵 州	142561	68046	1189	151	3171	74516
云 南	206028	138150	2512	628	4973	67878
西 藏	53845	26063			952	27782
陕 西	144109	128487	2779	781	6814	15622
甘 肃	114000	76631	1644	147	5494	37370
青 海	60136	39726	217	209	5201	20410
宁 夏	21805	20297	1022	314	2404	1509
新 疆	150683	91618	838	1405	9882	59066

资料来源：根据《中国统计年鉴（2010）》数据整理所得。

调研的具体案例中，陕西省石泉县中池乡仅有一条公路沿河穿越南北（见图 2 - 11），乡政府和若干所小学沿路布局，但玉丰、南正等 8 所小学均位于偏远山区，所在的村庄不通公路，交通十分不便。调研的其他教学点所处的村落，情况大多也是如此，典型的湖北省英山县陈岩村坐落在海拔 800 米的大别山，从山上到山下虽然通了水泥路，但环山道路蜿蜒曲折，十分危险；陕西省南郑县小砭河乡刘家坝村位于深山区，仅有一条土路连接到乡里，村民到乡上赶集只能坐拖拉机或摩托车，要五六个小时的车程。表 2 - 10 所展现的是云南省者兔乡各个聚落的交通情况，与我们调查的结果一致，乡政府所在地和行政村都已经通了公路。而其他 80 多个自然村，由于它们分散布局在山坡上或缓坡地带，绝大部分都没有通公路，只有山间小路连接外界。可见，我国中西部偏远农村地区的交通情况仍十分落后，尤其是位于山区、丘陵的自然村、居民点几乎与外界隔绝，这类地区只能在自然村范围内设置小学，为低年级学生提供入学条件，这是当前我国农村教学点面临的客观现实背景之一。

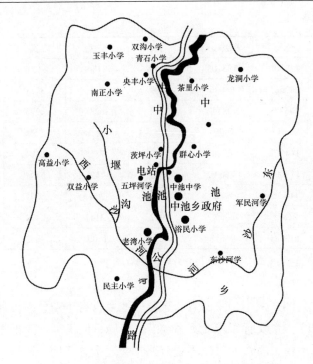

图 2 - 11   陕西省石泉县中池乡小学布局示意图

表 2 - 10   乡政府驻地、村公所驻地、自然村内部结构一览表

行政级别	聚落名称	内部结构
乡政府驻地	者兔	团状聚落，聚落内部主要由民居、道路、公共建筑（乡党政机关、学校、卫生院、邮政点、文化站、小商店、仓库等）组成，在者兔河北岸的河流阶地和缓坡地上基本呈长方形分布，占地面积大约185亩，安排比较紧凑，现有152户，750人。广南至砚山的干线公路东西向穿过该村，路两边都有建筑物分布，公共建筑大都紧靠路边，民居主要集中在路北山坡上，该路为本村的主要道路，也是者兔乡的集市贸易场所，除此路之外，房屋之间有不规则的土石小路。目前该村已通自来水、通电、通电话。
村公所驻地	革佣、下斗月、者妈、坡伦、木乍、者莫、那耐	均为团状聚落，分布在河边的缓坡地上或河流阶地上。下斗月村面积较大，约150亩，有188户；其余的面积在40~110亩之间。聚落内部以民居为主，在村内或村边建有学校、村公所办事处等公共现代建筑，自然形成的土石小路或稍经修整的土石小路为村子的道路网。目前7个村都已通公路，但还未通电、自来水和电话。

续表

行政级别	聚落名称	内部结构
自然村	里夺、里更、者扁、西维、西芽等共 80 个自然村	大多数为团状或带状聚落，少部分是散村，分布在河边的缓坡地上或河流阶地上。大多数村子人口户数在 50 户左右，聚落内部安排一般比较紧凑，聚落主要由民居构成，部分村子建有学校。可以说，民居和小路在一定范围内顺应自然的组合构成了一个自然村，目前，村村都未通电、自来水和电话，大部分村子不通公路，古村落风貌依存。
自然村	平寨、董卓上寨、坡门、沙黑、董卓下寨	5 个自然村均为散村，位于山坡上，主要耕种旱地。不通公路，交通十分不便。

资料来源：付保红、徐旌：《云南省广南县者兔乡壮族农村聚落现状调查研究》，《云南地理环境研究》2001 年第 6 期。

（三）政策背景

当前教学点面临的政策背景主要是"农村中小学布局调整"政策的实施及继续推进。这一政策的实施与税费改革密切相关，税费改革对我国农村义务教育的直接影响是取消了教育集资和教育费附加，随之而来的配套措施就是进一步优化教育资源配置，合理调整农村中小学布局，提高办学效益和教学质量。从政策的角度看，是税费改革政策直接引发了农村学校布局调整的实施，而布局调整过程中的不当导致农村教学点问题更加突出。

2001 年《国务院关于基础教育改革与发展的决定》中将调整农村义务教育学校布局列为一项重要工作，并指出应"因地制宜调整农村义务教育学校布局。按照小学就近入学、初中相对集中、优化教育资源配置的原则，合理规划和调整学校布局。农村小学和教学点要在方便学生就近入学的前提下适当合并，在交通不便的地区仍需保留必要的教学点，防止因布局调整造成学生辍学"。[1] 此文件出台之后，地方政府纷纷制订当地中小学布局结构调整的计划，并逐步推进该项政策的实施。在此背景下，一些地方政府对《决定》的理解片面、不准确，一味追求经济效益，导致了布局调整的简单化。

---

[1]　中华人民共和国教育部：《国务院关于基础教育改革与发展的决定》（国发〔2001〕21 号），http：//www. moe. edu. cn/ edoas/website18/info3313. htm，2001 – 05 – 29。

　　针对一些地方农村中小学布局调整的不当行为，尤其是由于盲目追求规模效益、不切实际撤销教学点而导致偏远地区学生上学远、上学难的问题，教育部于 2006 年 6 月 6 日和 9 日先后发出《关于切实解决农村边远山区交通不便地区中小学生上学远问题有关事项的通知》和《教育部关于实事求是地做好农村中小学布局调整工作的通知》，强调："农村小学和教学点的调整要在保证学生就近入学的前提下进行，在交通不便的地区仍须保留必要的小学和教学点，防止因过度调整造成学生失学、辍学和上学难问题，并积极运用现代远程教育手段，满足教育教学的需求。"2010年《教育部关于贯彻落实科学发展观进一步推进义务教育均衡发展的意见》再次强调："地方各级教育行政部门在调整中小学布局时，要坚持实事求是，科学规划，既要保证教育质量，又要方便低龄学生入学，避免盲目调整和简单化操作。对条件尚不成熟的农村地区，要暂缓实施布局调整，自然环境不利的地区小学低年级原则上暂不撤并。对必须保留的小学和教学点，要加强师资配备，并充分利用现代远程教育手段传送优质教育资源，保证教育教学质量。要进一步规范学校布局调整的程序，撤并学校必须充分听取人民群众意见，避免因布局调整引发新的矛盾。"

　　总之，无论是农村学校布局调整政策的初衷还是针对教学点问题的直接政策，农村中小学布局调整的重要原则是要"因地制宜，合理布局"。优化教育资源配置、提高规模效益的前提条件是不能造成学生上学远、上学难。"农村教学点要在方便学生就近入学的前提下适当合并，在交通不便的地区应适当保留"，"对必须保留的教学点，要加强师资配备，保证优质教育资源供给"。高层政府针对教学点的撤留及其办学方针问题都阐述得十分清楚，为教学点的处境和未来发展都提供了政策依据和指导。

三　农村教学点的数量和分布特点

（一）数量

　　现行的教育统计年鉴一般按照城市、县镇和农村三个类别对学校数量进行统计。其中，农村教学点数量为 77 519 个，占全国教学点总数的98.02%。城市和县镇地区由于经济发展较快、交通便利等优势，教学点的数量很小。从具体的数据来看（见图 2 - 12），截至 2008 年，全国小学学校总数为 300 854 所，班数达 2783 495 个，其中教学点数量达 79 088 个，约占全国小学学校总数的 26.29% ；全国农村小学数量为 253 041 所，农村教学点数量为 77 519 个，农村教学点数量占全部农村小学的比例为 30.63% 。可见，全国范围内，教学点在学校总数中已占有不小的比例，农村地区的教学点数量在农村学校中所占的比重更大。其次，图中第三系列数据显示，全国小学学校为 300 854 所，而农村小学学校数为 253 041 所，占全国小学学校总数的 84.11% ，这说明我国农村义务教育在整个义务教育阶段学校中占有绝对大的比重，义务教育发展的重点和难点都在农村。

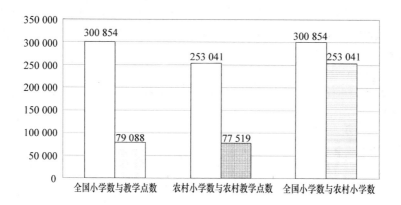

图 2 - 12　2008 年全国小学学校数量和教学点数量

数据来源：根据《中国教育统计年鉴（2008）》数据整理所得。

　　尽管近年来各地实施了农村中小学布局调整政策，农村学校数量逐年减少，特别是农村教学点在很多农村地区被撤销，但农村教学点在农村小学学校中仍然占有约 1/3 的比例，它们在农村义务教育体系中依然扮演着重要的角色，教学点的办学问题不容忽视。

　　再从各省区的农村小学学校和教学点数量来看，各省之间的教学点数量分布存在较大差异。如图 2 - 13 和表 2 - 11 所示，按照农村教学点数量由多到少的降序排列，全国 31 个省/自治区中，云南、广西、四川三个省份的教学点数量排在前三位，而且这三个省份教学点占全省农村小学学校数量的比例也非常高，分别为 93.40% 、83.95% 和 76.67% ，均远远超过了其他省份和地区；紧随其后的教学点数量较大的省份分别为河南、贵州、江西、湖南、甘肃、安徽等。另一个农村教学点比例较高的地区为西藏，该地区农村教学点比例高达 141.17% ，由于当前教学点的隶属单位为中心小学或完全小学，即一个中心小学可能下属多所教学点，因此，教学点数量有可能超出完全小学的数量。这也从另一方面说明了西藏地区的特殊情况，自然环境的复杂导致该地区教学点数量极其庞大。北京、上海、天津三个直辖市已经没有了农村教学点，这与其地理位置和经济社会发展水平直接相关。教学点数量居于后三位的省份为辽宁、青海和吉林，这些省份的地形多为平原，交通条件相对较好，因此教学点数量比较少。如表2-11所示，复式班的数量与教学点基本吻合，只有陕西和山西两省的复式班数量与其教学点数量的位次有较大差异，这与其当地地形的复杂性相关，两省境内平原、山区并存，且山区面积占有很大的比例，如陕西的秦岭大巴山区和山西的吕梁山区。可见，山区比例高直接导致农村复式班级数量大。

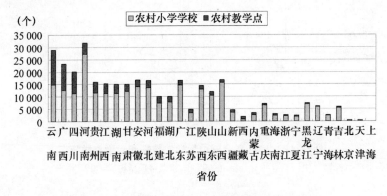

图2-13　全国各省区农村小学学校数和教学点数

资料来源：根据《中国教育统计年鉴（2008）》数据整理所得。

表2-11　　　　　　全国各省区农村小学学校数和教学点数

省/区	农村小学学校（所）	农村教学点（个）	比例（%）	班数	复式班数	比例（%）
云　南	14930	13946	93.40	20865	5295	25.38
广　西	12604	10581	83.95	19912	4437	22.28
四　川	11373	8719	76.67	17361	1258	7.25
河　南	27244	4658	17.10	38189	1347	3.53
贵　州	11560	4274	36.97	16229	2165	13.34
江　西	11231	4085	36.37	16876	2305	13.66
湖　南	11339	3765	33.20	15155	1758	11.60

省/区	农村小学学校（所）	农村教学点（个）	比例（%）	班数	复式班数	比例（%）
甘　肃	12080	3002	24.85	12888	3940	30.57
安　徽	13992	2879	20.58	19087	2305	12.08
河　北	13613	2876	21.13	20470	2219	10.84
福　建	7232	2770	38.30	9228	972	10.53
湖　北	7742	2336	30.17	11634	823	7.07
广　东	14590	1875	12.85	19452	429	2.21
江　苏	3327	1585	47.64	7988	127	1.59
陕　西	13082	1325	10.13	12111	4481	37.00
山　东	10552	1316	12.47	18258	3	0.02
山　西	15659	1094	6.99	10812	7899	73.06
新　疆	3571	1073	30.05	7341	130	1.77
西　藏	753	1063	141.17	1771	23	1.30
内蒙古	2506	842	33.60	3829	270	7.05
重　庆	6421	603	9.39	5571	114	2.05
海　南	2347	599	25.52	3570	14	0.39
浙　江	2053	499	24.31	3941	97	2.46
宁　夏	1918	464	24.19	2583	223	8.63
黑龙江	6894	424	6.15	8101	322	3.97
辽　宁	5778	348	6.02	7695	14	0.18
青　海	2318	295	12.73	2555	467	18.28
吉　林	5546	223	4.02	5889	52	0.88
北　京	411	0	0.00	618	0	0
天　津	343	0	0.00	687	1	0.15
上　海	32	0	0.00	94	0	0

资料来源：根据《中国教育统计年鉴（2008）》数据整理所得。

（二）分布特点

农村教学点的分布特点主要有三个方面：第一，多数教学点分布于中西部农村地区。如前所述，在城市、县镇、农村三个统计栏目中，教学点在农村地区的数量占到全国教学点总数的98.02%。而且，从各省的教学点数量看，将教学点在各省/区的数量导入地理信息系统后所得的地域分布图显示，云南、广西、四川、河南、贵州、江西、湖南、甘肃、安徽、新疆、西藏、内蒙古等省的教学点数量排在前面，这些省份大都在中西部地区。[①] 这些地区受特殊自然条件的影响，多高原、沙漠、山地、丘陵等地形，农村居民点布局十分分散，因而境内农村教学点的数量也十分庞大。田光进等人对居民点土地整理的相关研究也表明："中国东部的华北平原、辽吉中部平原、长江三角洲、胶东丘陵、珠江三角洲等地区农业发达，是全国农村居民点主要的密集区；中西部的平原地区较为密集，东北北部和中西部山区农村居民点较为稀疏；青藏高原、内蒙古高原西部、塔克拉玛干沙漠和新疆东部戈壁人口密度很低，农村居民点比重很小。"[②] 可见，从地理位置上来说，云南、广西、四川等中西部省份的山区是教学点分布最多的地区。

　　第二，教学点多分布于贫困落后地区。从区域经济的理论上来讲，中西部省份在经济、社会发展等方面均处于落后水平，相对于东部发达地区，存在很大差距。这种经济社会发展水平的差距导致了教育水平的差距。如前所述，农村教学点数量比例较大的省区主要集中在云南、广西、四川、河南、贵州、江西、湖南、甘肃、安徽、西藏、新疆、内蒙古等中西部省区，这些省区的经济发展水平十分落后。如图 2 - 14 和表 2 - 12 所示，东、中、西部和东北地区农村居民家庭基本情况的统计数据显示了关于"平均每人总收入、平均每人总支出、平均每人纯收入和生活消费总支出"四个维度的差异，西部省份地区均处于最低水平，东部地区在人均纯收入和生活消费总支出两方面处于最高水平，东北地区在人均总收入和人均总支出两方面处于最高水平，中部地区略高于西部地区，但均低于东部地区和东北地区。从表 2 - 12 显示的不同区域农村居民家庭的具体收支情况看，东部、中部、西部和东北地区农村家庭的人均纯收入分别为7155.53 元、4792.75 元、3816.47 元和 5456.59 元，西部地区与东部地区相差 3339.06 元，相差比例高达 46.67%，其他统计项目如"人均总收

---

　　① 根据不同地区的经济发展水平，我国可分为三大经济地带——东部地带（沿海地带）、中部地带（内地）和西部地带。东部地带包括北京、天津、河北、辽宁、上海、江苏、浙江、福建、山东、广东、广西、海南 12 个省；中部地带包括山西、内蒙古、吉林、黑龙江、安徽、江西、河南、湖北、湖南 9 个省；西部地带包括四川、重庆、云南、贵州、西藏、陕西、甘肃、青海、宁夏、新疆 10 个省。引自侯景新、蒲善新：《行政区划与区域管理》，中国人民大学出版社 2006 版，第 6 页。

　　② 田光进、刘纪远、庄大方：《近 10 年来中国农村居民用地时空特征》，《地理学报》2003 年第 5 期。

入"、"总支出"和"生活消费总支出"，西部与东部地区的差异比例分别为39.31％、28.74％和37.10％。因此，东、中、西部的农村居民家庭收支情况可以充分表明，中、西部省份的经济水平与其他地区存在很大的差距，农村教学点广泛分布于中西部经济落后地区。

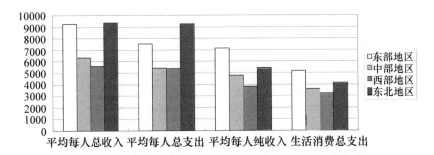

图2-14　东、中、西部和东北地区农村居民家庭收入和支出情况（单位：元）

数据来源：根据《中国统计年鉴（2010）》数据整理所得。

表2-12　　　　　东、中、西部及东北地区农村居民家庭情况

项　　目	东部地区	中部地区	西部地区	东北地区
平均每人总收入	9233.16	6350.64	5604.05	9336.36
平均每人总支出	7550.17	5428.97	5380.30	9250.65
平均每人纯收入	7155.53	4792.75	3816.47	5456.59
工资性收入	3543.10	1902.44	1233.75	1354.71
家庭经营纯收入	2817.18	2519.46	2121.10	3262.31
财产性收入	305.85	90.62	90.36	244.30
转移性收入	489.40	280.23	371.26	595.27
生活消费总支出	5148.62	3622.00	3238.69	4148.30
食品	2047.75	1539.46	1395.86	1414.54
衣着	289.39	205.95	184.08	325.85
居住	992.77	748.36	677.38	839.34
家庭设备用品及服务	260.29	204.36	163.10	170.71
交通通信	604.56	313.81	296.42	403.52
文教娱乐用品及服务	498.14	288.45	221.53	443.97
医疗保健	339.59	240.41	245.95	448.75
其他商品及服务	116.14	81.20	54.37	101.62

　　第三，教学点分布于交通不便地区。教学点数量较多的省份的第三个特点是交通不便。全国土地整理利用主要划分为 7 种类型：农用地、园地、牧草地、建设用地、居民点及工矿用地、交通运输用地和水利设施用地。其中，交通运输用地的比例可以反映出一个地区的交通便利程度。我国全境面积为 95069.3 万公顷，其中交通运输用地面积为 249.6 万公顷，占全国总面积的 0.26%。那么，从各省区交通运输面积占当地行政区划面积的比例来看（见图 2－15 和表 2－13），按照升序排列，西藏、青海、新疆三个省区的交通运输用地面积比例分别只有 0.02%、0.04% 和 0.04%，均低于 0.1%，处于最低水平；甘肃、黑龙江、云南、四川、陕西、吉林、贵州、广西和宁夏等省区的交通运输用地比例也很低，介于 0.14%—0.37% 之间。可以看出，交通运输比例较低的绝大部分省区（除黑龙江和吉林两省之外），其余全部为中西部地区。相对于上述省区，东部省区如山东、江苏、浙江、天津、北京和上海等地的交通运输用地比例均超过 1%，远高于中西部省份。这充分表明教学点数量比例很大的中西部省区交通不便的客观情况，特别是西藏、青海、新疆等地地处偏远、行政区划面积很大，交通运输用地面积比例处于极低水平。因此，中西部偏远省区交通不便的客观情况是教学点分布的又一个特点。

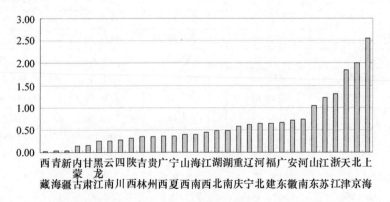

图 2－15　2009 年各省/区交通运输用地占总区划面积的比例

数据来源：根据《中国统计年鉴（2010）》数据整理所得。

表2-13　　　　　全国各省/区交通运输用地占总区划面积的比例　　　单位：%

西藏	青海	新疆	内蒙古	甘肃	黑龙江	云南	四川	陕西	吉林	贵州
0.02	0.04	0.04	0.14	0.16	0.26	0.26	0.28	0.32	0.35	0.35
广西	宁夏	山西	海南	江西	湖北	湖南	重庆	辽宁	河北	福建
0.37	0.37	0.40	0.40	0.45	0.49	0.49	0.58	0.62	0.64	0.64
广东	安徽	河南	山东	江苏	浙江	天津	北京	上海		
0.67	0.72	0.74	1.04	1.23	1.31	1.85	2.01	2.55		

第三章 农村教学点的作用

有关农村教学点作用的问题，本章节将主要从两个方面进行探讨，第一个方面是教学点的历史作用；第二个方面是教学点的现实作用。我国历史上，古代的私塾是教学点的雏形，私塾是我国基础教育的发端，中国文化在这里得以传承和发展，同时私塾的存在扩大了平民的受教育机会；随着社会的发展，私塾开始向近代乡学、村学演变，它们作为教学点在各个历史时期的不同形式，一直为我国的教育普及发挥着重要作用。从现实角度来看，农村教学点是一种有效的教学组织形式，它的存在有助于解决我国偏远地区学生上学远、上学难问题，在正确教育价值观的引导下，教学点能够发挥出它应有的作用，为我国的农村教育事业贡献一份力量。

一 教学点的历史作用

教学点在历史上对我国农村教育事业的发展起了非常重要的作用。总的来说，教学点的历史作用主要包括以下两个方面。

第一，教学点扩大了平民的受教育机会。我国历史上早期的学校，如三代时期的"序"、"校"、"庠"、"教"、"学"、"塾"等均为奴隶主开设，即"学在官府"；春秋战国时期，工商地主阶级开始兴起，官府以外过虚闲生活的人多了起来。此时，以孔子为代表的一批思想家纷纷开始开办私学，招收学徒。私学采用一对一的教授形式，即中国传统的师傅带徒弟的做法，学生没有统一的入学年龄规定，学生之间的年龄差距很悬殊。在我国历史上，私学这种民间办学形式基本上一直延续到清末时期。[①] 私学随着朝代的更迭自身也在不断完善和发展。其"有教无类"的教育思

① 喻本伐、熊贤君：《中国教育发展史》，华中师范大学出版社 2000 年版，第 30、451 页。

想在一定程度上打破了种族、阶级和地域的界限，平民布衣受教育的机会显著增加，扩大了平民的受教育机会是私学对我国古代教育所作出的重要贡献。此外，蒙学性质的私塾一直是中国文化得以传承和发展的重要阵地。私学作为教学点的雏形，对我国教育的发展影响深远，可以说是我国基础教育的发端。

第二，教学点促进了义务教育的普及。不同历史时期的教学点在形式和名称上有所差异，如"私塾"、"村学"、"乡学"等均是教学点在不同历史时期的不同形式。历史上，教学点对我国义务教育的普及起了重要作用。

从清末到新中国成立前，清政府、民国政府及解放区政府均颁布多项法令要求普及教育。但当时的国家正处于内忧外患的时期，中央政府没有足够的资金用来推行义务教育，因此，当时的做法是采用地方政府筹措与民间捐资兴办相结合的办学方式。那时的私塾不论是在偏远乡村还是在城市都占有绝对优势，与新式学校在数量上不相上下；在陶行知等人发起的农村教育运动中所建立起的中心小学、村小、村学、乡学等极大地促进了我国农村教育的普及；解放区小学依靠群众办学得以顺利开展，据1932年的统计数据显示，中央苏区许多地方学龄儿童入学率从原来的不到10%提高到60%以上[1]。由于民间办学、靠群众办学的方式仍占主导地位，以此将这一阶段称为"普及教育"时期更为恰当。也正是由于动荡的政治环境、匮乏的政府财力以及中国长期以来私人办学的传统，"私学"、"村学"、"乡学"等对我国特别是农村地区教育的普及具有不可忽视的作用，甚至是占主导地位。

新中国成立后，党中央更加重视普及义务教育，但由于客观条件的限制，这种重视更多地体现在政策的制定上，缺少实质性的资金投入，群众办学在这种情况下再次发挥了重要作用。教育部曾在1951年和1956年先后两次制订普及小学义务教育的计划，但限于教育供给能力的严重不足，群众办学成为教育计划重要的立足点之一。数据显示，1951年我国民办小学学生数占当年小学在校生总数的34%。[2] 1958年群众办学热潮在国家倡导的"两条腿走路"的办学方针下再次高涨。从1971年到1975年，

---

① 李少元：《农村教育论》，江苏教育出版社2000年版，第16页。

② 王英杰、曲恒昌、李家永：《亚洲发展中国家的义务教育》，人民教育出版社2003年版，第229页。

随着国家"小学不出村、初中不出队、高中不出社"口号的提出，全日制、半日制、隔日制、巡回制、早午晚班等多种形式的简易小学或教学班组在这一时期得到快速发展，并取得了显著成效。据统计，截至 1986 年，我国小学适龄儿童入学率已达 96.4%①，同年，《义务教育法》的颁布使我国的义务教育走上了法制化轨道。

总而言之，在我国教育长期发展的历史过程中，教学点在各个时期的不同形式为农村教育事业的发展发挥了巨大作用。作为教学点雏形的古代私塾、"有教无类"的教育思想以及灵活的办学形式扩大了平民的受教育机会。近现代以来，普及义务教育的思想在中华大地上生根发芽，但由于长期的财政供给不足及教育管理体制的不断变更，使得在很长一段历史时期内，群众办学一直作为我国义务教育办学的重要模式，村学、简易小学、不正规学校等各种形式的教学点对义务教育的普及起着至关重要的作用。

二　教学点的现实作用

现实中，教学点对我国现代农村教育发展的作用主要体现在以下三个方面：第一，教学点为偏远落后地区的学生就近入学提供了便利条件，满足了他（她）们的受教育需求，有利于教育均衡发展和教育公平的推进；第二，与其他完全小学和中心学校一样，教学点同样是有效的教学组织形式，并能够保证教学质量；第三，教学点已逐渐成为偏远农村聚落的文化中心，本身具有一种无形的向心力和凝聚力。针对农村小规模学校的作用，国际教育大会曾专门指出："小规模农村学校在三个方面具有其不可否认的优点：教育方面（地方环境、集体工作、个体工作等），人性方面（家庭氛围、人际关系与合作）和社会方面（学校影响的扩大及其对成人教育的贡献）。"②

（一）教学点方便偏远落后地区的学生就近入学，促进教育公平

有助于偏远地区学生摆脱上学远、上学难的困境是农村教学点最首要也是最重要的作用，它能够满足偏远地区儿童受教育的需求，从而促进教

---

① 游正伦、吴德刚主编：《义务教育概论》，新疆教育出版社 1989 年版，第 74 页。
② 联合国教科文组织：《全球教育发展的历史轨迹——国际教育大会 60 年建议书》，教育科学出版社 1999 年版，第 244 页。

育公平。

第一，教学点解决了偏远地区学生上学远、上学难的问题。农村教学点能够帮助偏远地区学生克服上学路程过远的困难。这一作用与教学点所处的特殊地理位置紧密相关，我国教学点大多分布在中西部偏远的农村地区，这些地区地理环境复杂，多山地、高原、丘陵。根据调研组在中西部六省180份行政卷中关于调查地区地理环境这一项所得出的数据显示，山区比例为57.2%，丘陵地区为26.1%（见表3－1）。很多教学点在农村中小学布局调整后被撤销或撤并，学生被转入中心校或完小读书，由此导致了学生上学路途遥远问题的出现。如表3－2所示，调研地区学生上学的最远家校距离已达到190公里，平均距离为4.848公里。此外，学生、家长、教师及教育行政人员等不同样本群体都认为学生上学远及安全问题是布局调整过程中最担心的问题。如表3－3所示，布局调整过程中，学生担心"路远不安全"这一项排在第二位，仅次于"加重家长负担"选项。"孩子的安全问题"在家长最担心的问题中排在第一位，占到总数的44.4%。在学校卷和行政卷中，教师和教育行政人员均认为农村中小学布局调整中的最大障碍是"学生担心上学路远"，分别占到总数的31.5%和30.0%（见表3－4）。由此可见，学生上学路远不安全问题正是由于教学点的撤并而引发的，这一问题不仅是学校布局调整过程中的首要障碍，更是学生和家长最大的顾虑。因此，适当保留偏远地区的教学点不仅能方便学生就近入学，减轻学生及其家长的忧虑，同时也能保证学校布局调整政策的有效实施。

表3－1　　　　　　　　　所调研地区的地理环境①

地形	山区	丘陵	平原	牧区	矿区	湖（库）区
百分比（%）	57.2	26.1	15.6	1.1	——	——

表3－2　　　　　　所调研地区学生上学的距离（单位：公里）

	样本数	最大值	最小值	平均	标准差
离校距离	10944	190	0	4.848	17.8269

---

① 表3－1至表3－4数据分别由"中西部六省农村中小学布局调整问卷（行政卷、教师卷、家长卷、学生卷等）"数据分析所得。

表3－3　　　　　　　撤销教学点后学生和家长最担心的问题

学生最担心的问题	人数	百分比	家长最担心的问题	人数	百分比
路远不安全	2968	25.7	孩子的安全问题	3213	44.4
受别村同学的欺负	891	7.7	家庭经济负担	1477	20.4
加重了家长的负担	6107	52.7	孩子学习成绩下降	2229	30.8
不适应学校环境	544	4.7	孩子的生活问题	234	3.2
其他	1070	9.2	其他	89	1.2
总计	11580	100.0	总计	7242	100.0

表3－4　　　　　　　　农村中小学布局调整的障碍

布局调整的障碍 （学校卷）	答题 样本数	应答人次 百分比	布局调整的障碍 （行政卷）	答题 样本数	应答人次 百分比
村民不支持	3972	18.7	村民不支持	87	24.4
家长不理解	6624	31.1	家长不理解	110	30.7
教师怕下岗失业	2900	13.7	教师怕下岗失业	18	5.0
学校不配合	526	2.5	学校不配合	3	0.8
学生担心上学路远	6679	31.5	学生担心上学路远	111	31.0
其他	531	2.5	其他	29	8.1
合计	21232	100.0	合计	358	100.0

　　第二，教学点的存在减少了学生的上学成本。根据曾满超所做的研究，教育成本包括公共教育支出、私人成本（包括直接成本和间接成本）以及家庭对教育的贡献等。这里所说的偏远地区学生上学成本增加主要指教育的私人成本，它包括："1. 教育的直接私人成本。是指家长花在其子女学校教育上的支出（学费和杂费）、课本和辅助学习指导书、文具、校服、书包、交通，以及食宿（寄宿学校）；2. 教育的间接私人成本（即机会成本）是指未接受学校教育而放弃的机会的经济价值。这个被放弃的机会可能是儿童在家庭生产、照看弟妹以及做其他家务时付出的劳动。3. 家庭对学校的贡献，即家庭给学校的资助，这种资助可以以各种方式被使用，例如购买图书馆书籍或建校舍。"[1] 对于第三种成本这里可忽略

----

　　[1]　［美］Martin Carnoy：《教育经济学国际百科全书》，闵维方等译，高等教育出版社2000年版，第506页。

不计，因为目前我国已经把义务教育纳入了政府的职责范围，所以不存在群众集资办学的情况。

偏远地区的学生在本村教学点上学，不但能够节省直接私人成本，同时也能够降低间接私人成本。

首先，直接私人成本主要包括住宿费、生活费和交通费。住宿费方面，当前农村小学住宿费每人每学期40元，每年80元；生活费方面，大多数学生都是从家里带米和咸菜，因此伙食费基本不发生现金支出，但每个学生每周都要准备少则几元、多则几十元的零用钱；交通费也是一笔不小的开销，如广西百色市那坡县平孟学校梁校长告诉我们，平孟乡呈长方形，学校设在长方形的另一端，最远的学生家校距离有100里路，路上需要转三次车，花费8元钱。大部分偏远地区的学生家庭经济条件困难，如我们调查的任少霞家，务农是全家五口人唯一的收入来源，家里有4亩地，一年收玉米460公斤、小麦350公斤，卖掉这些粮食的所得合计在500元左右，刨去生产费用仅剩200元左右，除此再无其他收入。可见，对于大部分学生来说，到离家远的学校上学大大加重了家庭的经济负担。"经济负担是导致一些家庭作出决定不让子女上学的主要因素。"[1] 对农村家庭尤其是贫困家庭来说，由于教学点撤并而带来的学生上学成本的增加很可能会导致学生辍学。

其次，间接私人成本即机会成本也是一个重要方面。舒尔茨将机会成本界定为学生因为上学而放弃的收入。机会成本是一个绝对不可忽视的因素。[2] 每个劳动力对于低收入家庭维持生活运转都十分重要，举例来说，如果因为孩子上学没有劳动力帮助家里放羊，家长就必须放下其他的活计来放羊。在调研地区广西隆林县，陪同我们考察的林老师不断地指着路边放羊或放牛的少年说："看，这都是辍学的孩子，他们已经是家里的重要劳动力了。"荔浦县杜莫镇龙珠小学的廖校长也认为，"学生住校就不能帮助家里做农活儿了"，这成为家长们反对学生住校的主要原因之一。由此可见，

---

① 曾满超：《教育政策的经济分析》，人民教育出版社2000年版，第15页。

② 舒尔茨在阐述教育的机会成本这个概念时特别指出，教育的机会成本可以在很大程度上决定农村家庭的教育决策："儿童在其幼小年龄（比如从十岁开始）就要参加劳动来为家庭增加微薄的收入，那么儿童这种劳动的价值与他们上学付出的费用联系起来看，在其父母心目中就不是无足轻重的。"相对于农村家庭的收入而言，教育的机会成本往往是非常昂贵的。参见［美］西奥多·W.舒尔茨：《教育的经济价值》，曹延亭译，吉林人民出版社1982年版，第50页。

上学成本的增加影响了农村家庭对教育的需求。在访谈中，许多家长表示自己的孩子转到中心校后，上学路程远、长期住宿令人担心，虽然在中心校上学有可能有利于孩子的学习，但对于贫困家庭来说，增加的上学成本给家庭带来了更为沉重的负担。因此，调研地区的学生家长表示愿意让孩子在本村上学，这样，孩子在能够帮助家里干农活儿的同时又节省了开支。

综上所述，由于学校撤并所导致的偏远地区学生上学远、上学难问题确实存在。调研中，许多学生、家长和教师都对这一问题表示关注，并且都提到了保留教学点的重要性和必要性。事实上，教学点不仅有助于解决偏远地区学生上学远、上学难的问题，而且能够保证偏远地区学生顺利地接受义务教育，防止因上学远、上学难而导致的辍学现象的产生，由此可见，教学点对偏远地区学生接受义务教育的作用不容忽视。

最后，教学点促进了义务教育均衡发展和教育公平。义务教育均衡发展主要包括三个方面：一是区域之间的均衡发展；二是区域内部学校之间的均衡发展；三是学生群体之间的均衡发展。教育部于2005年颁布的《关于进一步推进义务教育均衡发展的意见》中指出："要把工作的着力点放在推进县（市、区）域内义务教育均衡发展上来，并力争在更大范围内逐步推进；要在促进义务教育整体发展的同时，把提高农村学校教育质量和改造城镇薄弱学校放在更加重要的位置。"① 可见，义务教育在实现了全民普及和免费供给之后，教育均衡发展及教育公平问题成为近年来我国农村教育发展的重点和难点问题。那么，教学点对于解决这一问题的重要作用主要体现在如下几个方面。

首先，教学点的存在和发展是教育均衡发展的重要目标之一。教育均衡发展最重要的一个方面就是县域内学校的均衡发展，但是，因所处地理位置、办学规模等方面的差异，导致当前我国中、西部偏远农村县域内的中心小学、完全小学和教学点等几种办学形式呈现出非均衡发展的状态。教学点在这几种类型的学校中具有地处偏远、规模小、教育资源短缺等特点，属于县域内学校发展的最薄弱环节。基于教学点对偏远农村学生就近入学所起的重要作用，保留和加强教学点的建设对于促进农村学校的均衡

---

① 中华人民共和国教育部：《教育部关于进一步推进义务教育均衡发展的若干意见》，教基〔2005〕9号，2005年5月25日（http：//www.moe.gov.cn/publicfiles/business/htmlfiles/moe/s3321/201001/xxgk_ 81809. html）。

发展具有十分重要的意义。

其次，教学点为偏远农村学生提供了受教育机会，从而保证了偏远农村弱势群体能够接受到同等质量的教育。我国中、西部偏远农村地区地形复杂、交通闭塞、经济社会发展十分落后，由于路途遥远、家庭贫困等原因，这里的孩子面临着许多求学困境，有些甚至被迫放弃学业。农村教学点的存在为当地学生就近入学创造了便利条件，为他们提供了更多的受教育机会；同时，由于教学点能够减少学生的教育成本，减轻贫困家庭的教育负担，使得偏远山区学生的受教育状况在很大程度上得到了改善。保证偏远地区的孩子能够顺利接受义务教育是义务教育均衡发展的重要目标之一，同时也是缩小农村教育地区差异和城乡差异的重要手段。因此，我国偏远地区的教学点为促进教育的均衡发展发挥了强有力的推动作用。

由于教育均衡发展是促进教育公平的重要基石，所以教学点在促进偏远农村地区学生群体之间均衡发展的同时也促进了教育公平，为改善处于不利地位的社会阶层的教育状况提供了最大限度上的教育制度方面的补偿。正如查尔斯·赫梅尔（Charles Hummel）所指出的："任何自然的、经济的、社会的或文化方面的低下状况，都应尽可能从教育制度本身得到补偿。"[①] 对于教学点促进教育公平的意义，从更高的层面来讲，有助于促进学生未来获得更大的自由发展空间，从而促进社会公平。这一点印证了阿马蒂亚·森（Amartya Sen）在《以自由看待发展》中的观点："教育是培养人的可行能力的重要手段，这种可行能力直接影响着人赖以享受更好生活的实质自由，也是促进发展的主要手段。"[②]

（二）教学点是有效的教学组织形式

早在 17 世纪，捷克著名教育学者夸美纽斯就认为"必须使每个基督教王国的一切教区、城镇和村落，全都建立这种学校……务使青年去学会一切现世与来生所必需的事项。"[③] 学校在教育发展的历史进程中逐渐完

---

① ［瑞士］查尔斯·赫梅尔：《今日的教育为了明日的世界》，王静译，中国对外翻译出版公司 1983 年版，第 69 页。

② ［印］阿马蒂亚·森：《以自由看待发展》，中国人民大学出版社 2002 年版，第 32 页。

③ 夸美纽斯著，铃木秀勇译：《大教育学（1）》"世界教育学选集二十四"，明知图书 1962 年版第 13 页。转引自［日］筑波大学教育学研究会编：《现代教育学基础》，钟启泉译，上海教育出版社 2003 年版，第 35 页。

善并成为推行义务教育的重要依托与教学组织形式。我国农村中小学布局调整后，农村学校形成了三种主要教学组织形式：中心学校、完全小学和教学点。教学点虽然学校规模小，但它与其他中心小学和完全小学一样，同属于农村义务教育的教学组织形式，同样承载着义务教育的教育目标和任务。

下面，就教学点是否是有效的教学组织形式这一问题进行探讨：

从理论上来讲，教学点规模小的特点决定了对其有效性问题的探讨必然与小规模学校的作用问题紧密相连。研究表明："经济和教育因素有利于中等规模和大规模学校，而社会因素有利于小学校。"① 由此得知，小规模学校对教育发挥作用主要侧重于促进社会公平方面。但"实践中问题并不是这样简单，小学校的单位成本可以和大学校一样低，但社会更愿意支持小学校的观点并不具有普遍意义。"② 可见，关于小规模学校作用的探讨并没有统一的结论，这是由于不同国家和地区间的不同情况及政策偏好所导致的。也就是说，在不同国家和地区，客观条件及政策的不同决定着小规模学校作用的不同。因此，对我国农村教学点教育作用的论述就不能笼统地介绍小规模学校的优点，而要立足于现实，借鉴相关理论来客观分析农村教学点是否是一种有效的教学组织形式，以及它对我国当前农村义务教育的发展发挥着怎样的教育教学作用。

1. 从成本—效益的角度来讲，教学点是有效的教学组织形式

"'成本—效益'分析是用系统的方法来考虑决策方案的成本和效果，可以利用它来确定用哪种方式来达到特定教育目标最为高效。"③ 成本—效益分析是将经济学中的"成本—效益"方法运用到教育领域，其基本思想是以最小的投入获得最大的效益。但实际上教育领域与经济领域有着本质的差别，其投入和产出不可能像经济领域一样可以用货币和严格的数量标准来衡量，因此，对教育领域具体问题的"成本—效益"分析有一定的特殊性。同样道理，这里对教学点进行"成本—效益"分析，也要明确两点：其一，分析的目的并不是要使教学点以最小的成本达到最大的

① ［瑞典］T. 胡森、［德］T. N. 波斯尔斯韦特等：《教育大百科全书》第一卷，张斌贤等译，西南师范大学出版社、海南出版社2006年版，第193页。

② 同上。

③ ［美］Martin Carnoy：《教育经济学国际百科全书》，闵维方等译，高等教育出版社2000年版，第494页。

效益，而只是从"成本—效益"的角度对教学点是否有效这一问题进行审视。简单地说，如果说"成本—效益"方法的初始目的是侧重对政策实施前的一些方式的考察，以期对政策的实施提供依据的话，那么对教学点的分析则是侧重对正在运行着的教学组织形式进行考察，以证明它是否有效，这是一种验证的过程。其二，对教学点"成本—效益"的分析并不能严格的以数量标准来衡量，而应切合当前教学点的实际情况作出界定。

首先，教学点具有教育成本低的特点。教育成本是指"用在教育上的投入的经济价值，不仅包括公共教育经费在人员、学校设施、供给和设备上的支出，也包括学生及其家长在教育上的支出和学生放弃的机会成本，还包括私人对教育的贡献"。[①] 据此，教学点的教育成本主要包括公共经费和私人成本（由于目前已不存在群众集资办学的情况，因此私人对教育的贡献不再计入其中）。从公共经费（即政府投入）上来看，教学点需要的投入较少。公共经费主要用于学校设施投入、人员经费支出等方面。目前，我国大多数农村教学点都在沿用以前村小的校舍，占地面积小，设施简陋，需要进行危房改造和添加教学设备。但由于保留下来的教学点学校规模小，一般只有低年级，所以硬件设施方面只需少量的资金支出就可改善办学条件；人员经费方面，教学点老师数量少且代课教师比例较大（代课教师虽然工资低，但对工作具有更大的热情，工作努力程度更高），因此，总体上来讲教学点的人员经费支出也较少。相关研究同样表明："一些小学校的单位成本比许多大规模学校的单位成本实际要低一些。"[②]"从长远来看小型学校的资金使用效率更高，因为小型学校的学生使用的补救资金要少得多"[③]；从私人成本上来看，教学点学生就近入学所花费的私人成本远低于到离家较远的中心校或完小上学的花销。这其中，直接私人成本的差别十分明显——学生就近入学，能够省去交通费、生活费（包括午餐费、零花钱等，住宿学生的生活费开销更大）等一大

---

① ［美］Martin Carnoy：《国际教育经济学百科全书》，闵维方等译，高等教育出版社2000年版，第500页。

② ［瑞典］T. 胡森、［德］T. N. 波斯尔斯韦特等：《教育大百科全书》第一卷，张斌贤等译，西南师范大学出版社、海南出版社2006年版，第190页。

③ 马健生、鲍枫：《缩小学校规模：美国教育改革的新动向》，《比较教育研究》2003年第5期。

笔开销，这些开销在直接私人成本中占很大比例。"在一些案例中，由于学生们每天往返于家庭和学校之间的距离很长，合并学校的成本反而增加了"。① 综上所述，我们不难看出，教学点的成本是较低的。

其次，在效益方面，教学点能够保证教学质量。中小学布局调整过程中，中心学校在当地是"优质教育"的代名词，而教学点却被教育行政部门认为是教学质量低下，并以此作为撤并的理由。我们到底应该如何看待教学点的教学质量？教学点的教学质量是否真的低下？根据列举的几种教育效益度量方法范例（包括降低辍学、毕业生就业、学生学习、学生满意度、身体素质等方面）②，目前教学点教育效益的衡量主要以"学生学习"即"考试成绩"为主要参照系数。那么，实际中教学点的学生成绩情况如何呢？在对湖北英山陈岩村教学点吴老师所做的访谈中，我们听到这样的回答："我的学生成绩很好。在 3 所中心小学包括 8 所分校学生的考试成绩评比中，我们学校排第一名。"此外，据调研所在地新丰县样本学校学生成绩的对比数据显示（见图 3 - 1），教学点和初小的学生成绩等级在"上等"和"中上等"的比例明显高于完全小学和中心小学，而完全小学的学生成绩等级在"下等"和"中下等"的比例则高于教学点和初小，如表 3 - 5 显示的新丰县马头镇 9 所教学点的学生成绩中，多数教学点成绩的合格率和优秀率都高于全镇总体水平和中心学校水平。这些事例都充分说明了教学点的学生不但学习成绩不差，相反很多教学点的学生成绩优于其他学校。"小型学校对出身贫寒的学生作用明显，在低收入社区，小型学校取得的成就超乎人们想象。确切地说，大型学校中出现家庭贫困必然导致学业失败的可能性是小型学校的 10 倍。"③ 因此，从教育经济学"成本—效益"理论的视角来看，教学点是有效的办学形式，地方政府以教学点教育质量低下为由进行盲目撤并，是对教学点"成本—效益"问题缺乏理性分析的表现。

---

① ［瑞典］T. 胡森、［德］T. N. 波斯尔斯韦特等：《教育大百科全书》第一卷，张斌贤等译，西南师范大学出版社、海南出版社 2006 年版，第 190 页。

② ［美］Martin Carnoy：《教育经济学国际百科全书》，闵维方等译，高等教育出版社 2000 年版，第 495 页。

③ 马健生、鲍枫：《缩小学校规模：美国教育改革的新动向》，《比较教育研究》2003 年第 5 期。

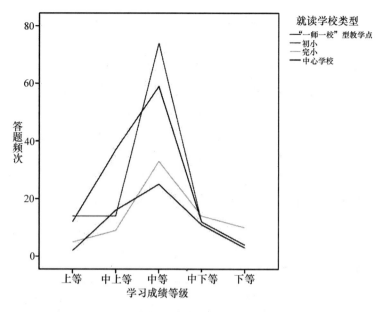

图 3 - 1 新丰县样本学校学生的学习成绩比较

("一师一校"型教学点、初小、完小和中心学校)

注：学校类别中，根据新丰县实际情况和本文关于教学点的定义，"一师一校"型教学点和初小均属于教学点范畴，完小是指含1—6年级的小学，中心学校指位于乡镇中心、含有1—6年级且具有行政管理职能的学校（以下涉及新丰县学校类型的图表均同）。

表 3 - 5 新丰县马头镇 9 所教学点学生的学习成绩（2008 年第一学期）

学校		学生数	平均分	合格率（%）	优秀率（%）
教学点	板岭	23	73.6	19（82.61）	10（43.48）
	大陂	8	76.4	7（87.50）	5（62.50）
	上湾	8	68.6	6（75.00）	4（50.00）
	乌石岗	8	83.0	7（87.50）	6（75.00）
	福水	5	68.0	4（80.00）	1（20.00）
	军屯	24	67.4	18（75.00）	7（29.17）
	罗陂	9	74.6	9（100.00）	2（22.22）
	石角	30	73.0	23（76.67）	13（43.33）
	路下	7	87.1	7（100.00）	4（57.14）
中心小学		51	68.2	34（66.67）	19（37.25）
合计		173	65.7	136（65.25）	71（28.93）

数据来源：新丰县教育局学生成绩登记表，2008 年。

2. 小规模办学和复式教学能够促进教学效果的提高

第一，小的学校规模和班级规模有助于提升教学效果。从学校环境看，教学点具有学校规模和班级规模小的特点，这有助于建立融洽的师生关系和创造良好的学习氛围。在调查中，很多教学点的老师课间和学生一起做游戏，她们谈道："我"喜欢孩子们，和孩子们在一起自己也充满了童真，课间我们是朋友，上课时学习气氛很活跃，教学效果好。相关研究也表明，小规模学校在学业成绩、学校氛围、学生参与度、归属感、人际关系和平等性六个方面均能产生积极的作用。[①] 此外，教学点班级规模小，学生人数少，教师分配给学生的时间相对较多，因此有利于教学的顺利开展。实地调查结果表明（见表3-6）：大多数教学点的老师与学生相

表 3 - 6 　　　　　学生出勤情况和课堂参与情况（教师小组访谈）

	教学点教师访谈 （2，3年级）	完全小学或中心学校教师访谈 （4年级）
出勤情况	所有的学生每天都能按时到校，他们住在离学校很近的位置，每天大约7：00起床，在家吃早饭，然后走路上学，十分方便，不用着急赶路。除非个别学生由于生病等特殊原因会请假，一般情况下所有的学生都能保证按时上学。	由于学校合并，一些学生住在离学校很远的山区，很多学生甚至要早晨4、5点起床赶路上学，遇上下雨或雪天，道路泥泞不安全，他们不能按时到校，或者请假在家。
课堂参与情况	我们学校的教学班大多是2—3年级复式教学，班级规模约20—30人左右，由于班级规模比较小，复式教学过程中，每个班上课的人数只有10人左右，因此我们可以关照到每一个学生。一堂课，每个学生都有机会回答问题，他们也很积极地参与课堂讨论，很主动地举手回答问题。	学校在布局调整后，班级规模扩大了，每个班有50名甚至更多的学生。这样大规模的班级教学，最繁重的工作在于维持课堂秩序，有个别学生不遵守纪律，而且学生水平参差不齐，课堂节奏不好控制。只有学习成绩好的学生比较主动地回答问题，而成绩差的学生比较被动，没有自信，不喜欢配合教学活动，让老师无奈。
	教学点的学生	中心学校或完全小学的学生
你们的老师是否经常鼓励指导你们学习？	我们的老师经常鼓励指导我们的学习，老师很有责任心，我们喜欢在现在的学校上学。	我们老师总是很忙，班上学生很多，他们没有时间照顾到每个学生。
你经常和班里的同学一起讨论吗？	我们班上经常组织小组讨论和学习，一般分成2组，学习上遇到的问题很快在小组同学的帮助下得到解决。	班里同学的关系不是很紧密，很少和同学一起讨论问题，下课就回家或宿舍。

---

① 和学新：《班级规模与学校规模对学校教育成效的影响——关于我国中小学布局调整问题的思考》，《教育发展研究》2001年第1期。

处融洽、课堂气氛活跃、教学效果较好。与布局调整后的中心学校或完全小学相比，教学点的学生出勤情况和课堂参与情况都好于前者。其原因在于就读于教学点的学生离家更近，上学更方便；教师有更多的时间和精力关注每一位学生，学生们能得到老师更多的鼓励，学习的自信心和参与课堂的意愿更强。如图3-2和图3-3也表明了教学点的教师在鼓励和指导学生学习方面花费更多的时间和精力，教学点的学生与班上同学的关系也更为融洽。很多国外的研究也表明：农村小规模学校的学生成绩更好，学生自信心更强，学校与社区的联系更紧密，教学质量高于一般学校[1]。因此，事实证明，教学点学校规模和班级规模小的特点对于教学活动的开展和教学效果的提高起到了促进作用。

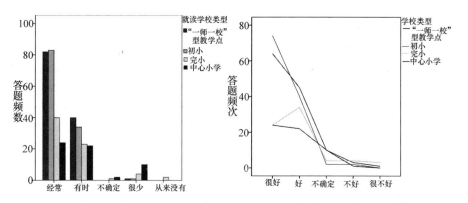

图3-2　老师鼓励指导学生学习的情况对比　　图3-3　学生与班上其他同学的关系

　　教学点具有更好的教学效果，这个研究结果与其他研究者的结论也是一致的。关于小规模学校和小班教学的研究，在国际上得到广泛认可的首推格拉斯（G. V. Glass）和斯密斯（M. L. Smith）二人。他们发现：小班可以为提高教学质量创造良好的教学环境和学习气氛。在人数少的班级，学生的学习兴趣更浓，学习态度更好，课堂气氛更加友好愉快，教师有更多的机会进行个别辅导、因材施教[2]；小班额在低年级对于学生的阅读和

　　[1]　Robin Lambert. （2007）. Everyone matters here：Alabama's small schools. An ACPP Fact Sheet produced in collaboration with the Rural School and Community Trust and made possible by the Ford Foundation April 5, 20.

　　[2]　冯建华：《小比大好，还是大比小好》，《教育研究与实验》1995年第4期。

数学最有效，处于经济不利地位的学生和少数民族学生在小规模班级中表现得更好。[1]如图 3 - 4 所示的经典的"格拉斯—史密斯曲线图"，他们的实验证明：学生成绩百分比随着班级规模的扩大而呈逐渐下降的趋势，班级规模小于等于 10 人时，学生成绩百分比值在 70 以上，而当班级规模达到 40 人时，学生成绩百分比值低于 60。可见，国外学者对于小规模学校的研究结果为我们研究农村教学点问题提供了理论上的依据。国内其他学者对于偏远地区小规模学校的研究也证实了这一点，如金传宝[2]、牛利华[3]和潘颖[4]等人就班级规模对教学质量以及对学生成绩的影响所作的研究都得出了类似的结论，即缩小班级规模有利于提高教学质量和学生成绩。他们对国内小规模学校的研究从另一角度验证了我国小规模农村教学点在教学效果上的优势和积极作用。

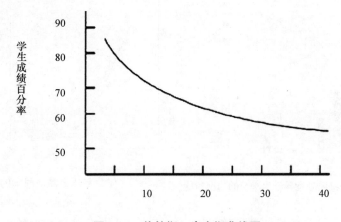

图 3 - 4　格拉斯—史密斯曲线图

第二，教学方法灵活多样，有助于提高教学质量。从教学方法的角度看，教学点学生少，可灵活运用多种教学方法，且多为复式教学。教学方

①　Bourke, S. (1986). How smaller is better: Some relationships between class size, teaching practices and student achievement. American Educational Research Journal. 23, 558 - 571.

②　金传宝：《班级规模对教育质量的影响和原因》，《比较教育研究》2004 年第 1 期。

③　牛利华：《适宜规模办学：教育发展的理性抉择——来自美国微型学校的启示》，《外国教育研究》2008 年第 3 期。

④　潘颖、李梅：《班级规模与学生发展的问题研究》，《东北师范大学学报》2006 年第 6 期。

法是教师引导学生掌握知识技能、获得身心发展而共同活动的方法，主要
包括讲授、谈话、演示、练习、讨论、操作试验法等①，课堂中教学方法
的使用要根据实际情况作出选择。教学点的主要特征是每班学生人数少，
教师更容易把握学生的个性特征，对课堂的调控能力更强。因此一堂课可
以同时应用以上多种方法，其中谈话法和讨论法最有助于对学生进行启发
式教学，有利于教学效果的优化。此外，很多教学点是"一师一校"，采
用复式教学。复式教学也是班级授课的一种形式，是指"一个教师在同
一教室进行的一堂课上给两个及以上不同年级的学生上课的教学组织形
式"②。如图 3 - 5（根据调研地实际情况绘制的复式教学课堂示意图）所
示，以 2—3 年级复式教学为例，在两个年级学生上课时，老师安排二年
级学生面朝黑板听讲，而三年级学生背朝黑板自习做作业或进行小组学
习。教师还会安排时间让两个年级的学生一起上课，目的是让高年级学生
帮助低年级学生解决疑难问题，促进教学进程。访谈中，很多教学点教师
和学生都反映复式教学能达到良好的教学效果，学生的学习成绩不亚于中
心学校的学生。因此，复式教学为山区、边远地区儿童接受基础教育创造
了条件；合理安排、组织得当的复式教学能取得较好的教学效果。安徽黔
县毛田教学点教师汪来九摸索出的"七级复式教学法"③ 在全国成为典
范，每年全乡 20 多所小学统一测试，毛田总是名列前茅，超过许多常规
建制学校。可见教学点教学方法的灵活性以及"一师一校"的复式教学
方法确实有助于教育教学效果的提高。

---

① 王道俊、王汉澜：《教育学》，人民教育出版社 2000 年版，第 242 页。
② 李秉德：《教学论》，人民教育出版社 1991 年版，第 248 页。
③ 毛田小学一般有一二十个学生，1—6 年级，加上学前班，汪来九最多时同步进行 7 个
年级的教学。为了保证每个孩子的学习效果，汪来九积极进行教学摸索，总结摸索出 6 个年级和
学前班在一间教室内同时上课的"七级复式教学法"。复式教学把授课内容分为"动"和"静"
两种，"动"就是老师讲课，"静"表示自习或作业，追求的最高境界是"动静相宜"。汪来九上
课的教室里，需要一大一小两块黑板。大的一般划分出三部分，中间是一个年级的生词，右边是
另外一个年级的生字，左边空着的部分是给做数学的年级预备的，而小黑板画上拼音格子，给低
年级练习用。课一开始，汪来九会带着一个年级读课文，其他年级有的上黑板给生字组词，有的
预习课文，有的做练习题，有的在黑板上解方程；一段时间后，授课轮转，汪来九会带着另外一
个年级进行讲解，而他平时就物色培养好的小助手会给其他年级出题目，并一起练习解答……汪
来九还总结复式教学"同年级合作、异年级合作、优困合作、干群合作"的合作形式并得到
实践验证。汪来九先后荣获"全省优秀教师"、"全国师德先进个人"等称号，并获得安徽省
"五一"劳动奖章和证书，2006 年进入中国教育年度新闻人物候选人名单。引自《红烛之光照耀
在大山深处——记小学教师汪来九》，《中国教育报》2006 年 12 月 28 日。

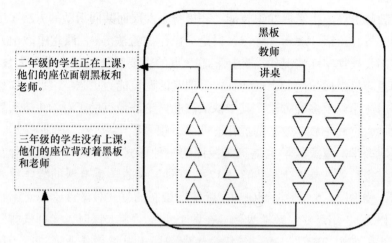

图 3 – 5   教学点复式教学模式图

3. 教师具有很强的责任心和敬业精神，成为教学质量的重要保证

教学点教师都具有很强的责任心和敬业精神，这一点弥补了教学点办学条件差的不足，是保证教学质量的重要因素。"学校最重要的特点是教师和其他员工的态度和行为，而不是诸如图书馆规模、学校的历史等物质条件"。[①] 教师的努力程度在教学点也显得尤为重要，这是因为目前教学点条件差、师资不足，为了保证教学质量就需要教师付出加倍的努力。调查中我们发现大多数教学点教师都是兢兢业业地工作。如湖北英山陈岩教学点吴老师就是其中一例，学生及家长都认为吴老师责任心强、有爱心、敬业，懂得因材施教。在临产头一天她还坚持给孩子们上课。吴老师谈道：现在是复式教学，工作压力很大，时间特别仓促。"我"根据孩子的能力量力而行，挤时间辅导学生，下午 1：00 上课（规定 2：00），晚上5：00 多放学（规定是 4：30）。复式班尽管人少，但两个年级的学生在一个教室里学习，要保证学习效果，需要做很多努力，我经常给他们调换座位或者让一个班的学生脸朝后坐。我的学生成绩很好，平均成绩在全乡镇排第一。在调研的其他教学点乃至全国还有很多像吴老师这样的好老师为偏远地区的教育无私地奉献。中国教育报报道的湖南省保靖县普戎镇牙

---

① ［美］罗伯特·G. 欧文斯：《教育组织行为学》，窦卫霖、温建平、王越译，华东师范大学出版社 2001 年版，第 167 页。

吾村教学延伸点教师周玉树[1]21 年来不仅要教书育人，还坚持背送山里的孩子上学读书，风里来雨里去，将 80 多个孩子背出了大山；四川省凉山彝族自治州甘洛县乌史大桥乡二坪村小学教师李桂林和陆建芬[2]夫妇19年坚守在海拔 1800 米的"悬崖小学"，为孩子们搭建起一座放飞希望的"天梯"。他们每天在危险崎岖的山路上坚持护送学生上下学，用辛勤的汗水培养了很多优秀的学生。这些典型的实例无一不说明了教学点教师的努力对教学质量的促进作用以及他们的奉献精神对偏远地区教育的重要意义。

（三）教学点是偏远农村聚落的文化中心

经过漫长的历史时期，很多偏远农村聚落仍然保留着祖辈的生产生活方式，他们对自我生存的空间聚落有着强烈的认同感和依恋情愫。在仅有几百人的自然村落，村办小学几乎是伴随着村落的出现一直延续至今，是能够凝聚村民的唯一的文化象征。一些村落将拜神祭司的地点设在学校旁边，在山区村民的心目中，教学点不仅是孩子们接受教育的场所，也是他们居住环境的文化中心，他们往往将村小与相关的文化因素连接到一起。调研地广西壮族自治区南丹县吾隘镇丹炉小学位于丹炉山下，服务范围为丹炉寨的全寨人口 400 余人。由于生源不断减少，该校于 1994 年和 2001年先后分别将 3—5 年级并入昌里小学，现在有 1、2 两个年级共 10 人，只有一个老师，自 1981 年起就在该校任教，长达 29 年。丹炉小学旁边是一个小小的社庭，里面供奉着一尊神像，是当地人拜神的社王。社庭与学校、传统与现代两种不同形态的文化在此处交汇在一起，展现了农民精神生活的两种面貌。丹炉寨的村民将丹炉小学与社庭看成是同等重要的两个文化载体，不可缺失。但按照农村学校布局调整政策的要求，丹炉小学很可能由于规模过小而被合并到中心学校，如果学校从社庭旁边消失，将意味着什么？丹炉寨村民长期以来的心理寄托和文化中心将永远消逝。

此外，很多农村教学点、村小扮演和充当着农村文化阵地的角色。学校在"普九"时配置大量的科技文化方面的书籍，学校又自费订阅了部分报刊资料等，这些书籍和资料通过学校这一特定的文化阵地将科学知

---

[1] 周玉树：《土家硬汉背出大山的希望》，《中国教育报》2007 年 12 月 11 日。
[2] 《李桂林和陆建芬夫妇当选 2009 教育年度新闻人物》，《中国教育报》2010 年 2 月 2 日。

识、实用技术、致富信息和国家的方针、政策传播到广大农民中间。很多自然村落的村民集会、娱乐活动也经常在教学点举行，教学点自然而然成为村民生活的一部分。在村民和家长的心目中，教学点是传授知识、将孩子们培养成才、走出大山的神圣家园，也是村民学习知识的文化阵地和娱乐中心，是他们心灵的寄托。教学点在偏远农村地区文化中心的作用不可或缺。国外很多文献也都有类似的观点："小规模学校在农村社区既是教学场所，也是社区中心，一些地方没有乡村礼堂或教堂，学校就成为一系列活动的主要场所，在非常闭塞、人口稀少的地区更是如此，如果关闭学校可能使农村社区失去活力。"[1] Everson[2]，Stoops[3] 和 Minzey[4] 等人都曾提出小规模学校是农村社区的中心，学校的设备、资料、有经验的教师都有助于为整个社区的居民提供再教育的机会，学校还提供生活常识咨询、计算机培训、保健服务等。总之，教学点作为农村聚落和社区文化中心的作用不可忽视，它不仅承载者村民对农村教育的寄托，而且也为农村居民带来生产生活方面的帮助，是不可替代的文化中心和阵地。

---

① 谭春芳：《英国小规模中小学的发展策略及启示》，《上海教育科研》2008 年第 2 期。

② Everson，C.（1994）．Local governments and schools：Sharing support services［Management Information Service Report，26（5）］．Washington．DC：International City/County Management Association.

③ Stoops，J. & Hull，J.（1993）．Toward integrated family services in rural settings：A summary of research and practice．Portland，OR：Northwest Regional Educational Laboratory．（ED 364 368）

④ Minzey，J. D. & LeTarte，C.（1972）．Community education：From program to process．Midland，MI：Pendell Publishing Co.

第四章　农村教学点面临的困境

承前所述，农村教学点具有重要的历史作用和现实作用。但目前教学点也面临着困境，主要包括：布局调整过程中教学点被大量撤销，教学点的学生面临上学远、上学难的问题；暂时保留下来的教学点在运转经费、办学条件和师资水平等方面都存在诸多困难。

一　学生上学远上学难现象凸显

农村中小学布局调整的目的在于通过适当撤销一些规模过小、布局过于分散且质量低下的村小和教学点，集中资源办好中心学校和完小，促进教育资源的集中和优化，追求农村教育的均衡发展和教育公平，让更多的孩子能够享受到优质的教育资源。但在该政策实施过程中，很多地方政府由于一味追求规模效益，盲目撤销了大量教学点，导致了相当数量的原本在教学点就读的学生面临新的上学远上学难问题。

（一）教学点数量急剧减少

20 世纪 90 年代中后期开始，随着计划生育政策的落实，农村学龄人口不断减少和城镇化水平不断提高。我国农村地区，特别是中西部农村地区不少中小学生源不足，学校布局分散，规模小，质量低等问题日益突出。一些农村地区开始陆续对规模过小的中小学和教学点进行撤并。2001年，针对农村税费改革后的实际情况，国务院和教育部分别颁布了《关于基础教育改革与发展的决定》和《全国教育事业第十个五年计划》，提出"适应城镇化进程和学龄人口波动的需要，合理规划和调整中、初等学校布局"。自此以后，我国农村地区，特别是中西部农村地区开始了新一轮学校中小学布局的大调整。农村小学数量和班级数量呈现逐年减少的趋势。如图 4-1 所示，我国农村小学学校数量由 1995 年的 309.4 万所减少到 2008 年的 187.2 万所；小学班级数由 1995 年的 55.9 万个减少到 2008 年的 25.3 万个。

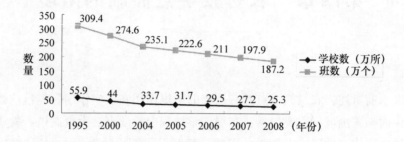

图 4-1　全国农村小学数量及班级数量变化情况

数据来源：根据《中国农村统计年鉴（2009）》数据整理所得。

全国农村地区的农村学校布局调整工作确实取得了很大成效，如表 4-1 所示，大部分教育行政人员、学校校长、中层干部和教师都认为"学校布局调整提高了学校规模效益、促进了教育资源的合理配置、提高了教育质量和有助于教育的均衡发展"。在访谈过程中，很多中心学校的校长认为："将布局过于分散的教学点合并到中心学校，中心学校的硬件和软件设施都好一些，有助于教育质量的提高和教育资源的均衡，同时也提高了规模效益。"相关研究也证明了学校布局调整促进教育规模效益的事实，如图 4-2 所示，教育生均成本与学校规模呈倒 U 型关系，其中横轴代表"学生数量"，纵轴代表生均成本。随着学校规模的扩大，学校生均成本呈现逐渐下降的趋势，凸显规模效益。[1] 综上，农村学校布局调整政策的动力是源于农村适龄人口减少及原有学校布局不合理的客观事实，在此基础上，该政策在实施过程中取得了不错的进展和成效。因此，农村学校布局调整是一项值得肯定的对农村教育发展具有积极作用的政策。

---

① 　申美云、张秀琴：《教育成本——规模效益与中小学布局结构调整研究》，《教育发展研究》2004 年第 12 期。

表 4-1　　　　　不同样本群体对当地农村中小学布局调整的看法　　（单位:%）

人员类别	有效样本（份）	提高了学校规模效益	实现了教育资源的合理配置	提高了教育质量	减轻了教师的负担	有助于教育的均衡发展	其他
行政人员	178	70.8	95.5	78.7	37.1	70.8	3.2
学校校长	893	57.6	78.7	64.7	28.8	56.1	2.7
中层干部	736	56.0	77.6	52.4	21.6	53.7	3.5
教师	8884	50.3	69.8	47.6	19.1	50.1	3.2
其他	121	49.6	66.9	52.1	19.8	48.8	5.0

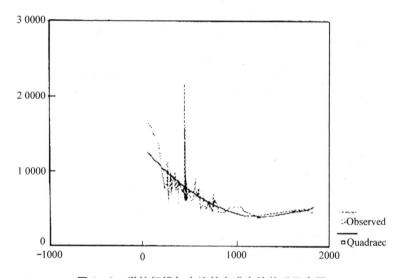

图 4-2　学校规模与生均教育成本的关系示意图

　　但是，学校布局调整政策取得成效的同时，也伴随着很多问题出现。其中，最值得关注的问题就是，一些地方政府一味追求规模效益而盲目撤销大量教学点，导致很多地区教学点数量在短时期内急剧减少。从全国范围来看，1999—2008 年十年间，我国农村教学点数量从 186065 所减少到77519 所，减少比例高达 58.3%（见图 4-3），其中有相当数量的教学点是在布局调整过程中没有经过深思熟虑而被撤并的。具体省份和地区的农村教学点数量急剧减少也验证了这一点。如调研地陕西省全省小学数量在2002—2006 年 5 年内由 33336 所调整到 26336 所，减少 7000 所，校均规模由 144 人增加到 180 人以上；该省安康市共有农村教学点 1200 多个，2005 年左右缩减至 800 多个。2008 年，农村教学点减少到 405 个。四川省沐川县 2006—2010 年教学点由原来的 127 个减少到 54 个[①]；山西省芮城县 2006 年原有学校 156 所，但 2007—2010 年间撤销了 67 个教学点，撤销的学校数占原有学校的 43%[②]。

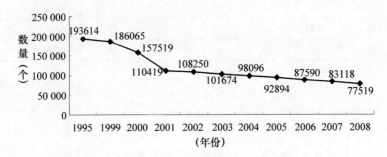

图 4 – 3   1995—2008 教学点数量变化折线图（个）

资料来源：根据《中国教育统计年鉴 1999—2008》整理所得，人民教育出版社。

调查省份的相关个案显示：

内蒙古自治区林西县 2002 年开始布局调整，当时有中小学 330 多所，2004 年减少到 147 所。2004 年年末开始，特别是在 2005 年，利用 258 天时间进行了更大力度、更大规模的学校布局调整，乡镇一级每个乡镇只设一所小学，全部学生实行寄宿制（小学生从 7 岁起住校），全县小学数量减少到 26 所，全部集中到县城，实行寄宿制。

广西壮族自治区"十五"期间中小学布局调整规划方案规定将服务半径设定在 1.5 公里范围内，学生数少于 40 人、不足 4 个年级的小学和三年级以上的班级或教学点撤并。同时，该方案要求，在加大对边远贫困地区农村小学或教学点的撤并力度的同时对于交通较好的地区和平原地区的教学点则按服务半径为 2 公里的要求全部予以撤

---

① 四川省乐山市沐川县教育局：《沐川县中小学 2006—2010 年校点布局调整规划》，2008 年 3 月 6 日（http：//www.sclsedu. gov. cn/mc/newsInfo. aspx？pkId = 3216）。

② 山西省运城市芮城县教育局：《芮城县小学（2007—2010）年布局调整规划总统计表》（http：//www. rcedu. cn/ Html/rcedu/2006 – 6/27/11391144. html）。

并。经过调整，使义务教育阶段的现有小学数量减少 15% 左右，教学点数量减少 60% 以上。力争通过布局调整、实现办学规模和办学条件、办学效益增长的目标要求。

广东省新丰县（山区贫困县）将全县农村小学调整为一所中心小学和两所完小，中心学校服务范围为 7 个行政村，其他两个完全小学服务范围分别为 4 个行政村和 7 个行政村。关于教学点的撤留，一般采取逐步撤销的方法，即先将完小调整成初小，再将初小逐渐并入中心学校。撤销教学点的过程可能因为山区农村地形复杂而持续较长时间，但在教育行政人员看来，"学点是迟早要被撤并的，即使由于交通不便而暂时保留的教学点，也不再投入资金加强建设，因为今后撤并后投入的资源也是一种浪费"。这种观念导致那些暂时被保留下来的教学点办学条件十分落后。

可见，无论是全国范围教学点的数量变化情况，还是各省、地区的相关个案，都说明了在学校布局调整过程中，农村教学点存在被盲目撤销的事实。教学点数量在近年来急剧减少，以及地方政府在布局调整规划中大量撤销教学点的举措，实际上并不符合布局调整政策的规范和原则，而是缺乏合理规划和谨慎思考的表现。很多地方村民反映上级领导回复的撤销教学点的原因在于"增加中心学校的学生数量，有助于获得更多的教育经费加强建设"，他们认为教学点是"质量低下的代名词，是迟早要被撤并的"。这些观点和理由都是急于追求中心学校的规模效益而忽视教学点作用的表现，不是一种客观、审慎的教育观和价值观。结果，这种"一刀切"式撤销教学点的做法给偏远农村学生带来了很多困难，也严重影响了农村教育的均衡发展。

（二）上学距离增大

盲目撤销教学点带来的最直接后果就是原本在教学点就读的学生要转到乡镇中心的完全小学或中心小学上学，他们上学的路程大大增加。尽管很多地区规定小学生的家校距离最远不超过 2 公里，但事实上，偏远山区学生的上学距离和上学时间都远远超过了规定的标准。有的学生要走十多里路甚至更远的崎岖山路，有的要过河、过桥、走山涧，有的孩子要 4、5 点钟就起床，上学路途花费的时间长达几个小时。从调研地总体情况来看

（见表4-2），学校布局调整后，六省区上学最远距离的内蒙古自治区（有的学生家住中蒙边境或边远牧区）达到250公里，其他省区也有100公里，这些最大值在调查样本中虽然是少数极值，但实际反映了一些地区由于布局调整导致学生跨区入学的情况；学生上学路上花费的时间最大值也达到10几个小时，这说明很多地区存在学生上学远不方便的问题。

表4-2　学校布局调整后六省区学生上学距离和时间情况（学校卷）

	省　区	最大值	最小值	平均值	M—值	有效数据	缺失值
陕 西	上学路程（公里）	100.00	0.07	8.5635	5.6984	2395	243
	上学时间（小时）	12.00	0.10	1.7657	1.2820	2350	288
广 西	上学路程（公里）	100.00	0.50	14.4220	11.2347	1704	142
	上学时间（小时）	14.00	0.10	2.8347	2.4585	1712	134
湖 北	上学路程（公里）	100.00	0.25	13.0540	10.9280	1475	179
	上学时间（小时）	8.00	0.25	2.1169	1.8337	1450	194
云 南	上学路程（公里）	200.00	0.00	20.1439	11.4914	2768	264
	上学时间（小时）	20.00	0.10	3.1979	2.8043	2737	295
河 南	上学路程（公里）	50.00	0.13	6.4083	4.4953	1495	159
	上学时间（小时）	4.00	0.10	0.9715	0.7807	1448	206
内蒙古	上学路程（公里）	250.00	0.25	44.4345	24.3441	515	134
	上学时间（小时）	7.00	0.15	2.0878	1.8154	493	156
合 计	上学路程（公里）	250.00	0.00	14.7374	8.6837	10352	1111
	上学时间（小时）	20.00	0.00	2.2827	1.7948	10190	1273

在后续调查中，广东省新丰县教学点和中心学校的最新调查数据显示（见图4-4—图4-6），大部分教学点学生上学步行一般小于2里，少部分教学点学生上学距离在2—5里，而步行距离在5里以上的学生均就读于完全小学；从学生上学的时间距离上来看，大部分教学点学生步行时间小于20分钟，小部分教学点学生步行时间在20—60分钟，步行时间在1小时以上的学生绝大部分属于完全小学或中心小学；因此，在"上学是否方便"的图示中，表示上学"不方便"或"很不方便"的学生大部分都属于完全小学或中心小学。可见，完全小学和中心小学的学生上学距离远大于教学点学生，因而他们觉得上学不方便。因此，农村学校布局调整

确实导致了学生上学路远、不方便的实际困难。

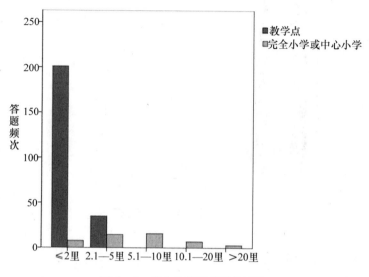

图 4 - 4 学生步行到学校的距离

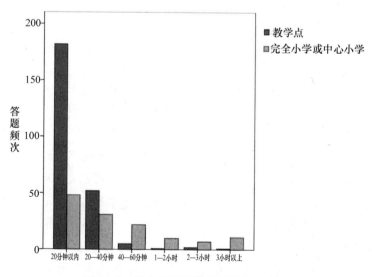

图 4 - 5 学生步行到学校需要多少时间

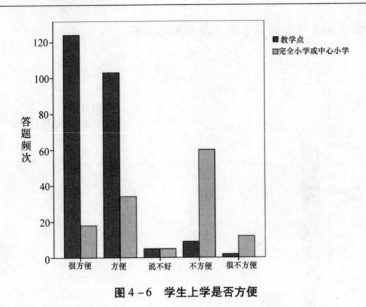

图4-6　学生上学是否方便

访谈个案也验证了这一事实。

　　内蒙古四子王旗红格尔中心学校校长在访谈中谈道：很多学生家离学校很远，有的学生离学校300多公里，这样的学生每学期回去1次，父母来接。牧区的孩子家庭条件很差，我们对这些孩子都是零收费的，因为如果对他们收费，他们就会失学。我们这里是靠天吃饭，这两年土地沙化严重，干旱少雨，再加上国家有禁牧的政策，牧民收入很低。因此，偏远牧区的学生上学路程太远，牧民又没有经济条件让孩子每周或每月往返家校，只能让孩子住宿，年龄小的孩子住宿很不方便，是布局调整工作中的难点问题。

　　湖北省石首市桃花镇中心小学的学生家长包车接送孩子，6—7个小孩合租一辆面包车。车费由家长出，具体标准是200元/学生/学期。家长签订两套安全责任书：一套是家长和学校签订；一套由家长和车主在交通监管局签订。目前全镇估计至少有400辆面包车在从事这项工作。另有一个村为了解决孩子上学过江问题，由村民自行在江上架了一座小木桥（若不架这座桥，孩子每天为了过江而绕的路程可达十几里）。这个村的孩子都在长江小学上学，该校老师与家长签订协议，放学时由老师护送孩子到桥边，家长接到孩子之后，由其带领自己的孩子过桥，老师不负责护送孩子过桥。无论是租车上学还是走路过桥，该校小学生都存在很大的安全问题，而这个最关键的问题仅仅靠家长与学校和包车司机签订责任合同来解决却是出于无奈，如果孩子出现人身危险，责任只能由家长承担，这样的合约其实并不能规避风险。

广西壮族自治区桂林市龙胜各族自治县瓢里乡上塘小学的服务范围为上塘村11个自然屯，最远的学生距离学校11里路。没有学生住宿。学生每天都回家。最远的学生要走2个小时，每天来回4个小时。有的学生要爬山，大约有500米高。有2个自然屯的学生要过河，河上有桥，但是桥上没有栏杆，存在很大安全隐患。如果发大水，可能会把桥淹掉。所以，一旦发大水，这两个屯子的学生就没办法上学了。学生中饭在学校里吃，但学校除提供热水外，没有条件帮助带饭的学生加热饭菜，条件好的学生用保温饭盒带饭吃，而大多数学生只能吃冷饭。

上述量化统计数据和个案访谈都证明农村中小学布局调整给偏远地区教学点学生带来的上学路远不安全的问题，而这又进一步导致学生学习成绩的下降。中央教科所的一项调查显示：学生在上学路上花费的时间越多，学业成就水平则越低。从图4—7中可以看到，以学业成就达到合格及以上水平为标准，上学路上花费时间为30分钟以下学生达到合格及以上水平的比例在四个学科中都明显高于30分钟到1小时和1小时以上的学生。特别是上学花费时间在1小时以上的学生达到合格及以上水平的比例均低于50%（除数学外），比上学路上时间在30分钟以内的学生低约15—30个百分点不等。[1]总之，农村学校布局调整在取得成效的同时，也由于政策执行过程中的急功近利而导致了偏远地区学生上学远的困境，由此也对学生的学习成绩造成了负面影响。这些问题都是教学点被大量撤销后教学点学生面临的实际困难。

---

① 田慧生、陈琴、任春荣：《国家社会科学基金"十一五"规划（教育学科）2006年年度国家重点课题"中小学生学业成就调查研究"》（http://www.jyb.cn/basc/sd/200912/t20091204_327943_4.html）。

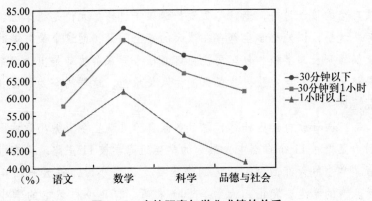

图4-7　家校距离与学业成绩的关系

（三）上学成本提高

教学点被撤销后，学生到离家较远的完全小学或中心学校就读，导致了上学成本增加。根据教育成本的定义，学生上学成本主要包括直接教育成本和机会成本。从直接成本的角度看，根据调查的实际情况，教学点学生转到中心学校上学后增加的直接成本主要包括住宿费、伙食费和交通费。以调研地陕西省南郑县黄官镇中心学校的学生情况为参照，在撤销教学点之前，学生在村里教学点上学，住宿和交通都不发生费用支出，只有伙食费约200元每学期，农村家庭基本是在家种菜种粮食，因此食物开销很小；而如果学生转到中心学校上学，住宿费、伙食费和交通费总共约920元甚至更多（见表4-3），有的学生家长为了节省上学时间和减少麻烦，到镇上租房陪读，如此一来开销更大。中西部六省区的家长卷数据统计显示（见表4-4和图4-8），被调查对象中有80.8%的家长认为撤并教学点后学生上学给家里带来了经济困难。从这些家长的职业身份来看，其中有71.2%的被调查对象是"在家务农"；排在第二位的是"外出打工"，占总数的13.4%；其他依次为经商、教师、医生和干部。可见，偏远农村地区绝大部分学生家长主要从事务农和打工两种职业。这类人群在经济上都处在弱势地位，学生转学后增加的教育成本无疑加重了他们的经济负担。杨东平也提出了相同观点："不顾实际的撤并学校，在一些农村地区尤其是山区减少了农村学生的入学机会，增加了学生的学习费用。"[1]

---

[1]　杨东平：《中国教育公平的理想与现实》，北京大学出版社2006年版，第73页。

表4-3 **教学点学生转到中心学校上学后增加的教育直接成本**
（以陕西省南郑县黄官镇学生情况为例）

支出项目	每学期增加的花销（元）	
	教学点学生	完小或中心学校
住宿费	0	80
伙食费	在家吃饭，<200	600
交通费	0	240
总计	<200	920

表4-4 **布局调整后学生上学是否存在经济困难（中西部六省区家长卷）**

	答题频次	百分比（%）	有效百分比（%）	累计百分比（%）
否	921	12.4	19.2	19.2
是	3872	52.2	80.8	100.0
总计	4793	64.6	100.0	
缺失值	2628	35.4		
总计	7421	100.0		

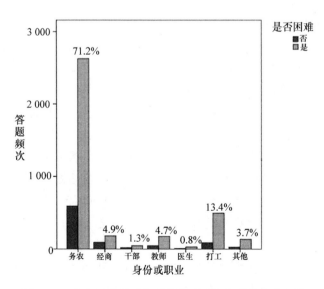

图4-8 六省区家长对布局调整后孩子上学是否有经济
困难的看法（以不同职业为对比）

还有研究者认为："布局调整不是在降低办学成本，而是地方政府在转嫁办学成本，即将原本应该由政府负担的办学成本转嫁到了农民家长身上，布局调整的代价是成本转移。从财政角度来看，撤点并校后成本是降低了，基建战线缩短了，但对农民来说成本增加了。"①

相关访谈个案也表明布局调整过程中撤销教学点后学生家庭经济负担加重的事实。

广西壮族自治区对于撤并学校，家长反映他们的年收入仅为400—500元，经济情况很差。孩子太小，基本没有自理能力，有的年龄小的孩子住宿夜里不敢一个人上厕所，甚至把大便拉到床上；有的孩子自己不会洗衣服，就把穿过的衣服积攒起来，周末背回家给家长处理，这样就需要给孩子多买换洗衣物，加重了家长的经济负担。

内蒙古四子王旗在当地属于经济非常贫困的地区，农民年人均收入2000元左右，但是刨掉支出（种子、化肥等）后所剩无几，不够用，因此学生基本上都是贫困生。每学期要交住宿费和伙食费的时候，学生交不了现金，只能拿米、面、山药来抵钱。当地牧民的经济贫困让孩子们上学承受很大压力，因此学校合并后偏远牧区教学点的撤销要十分谨慎。

陕西省安康市石泉县熨斗镇地处山区，农民一年的人均纯收入只有1310元，主要来源于粮食、秸秆等收入。家长接送孩子上学放学不仅每天长距离来回奔波，消耗大量的时间和精力，更重要的是每个家庭增加了一笔不小的开支。如，为了方便接送，有些家长专门买了摩托车、电动车，甚至还有很多家长不得已结伙高价租车接送孩子，这在很大程度上增加了农村家庭的经济负担。很多家长担心孩子上学路上不安全，担心孩子吃不好，责无旁贷地担当起"陪读"的角色。租房陪读的开销更大，每年的房租大概为600元，生活开销约2000元，这对于农村家庭来说是一笔不小的数目。

另一方面，从机会成本的角度看，偏远地区的孩子离开教学点去中心学校上学导致了教育机会成本增加。根据偏远农村学生家庭的实际情况，

---

① 刘贤伟：《农村中小学布局调整的负面影响》，《教育科学研究》2007年第8期。

学校布局调整后对学生产生的机会成本主要在于他们离家以后不能再从事农活或家务活。其中，家务活比较零碎难以计量；而农活可以用直接产出的实物数量来计量。从广西壮族自治区隆林县农村学生从事放羊这一农活的实例来看（见表4－5），以A—E五个学生为例，他们转到中心学校上学后，就不能在放学后帮家里放羊，家长由于忙于其他农活只能将家里的羊寄养在邻居或亲戚家里，相应的报酬按次年出生的小羊数量的一半支付给寄养人。因此，表中"2006年支付的小羊数量"就是这五个学生转学后增加的机会成本。在内蒙古自治区、云南边境县、陕西山区农村等地，我们同样发现适龄儿童在家庭农业活动中的重要作用。机会成本的增加对于偏远农村的贫困家庭来说，是他们生活成本中非常重要的一部分。舒尔茨在考察贫困地区的教育成本时曾经指出，儿童的机会成本"在其父母的心目中……不是无足轻重的"[①]。珍妮·巴兰坦（Jeanne H. Ballantine）也指出："在贫穷的国家和地区，由于孩子们需要帮忙做农活，所以家庭没有经济实力供他们接受幼儿园和小学教育，对他们来讲，生存比教育重要。"[②] 因此，相对于直接成本，机会成本可能在更大程度上决定着学生或家长的教育选择。这些地区家庭收入低，所以每个劳动力对维持家庭的运转都十分重要。

表4－5　　　　　广西隆林各族自治县个人畜牧中的机会成本　　　　单位：只

学生	放养（托管）的羊	2006年出生的小羊	2006年支付的小羊
A	6	3	1.5
B	23	8	4
C	18	6	3
D	32	12	6
E	56	26	13

需要指出的是，为了解决农村贫困学生上学困难的问题，中央政府颁布的"两免一补"政策在一定程度上缓解了部分学生家庭的经济压力。

---

① ［美］西奥多·W. 舒尔茨：《教育的经济价值》，曹延亭译，吉林人民出版社1982年版，第50页。

② ［美］珍妮·巴兰坦：《教育社会学：一种系统分析方法》，江苏教育出版社2005年版，第288页。

但是，由于我国中西部农村地区经济长期滞后，偏远农村地区贫困学生的实际数量远大于"两免一补"政策惠及的学生数量。因此，农村贫困学生上学面临的经济压力问题难以在短时期内彻底解决。就"两免一补"政策实施的过程来看，目前，"两免一补"受助学生人数由省级政府下达指标，通过市级政府下达到县教育部门，再由县教育部门按比例将其分配到各乡镇学校。名额十分有限，只有部分学生可以得到资助。以陕西省山阳县、淳化县等6个国家贫困县为例，六县中小学学生数量为309178人，其中贫困学生数量为108484人。而享受"两免一补"的学生仅占贫困生比例的30%—50%，其他50%以上的贫困学生得不到资助。① 本研究在其他中西部地区的调研状况也印证了这一事实。此外，由于县级政府也是"两免一补"政策的资金供给主体之一，其财政能力十分有限，导致资助的额度也难以满足贫困学生的实际需求。

（四）辍学率出现反弹

偏远农村学校的辍学现象具有复杂性，根据谢治菊对辍学率的界定，学生的辍学率可以分为隐性失学率和显性失学率。② 其中隐性失学率包括：（1）到校率低。由于偏远地区特别是山区交通不便，山路陡峭崎岖，很多学校的服务半径达到10里甚至几十里。而且遇到雨雪天或山洪暴发，学生难以保证按时到校。广西隆林自治县的老师谈道："很多孩子上学不是连续的，家里农活比较忙或者有其他事情的时候，孩子就不上学了。由于上学时间经常间断，所以很多学生跟不上正常的进度，这就导致了'留级'现象。还有很多学生在学期开始的时候到校报到，期末考试的时候参加考试，而在学期中间的大部分时间都不在校学习，当地把这些学生称为'函授生'。"（2）上学年龄推迟。限于特殊的自然地理环境，很多学生转学后路途遥远，遇到下雨山洪或泥石流，有些孩子需要涉水过河才能到校，再加上夏天毒蛇比较多，山里夜晚可能也有野兽出没，孩子的安全问题让学生家长忧心忡忡。大多数家长只能推迟孩子的入学年龄。（3）上课效率低。由于学生上学路程太远，很多学生走几个小时的山路

---

① 王冬妮、陈鹏：《西部农村"两免一补"政策实施中的问题及对策》，《社科纵横》2006年第11期。

② 谢治菊：《集中资源办学后边远贫困山区农村基础教育现状考察及思考》，《农村经济》2007年第9期。

到学校已经筋疲力尽，上课不能聚精会神投入学习，很大程度上影响了上课效率和学习效果。

显性失学现象指学生直接放弃学业而辍学。由于上学路途过于遥远而辍学的学生在偏远地区不在少数。据广西壮族自治区隆林各族自治县猪场乡中心学校的老师透露："辍学在这里非常严重。我们的小学常年保持在600人左右，而初中学生人数常年保持在200人左右，也就是每年毕业的100个小学生，之后60%—70%的人能够进入初中学习，还有30%—40%的小学生根本没有进入初中学习。而且，小学生流失率也比较高，大约20%的小学生最终没有读完小学就辍学了。进入初中学习的学生，大约40%的学生没有读完初中就辍学了。辍学的原因很多，但其中大多数学生是因为离家太远、上学不方便以及上学成本增加放弃了学业。"其他研究者也通过实地调查验证了这一点，如长顺县集中资源办学后儿童辍学率每年平均为10%—12%，该县长寨镇某村的适龄儿童有7人，但实际入学的只有3人。① 甘肃省一项调查显示：因边远山区农村居民居住分散、山区儿童冬季上学行路不便、有的学生年龄太小要人陪读等困难而辍学的有246人，占被调查人数的14.6%②。东北师大农村教育研究所2008年对甘肃等8省区农村中小学布局调整情况调研的结果表明，部分地区由于布局调整失当，辍学率出现反弹③。调研中一些农村家长表达了他们对布局调整过程中农村教学点尴尬处境的叹息："我们是山区，儿童住得分散，不便于集中，教学点不保留就变成了失学点了。"总之，农村学校布局调整过程中教学点被大量撤销导致的学生辍学现象已经严重影响了农村教育的健康发展。个案也印证了教学点学生到中心学校上学的艰难以及被迫辍学的情况。

广西南丹县八圩瑶族乡甲坪小学的周主任告诉我们，距学校最远的学生是那些住在四个"坨"的学生（坨在当地口语中是指那种四面环山、地形低洼的山沟），从四个坨到这里上学单程要走4个小时。如此遥远、艰辛的上学路程，学校很难成为学生们向往的地方。在广西龙胜县乐江乡

---

① 谢治菊：《集中资源办学后边远贫困山区农村基础教育现状考察及思考》，《农村经济》2007年第9期。

② 许开录、张守润、赵淑琴：《甘肃城乡义务教育均衡发展的对策研究》，《中国农村教育》2007年第6期。

③ 于海波：《农村学校布局调整要警惕辍学率反弹》，《求是》2009年第16期。

光明小学，我们了解到，有一位 6 岁的苗族学生小兰，家离学校有 7.5 公里，单程大约要走 3 个小时，而且由于村里没有与她同龄的孩子，大她几岁的孩子又不愿意跟她一起走（她年纪太小走不快），因此，每天只能自己一个人在山路上往返。学校的兰校长告诉我们，她只上了一个学期就不来了，"可能是太不方便了吧"。而且，由于路上占去了大量时间，这也不可避免地影响到学生的学习成绩。为了适应学生上学远的现实，学校必须推迟上课时间和提前放学。当学生在一天之中走了 30 多里路放学回家之后，已经没有更多的精力复习功课了。

二　教学点经费短缺、办学条件落后

一方面，在学校布局调整过程中大量教学点被撤销；另一方面，暂时保留下来的教学点仍然面临许多困境，其中，经费短缺与办学条件落后是最值得关注的两个问题。

（一）经费短缺

农村教学点所面临的经费短缺困境与我国农村义务教育经费短缺有着直接的关系，亦即我国农村义务教育经费短缺的现状直接决定了教学点经费的不足。此外，作为农村学校中最小单位的教学点，其经费短缺还涉及中心学校与教学点之间经费分配的问题。因此，对教学点经费短缺问题的分析应从总量短缺和分配性短缺两方面入手。

1. 总量短缺

我国农村义务教育经费短缺问题实际上早已存在。2000 年实行的税费改革客观上加剧了农村义务教育经费短缺的困境，当前实行的"以县为主"的财政体制也没能从根本上解决这一问题。我国的县级政府财力薄弱，尤其是中西部各县，基本上是"吃饭财政"，有些甚至是"半饥饿财政"。截至 2007 年年底，全国 2070 个县的地方财政一般预算总收入为 6115.5 亿元，而财政一般预算总支出为 13976.5 亿元，收入只占支出的 43.8%[①]。可见，我国县级政府的财政能力仍然十分有限。在我国中西部

---

① 中国统计局：《中国县（市）社会经济统计年鉴（2008）》，中国统计出版社 2008 年版，第 445 页。

一些地区，义务教育支出几乎都在县级财政支出中占第一位，有些县义务教育的支出已占县级财政支出的一半左右，甚至比重更大。匮乏的县级财政难以承担义务教育经费的重负，经费短缺已成为制约我国农村义务教育发展的瓶颈。

我国农村义务教育经费短缺主要表现为以下几个方面。

首先，公用经费不足。公用经费不足是义务教育投入总量不足的集中体现。目前，我国农村中小学预算支出主要包括两个方面，即基本支出（人员经费支出、公用支出、对个人和家庭的补助支出）和项目支出。其中，基本支出方面，教师工资占人员经费支出的绝大部分，特别是在我国中西部地区，教师工资支出甚至挤占了公用经费，其比例之大可见一斑。例如，据统计，2006 年湖北英山县教师工资支出为 5290 万元，占当年全县教育总投入的 88%，而用以维持学校正常运转的杂费和生均公用经费则十分有限；河南罗山县高店乡中心小学的校长算了这样一笔账——一所五百名学生的农村小学，合理的公用经费应为 15 万元/年，生均公用经费为 300 元/年。从去年起，河南省已经连续两次提高预算内农村小学的公用经费标准，加上免杂费补助金，目前生均公用经费能达到 176 元/年，即便如此，这个数字与实际所需相差仍近一半。调研中，其他地区的校长也反映了同样的问题——很多学校的实验器材、音体美教具等严重不足，图书陈旧，教师培训经费更是奢望。朱小蔓等人的调查结果也印证了这一事实：湖北省赤壁市财政小学生均公用经费为 127 元，其中小学预算内生均公用经费均为 15 元，有的学校自 1998 年以来从未增添过新书①。

其次，教师工资拖欠严重。调查得知，除国家标准工资外，教师的工资结构中，各种地方性补贴约占工资总额的 30% 或更高一些。但实际情况是，由于地方财政困难，中西部大部分地区教师工资中的这部分补贴不能得以落实，按政策规定的教职工应该享受的福利、待遇在一些国家级贫困县一概没有兑现。例如，陕西省南郑县高家岭中心学校的李老师这样说道："我们县财政很困难，对刚参加工作的老师连续 6 年只发半年工资，我 2001 年入编，直到 2002 年 2 月才领到工资，欠下的工资直到现在也没补上。我工作了两年，除每月 600 元工资外没有任何福利。2001 年学校

---

① "基础教育新三片地区教育发展水平研究"课题组：《湖北农村教育调研报告》，《教育研究》2006 年第 8 期。

购置电脑以及电脑升级，因为上面没给拨款，所以学校每个老师出钱集资，这些钱不知道什么时候能还给我们。"此外，甘肃省政协委员汪受宽也提供了典型例证——兰州市所辖三县及红古区共欠发教师地方性补贴1.1155亿元。2003年以前，我国农村中小学教师工资最多拖欠长达20个月之久，人均欠款2万—3万元之多，且一直无法兑现。实行"以县为主"的管理体制后，国家和省政府的转移支付仅限当年教师工资国标部分，历史欠账并不包括在内。目前限于财力的不足，教师工资历史欠账大多仍未能完全补齐——武威市所辖三县到2007年1月尚拖欠3282万元，定西市临洮县拖欠1700多万元。①

再次，危房改造资金缺口较大。实施新机制前，全国有相当数量的D级危房。新机制实施后，由于其按照折旧的方式核算危房改造经费，致使所核算出的经费与实际需求相去甚远，以至于形成巨大缺口。调查中发现，很多中心学校挪用危房改造资金进行校舍建设和寄宿制建设，而其他完小、教学点的危房数量很大，教室、食堂漏雨，宿舍年久失修等现象普遍存在。例如，陕西省南郑县高台镇中心小学2006年拿到危房改造资金45万元，修建校舍花费65万元，资金缺口29万元；石泉县危房改造资金缺口1200多万元。此外，陕西省勉县教育局局长也谈道："现在危房改造资金都是直接下放到学校，学校要修房或建房都要进行报批，需要项目管理费，但上面批下来的40万元专项款只能用于修房子，不能转为他用，其中项目管理费要占整个资金的10%，即4万元，这笔资金学校没有能力支付。"因此，危房改造资金短缺不仅表明了农村学校对经费的巨大需求，更揭示了教育经费供给的严重不足。

最后，教育债务难以偿还。农村学校欠债主要是指"普九"欠债。据教育部统计，全国农村"普九"欠债金额高达500多亿元②。债务形式主要有银行贷款、施工队垫款以及向教师和社会借款等。如我们所调研的陕西省石泉县，该县总计欠债1200多万元，其中20世纪80年代"普九"欠债700多万元，危房改造欠债500多万元；汉阴县欠债2600多万元；

---

① 狄多华、张鹏：《汪受宽：用法律规定政府职责落实农村教师待遇》，《中国教育报》2007年1月29日。

② 路甬祥：《全国人大常委会执法检查组关于检查〈义务教育法〉实施情况的报告——2007年6月28日在第十届全国人民代表大会常务委员会第二十八次会议上》，《中国教育报》2007年7月6日。

内蒙古武川县欠债4000多万元。农村学校"普九"债务问题已成为"新机制"实施过程中十分棘手的问题，据《中国教育报》报道：河北万全县全县"普九"欠债近1000万元；河北赤城县2002年"普九"欠债960万元。据万全县所在的张家口市2002年前后对全市"普九"欠债进行的粗略统计结果显示，所欠债款数额高达三个亿。据当地人士介绍，现在全市不用说还债，即使是如实弄清债务数额都是个相当困难的事情。①

　　2. 分配性短缺

　　我国农村义务教育经费总量短缺直接导致了教学点经费的不足，农村学校整体上办学经费不足意味着教学点势必无法逾越经费短缺的困境。而从另一个层面上来讲，教学点还面临着分配性经费短缺的困境。教育部《关于确保农村义务教育经费投入，加强财政预算管理的通知》中规定：农村中小学预算以学校为基本编制单位，村小（教学点）纳入其所隶属的中心学校统一待编。由此可见，从教学点与中心学校的关系上看，教学点从属于中心校，资金与行政管理均由中心学校负责。在当前我国农村义务教育经费总量短缺、农村中小学布局调整过程中各地将资金集中到中心学校建设上的大背景下，教学点面临分配性经费短缺的困境，具体来说主要表现为以下两个方面。

　　第一，教学点难以获得经费。在资源有限的情况下，农村中小学布局调整过程中，各地将集中资源建好中心学校作为工作重点。但实际中，中心学校危房改造、修建校舍、寄宿制建设等各项开支都需要大量资金，"普九"欠债、教师工资拖欠等诸多问题导致中心学校运转困难。如表4-6是陕西省勉县小砭河中心校（江阴希望小学）2006年的收支状况，从表中我们明显看出这所中心学校处于入不敷出的境况。这也是当前中西部农村学校生存状况的一个缩影。调研中，河南省禹州市浅井乡中心学校的校长向我们反映了经费紧张的问题——"普九"时为了达标，购买电脑、图书等欠下了很多债务，校长自己拿钱给学校垫支经费，会计卖掉家中的猪仔给学校垫钱买床（通铺）。总而言之，中心学校经费运转困难的状况使得它无力顾及教学点的资金需求。

---

① 《聚焦农村义务教育经费保障新机制》，《中国教育报》2007年4月21日第1版。

表 4 - 6　　　　　　　2005 年陕西省勉县小砭河中心学校收支状况

收入：40 元/生（生均公用经费）×215 人（学生数）+80 元/生（每学期学费）×20 人（学前班学生数）=10200 元。一年收入为：10200×2 = 20400 元。

日常运转开销：7000 元/年（包括办公用品笔、纸、笤帚等 2000 元；水电费 3000 元/年；老师奖励、买洗涤精、毛巾等 2000 元）；对 7 个贫困生零收费：一年学校垫支约 5000 元。共12000 元。

"普九"债务：10000 元。

危房改造：贷款 30000 元（为保证学校安全修院墙，校长、主任以私人名义贷款）。

预计基本建设支出：现在中心校加强建设最少还需要 40 万—50 万元，向上面报项目立项，现在已经确定要拨给学校 21 万，仍然不够。

资金缺口：约 23 万

　　教学点目前隶属于本乡镇的中心学校统一管理，根据调查，中心学校向下面各小学划拨资金是依据各个初小根据自身需求向中心校提出的资金申请数额，而非依据学生数，中心校再考虑实际情况后予以回复。而现实情况是，大多数中心学校负债运行，资金运转困难，很难满足教学点的资金需求。表 4 - 7 反映的是湖北省英山县陈岩教学点的收支具体情况，中心校每年给陈岩教学点的 100 元办公经费只能勉强维持最基本的日常开支。在这里一直任教的吴老师这样说道："以前学校没被撤并的时候，学校每年收取学生的学杂费有 2000 多元归自己支配，比较方便，也基本够用。而现在，向中心校申请厨房修缮和体育器材更新资金一直没有答复，这对教学点的发展是很不利的，连最基本的保障都没有。"广西百色骆马教学点也存在类似情况——该教学点按每学期每生 5 元的标准发放办公经费，刨去中心校扣去的每人 1.5 元，教学点最终得到的经费是每生 3.5元，全校总起来也仅有 100 多元钱。

表 4 - 7　　　　　　　湖北省英山县陈岩教学点的收支状况

收入：	每学期中心校给 50 元，一年 100 元。	
	享受"两免一补"学生：80 元/人×5 人 = 400 元	一年共 1400 元全部上交到
	没有享受"两免一补"的学生：100 元/人×4 人 = 400 元	中心校统一管理
	学前班学生：100 元/人×5 人 = 500 元	
需要支出资金：	100 元/年用于买圆珠笔、墨水、毛笔；电费；烟、瓜子用于招待上级检查人员。	
	厨房漏雨严重，需要修瓦，要 100 多元（至今未划拨资金）	
	体育器材需要更新，要 100 元（未划拨资金）	

　　根据课题组对广东省新丰县教学点的最新调查，该县农村教学点普遍

存在办学经费短缺的情况。对于"教学点办学经费是否短缺"这一问题，47 名教师中反映经费十分短缺的回答次数就有 25 次之多，占回答总次数的 53.2%；回答"短缺"的次数为 19 次，占回答总次数的 40.4%（见表 4 – 8）；对于"十分充足和充足"这一项则没有人选择。数据统计结果充分说明，教学点经费短缺这一问题是所有教师的共识。由于办学经费短缺，教学点的办学质量受到严重影响。在经费短缺程度这一问题上，教学

表 4 – 8　　　　　　　　教学点办学经费是否短缺（教师卷）

办学经费是否短缺	答题次数	百分比	有效百分比	累积百分比（%）
十分充足				
充足				
说不好	3	6.4	6.4	6.4
短缺	19	40.4	40.4	46.8
十分短缺	25	53.2	53.2	100.0
总计	47	100.0	100.0	

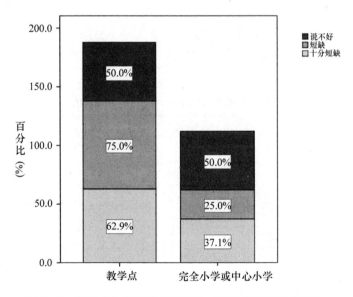

图 4 – 9　教学点办学经费是否短缺（广东省新丰县教师卷）

点要远远高于中心校和完小，如图4－9所示，教学点教师有75%的人选择经费"短缺"；62.9%的人选择"十分短缺"；而完全小学和中心小学的教师，选择"短缺"的占25%；选择"十分短缺"的占37.1%。由此可见，教学点面临着十分严重的办学经费短缺问题。

其他个案也同样表明了这一情况。如表10所反映的是丰城镇龙文教学点每学期的经费收支状况。广东省免除学杂费的标准为每学期每个学生补助144元，根据这一标准，龙文教学点每学期得到4896元补助费，再加上学前班收取的560元学费，总计为5456元。对于这笔仅有的资金，龙文教学点本身并没有支配权，而是由其所属的丰城镇中心小学统筹管理。然而实际中教学点每学期的支出项目种类很多，总支出金额最低也需要6300元左右。教学点的每笔支出都要由校长向中心学校财务部门列出明细、提出申请并等待批复（见表4－9）。该教学点校长谈道："由于中心学校的财务状况也十分紧张，所以对教学点提出的经费申请审核条件较为苛刻，批复时间长。在这种情况下教学点除了维持日常基本运转外根本不能追求改善和发展。"马头镇罗陂教学点的校长也说道："全县统一的小学生生均公用经费标准是144元/人，乘以22人，等于3168元，这些经费统一由中心学校管理，教学点需要哪些支出，要写申请（填写预算规划、明细表）给中心校领导，等待审批。这些钱根本不够用，但不敢超支，因为无力欠债。这样，学校的办学条件不可能改善。"调研中，其他教学点校长、老师也都持类似的观点——一方面，教学点没有收入，仅

表4－9　　　　　　广东省丰城镇龙文教学点一学期办学经费情况

收　入		144元/人（生均公用经费）×34人（学生数）＋80元/人×7人（学前班人数）＝5456元。统一上交中心学校管理
支出	办公用品	教师用书，粉笔等，共3000元
	招待上级领导检查	1000元
	修缮校舍	300元
	购买体育器材	300元
	水电费	1200元
	教研活动等	包括公开课，少先队活动等，500元
	合计	6300元

仅靠生均公用经费维持运转；另一方面，仅有的公用经费也要向中心学校申请才能获得。由于学校收入没有增加，加之物价不断上涨，支出却相对增多，教学点经费短缺状况日趋严重。

第二，教学点教师工资低。"一师一校"、多则4—5位教师是目前大部分教学点的现实状况，这些教师中的绝大多数是代课教师，少部分为"民转公"教师。根据我们的调查得知，教学点的代课教师平均工资为每月300—500元，教龄短的公办教师月工资也只在600—700元左右。据教育部统计数据显示，全国农村尚有代课教师36万名，这些教师大多工作在偏远山区，特别是偏远地区的教学点，由于派不进足够数量的公办教师而只能低薪聘请代课教师。在很多地方，代课教师的工资还不足公办教师工资的1/3。工资发放方式方面，公办教师的工资由县财政统一发放，而代课教师的工资则由其所在的中心校自行解决。目前，教学点的教师大多是代课教师，他们的工资由中心学校负责，教学点教师的工资在中心校经费短缺的情况下很难提高。陈岩教学点吴老师这样说道："我们这里山区很穷，中心校也没钱，2006年之前我的工资一直在300元以下，直到今年我每月能拿500元。这是因为中心校有一位老师病休，只拿70%的工资，剩下的30%大概有300元校长给了我，然后再从学校公用经费中挤出200元，一共给我500元。"

（二）办学条件差

办学条件差一直是制约我国农村教育发展的重要原因之一。根据国家教育发展研究中心对我国的农村中小学抽样调查结果显示，在样本学校中，37.8%的小学和45.1%的中学存在课桌椅残缺不全的情况；59.5%的小学和70.3%的初中存在实验教学仪器不全的情况；23.3%的小学和35%初中教室或办公室存在危房；32.55%的小学和35%的初中教具（墨水、纸笔、粉笔等）不足。[①] 教学点作为我国农村学校的一种办学形式，其办学条件不容乐观。通过调查，我们发现目前大多数教学点的办学条件仍十分落后，具体表现在以下三个方面。

1. 校舍陈旧短缺

调研中我们发现我国农村大部分教学点的校舍都建造于20世纪50年

---

① 苗堵周：《当前我国农村教育存在的问题及其应对》，《中国教育学刊》2005年第5期。

代至 70 年代之间，或者由当时的寺庙、祠堂改建而成，这些建筑如今大部分已成危房。如广西隆林各族自治县猪场乡猪场村半坡屯教学点，该教学点目前有 1 名老师和 20 名学生，校舍是一间小木房，里面摆放着十几张桌子和一块黑板，十分原始、简陋；陕西省石泉县迎风镇三个教学点的校舍建筑均为土木建筑，十分陈旧、危房比重很大，据了解，目前三个教学点危房面积几乎占到全校建筑面积的 50%（见表 4－10）。又如表 4－11 所示，云南、广西等中西部五省份的农村小学危房面积均高于全国平均值。这些省份均属于中、西部落后地区，教育发展滞后，教学点数量庞大，这些地区教学点的危房比例在当地学校中几乎是最高的。

表 4 – 10　　　　　　　　陕西省石泉县迎丰镇教学点基本情况

	教师数（人）	学生数（人）	占地面积（平方米）	建筑面积（平方米）			
				砖混	砖木	土木	危房
红花小学	3	36	520	—	—	200	100
迎兴小学	1	16	432	—	—	232	136
香炉沟小学	1	16	335			265	120

资料来源：根据《2006 年石泉县迎丰镇小学布局调整实施方案一览表》整理所得。

表 4 – 11　云南、广西等中西部省份的农村小学办学条件①

	全国平均	云南	广西	四川	河南	安徽
教学点数量（个）	2500	13946	10581	8719	4658	2879
危房面积（平方米）	652931	4521689	1073225	2385096	1459106	1167408
计算机（台）	56202	30697	25428	74753	85559	46319
语音室（个）	31869	114611	13701	21935	65089	21805

资料来源：由《中国教育统计年鉴（2008）》相关数据整理所得。

除校舍陈旧外，教学点还存在用房短缺状况。调研中我们发现，许多教学点教师的宿舍中间用帘子隔开，宿舍兼做办公室；有些教学点年级较多，会议室、实验室、大队部活动室等都同在一间房子里，当地教师称之

---

① 　限于各地没有教学点办学条件的直接统计数据，表 4－9 采用农村小学办学条件的相关数据。表中列举的五个省份均属于中西部落后地区，这些地区农村教育发展滞后，教学点数量庞大，农村小学办学条件情况在很大程度上也反映了教学点的情况。

为"四部一室"；很多教学点没有食堂，甚至有些教学点给学生热饭的厨房均为危房，中午学生们只能蹲在教室门口吃饭，这与我们调查的多数教学点学生中午留校吃饭的情景大致相同。其他研究者所做的调查同样也证实了这一情况——位于青藏高原东南缘的四川省盐源县属海拔高程地带，由于彝族居住分散，导致该地区一师一校型教学点数量十分庞大，学校办学条件非常落后。该县把折乡的一所村级教学点只有几个学生和一间校舍，该校舍是用几根木头和茅草搭建的茅草屋，在遇到刮风下雨的恶劣天气时教学活动便无法进行，到了冬天，教室内外气温相差无几，学生衣着单薄，很难集中精力学习。[1] 这些情况都表明了教学点用房短缺的事实。

2. 教育教学设备不足

教育教学设备大体上分三类：一是纸张、铅笔、笔记本及练习本、粉笔等；二是基本器材：桌椅、黑板等；三是教学用品及设备：教科书、指导材料、图表、地图、视听及电子教具（硬件、软件）、科技设备和体育运动设施。[2] 当前，教学点教学设备不足主要指的是上述第三点，即教学用品和设备的短缺，对各个地区教学点实地调查的结果同样也证实了这一点。目前，我国很多农村教学点基本上还是"一支粉笔打天下"的状况，老师上课只是课本、粉笔及黑板的传统结合，根本没有相应的图表、地图，更没有视听及电子教具，实验器材配备难以达标。如陕西勉县小河庙乡中心小学的教育干事罗老师谈道："目前学校仅有的教学设备就是一个数学教具箱和一个自然教具箱，中心小学 10 个班只有 1 台计算机，上级要求的 2007 年完成实验教学的任务难以实现。学校下属条件最差的张家河教学点几乎没有任何电教设备。体育器材同样短缺——篮球和乒乓球算得上是少数教学点学生'最高级'的体育项目，大多数教学点学生在体育课和课间的主要活动是做'老鹰捉小鸡'之类的不需要任何器材的游戏。"

如表 4－12 所示，以广西壮族自治区荔浦县新坪镇清江教学点为例，除了基本的教具（课桌椅、黑板、粉笔）之外，其他现代化的教学设备如录音机、幻灯机、电脑等均没有配备；文体器材方面，该教学点仅有一

---

①　陈晓莉：《凉山自然地理环境对彝区基础教育的直接影响》，《科技信息》2008 年第 12 期。

②　雅克·哈拉克著，尤莉莉、徐贵平译：《投资于未来——确定发展中国家教育重点》，教育科学出版社 1993 年版，第 219 页。

个足球、一个篮球、若干乒乓球和跳绳，课间，学生们可以在教室前面的小操场进行体育活动；自然实验器材方面，学校的拥有量为零，根据该校老师介绍——只有完小或中心校配备有自然实验器材，教学点由于学生人数少，相关课程也少，一般不给配置。丁克贤的研究也验证了教学点教学设备不足的事实："村小（教学点）教学设备单一，数量少，不能维持正常的教学活动，学校里教具用得最频繁的是圆规、三角尺。由于经费短缺，学生和老师只能用萝卜、土豆、泥巴等自制教具如陶罐、铁罐、长方体、正方体。"①

表4－12　　　　　　　　　学校教学仪器情况

教学用品：录音机0，幻灯机0，电视机0，教学挂图1，地图1，珠算1
电脑0，手风琴0，脚踏风琴0
体育器材：乒乓球若干，乒乓球台1，跳绳2，篮球1，篮球筐1，排球0，足球1
实验器具：自然课实验药品0，玻璃器皿0，天平0，弹簧秤0，显微镜0

3. 远程教育资源利用效率低

将远程教育问题单列是基于教学点地处偏远的客观实际以及远程教育对教学点教育教学的重要性。远程教育为我国偏远地区教学点的学生搭建了享受优质教育的平台，为提高教学质量发挥了重要作用。远程教育的主要形式是电化教学，即"在教学中运用现代教学媒体，并与传统教学媒体恰当结合，传递教学信息以实现教学的优化"②。由于作为远程教育重要载体的电教设备在很多偏远地区依然短缺，因此远程教育无法在最需要的地方得以充分利用。表4－11是关于中西部六省农村小学计算机数量的统计数据，它在一定程度上反映了中西部落后地区农村小学电教设备短缺、远程教育难以推行的状况。对新丰县教学点的调查数据显示，仅有8.89%的教师表示其所在的教学点配备了电脑，91.11%的教师反映教学点没有电脑（见图4－11）。而所有回答"已经配备电脑"的教师都反映，这些教学点由于资金短缺，无法承担开设电脑课程所需的电费而不敢使用电脑教学。

---

① 丁克贤：《农村贫困地区学校教学基本情况调查研究——以甘肃省陇南地区某村小A为例》，《基础教育改革论坛》2008年第6期。

② 王道俊、王汉澜：《教育学》，人民教育出版社2000年版，第300页。

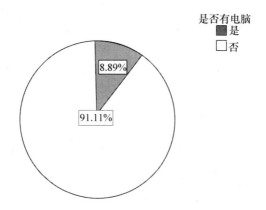

图4-10　教学点是否配备了电脑进行远程教学（根据新丰县调研数据整理）

调查中，我们发现教学点远程教育方面更值得关注的问题是很多学校配备的电教设备难以得到充分利用，甚至闲置，这不仅是极大的教育资源浪费，同时对教学点教学质量的改善没有任何帮助。徐海峰在支教期间也切身感受到了这一问题："下川小学有一个会议室，里面配有远程教育接收机和实物投影仪，一般情况下是不会去用这些先进设备的。"① 事实上，偏远地区教学点远程教育难以推行的问题与教学点教师素质不高、教学技能落后等一系列问题是并存的，而非单独存在。相关研究表明：无论是发达国家还是发展中国家，视听设备影响教学的最重要因素是教师及其要在技术领域闯一闯的愿望，教师的惰性或者抵制使用这些设备往往是各项计划失败的最主要原因；第二个因素是要拥有高质量的软件；第三个是学校的组织机构形式。② 当前我国农村教学点师资水平较低，很多教师认识不到远程教育对教学所起的积极作用、不具备操作电教设备的技能，诸如此类的因素使教师这一推行远程教育的最关键变量不能发挥其应有的作用，这必然导致教学点远程教育无法推行。此外，很多学校的校长认为远程教育就是应付上级检查以及设备达标的工具，而非日常教学的手段，因此，学校其他人员尤其是校长对远程教育的认可等组织环境也影响到远程教育的实施。

---

① 徐海峰：《在支教的日子里》，《中国教育报》2007年5月4日。
② ［法］雅克·哈拉克：《投资于未来——确定发展中国家教育重点》，尤莉莉、徐贵平译，教育科学出版社1993年版，第240页。

三　教学质量存在隐患

教学行为和教学效果直接体现了教学质量的优劣。前者主要指教师在教学活动中的行为，通常体现在教学方法、教学能力、教学态度、教学资源利用效率等几个方面。后者主要指教学的最终效果，即学生在学习成绩、行为、能力等方面的变化。[①] 从教学质量的体现形式来看，教学行为即是衡量教学质量的标准，也是影响教学质量的重要因素。教学行为中的各个要素同样也是影响农村教学点教学质量的因素。目前，给教学点教学质量带来负面影响的因素主要集中在三个方面：第一，师资水平低；第二，很多教师仅仅靠花费更多的教学时间和付出更多的精力来保证教学质量而不能真正掌握复式教学的实质；第三，教学资源利用效率低。

（一）师资水平低

农村教师整体素质不高长期制约着农村教育的发展，而工作条件差的中西部偏远农村地区更是吸引不到优秀教师，在教学点任教的老师一般都年龄老化、学历低、知识结构陈旧，因此，师资水平低是教学点面临的最紧迫问题之一。正如菲利普·库姆斯（Philip Coombs）所言："发展中国家农村地区常常像半干旱的教育荒漠一样没有教育质量可言，不但教师通常都是水平最低的，而且贫穷儿童的比例也很高，这些儿童真正需要最好的老师，然而他们却是最后才得到。"[②]

1. 年龄老化

目前，农村教师主要由三类人员构成：民师转正人员、近几年毕业的大中专学生和代课教师。其中除大中专毕业生和部分年轻代课教师之外，其他均是老龄教师。在中西部农村地区，教师年龄老化问题更为突出。如湖北英山县有教职工 3656 人，50 岁以上的教师 496 人，占教职工总数的13%；36—50 岁的有 2105 人，占教职工总数的 58%；35 岁以下的教师仅占 29%。该县小学教师平均年龄已达 51.2 岁，一些偏远小学如河畈小

---

① 顾明远主编：《教育大辞典（增订合编本）》，上海教育出版社 1998 年版，第 1719 页。
② ［美］菲利普·库姆斯：《世界教育危机》，赵宝恒、李环等译，人民教育出版社 2001 年版，第 126 页。

学13位老师的平均年龄已经超过了54岁。云南省石林县大可乡水尾小学9个老师年龄全部在40岁以上。广西桂林兴安县华江乡同仁小学5个老师的平均年龄是49岁,年龄最小的41岁,最大的52岁。此外,很多地区出现教师空档断层现象,主要集中在28—45岁年龄段。在大部分偏远地区,即便是小学教师,平均年龄也都在40岁以上,甚至达到50岁。而条件更差的教学点,其教师平均年龄较之完小和中心校有过之而无不及。

　　广西六个县教学点教师年龄的情况同样反映了农村教学点教师年龄老化的问题(见表4-13)。广西兴安、南丹等六县的教学点教师平均年龄均超过40岁,其中最高达51岁(龙胜县瓢里乡上塘小学),最低也有42岁(那坡县坡荷善何异布小学)。教学点教师年龄老化问题不仅在"八山一水一分田"的广西较为普遍,在课题组调研的其他中、西部地区也是如此。而且,很多教学点教师是土生土长的本地人,在20世纪七八十年代"普九"早期就已成为村小教师,在农村教师队伍长时期得不到更新的情况下,工作条件较差的教学点一直是靠这些"本地教师"支撑,目前这些教师的年龄正逐步老化。同时需要指出的是,教学点教师中大龄教师一般为公办教师;一些教学点由于地理位置偏远留不住公办教师只能临时聘请代课教师,这些代课教师大多是本村高中毕业在家待业的青年,且多为女性。

表4-13　　　　　广西六县部分教学点教师年龄情况

	所隶属中心校	教师数量(人)	平均年龄(周岁)	最高年龄(周岁)	最低年龄(周岁)
兴安县华江乡同仁小学	兴安镇中心校	5	49	52	41
南丹县吾隘镇丹炉小学	昌里小学	1	45	——	——
荔浦县杜莫镇六部小学	龙珠小学	6	45	50	42
龙胜县瓢里乡上塘小学	瓢里乡中心校	4	51	55	40
那坡县坡荷善何异布小学	坡荷中心校	1	42	——	——
隆林县猪场乡半坡屯小学	猪场镇中心校	1	50	——	——

2. 学历低

教学点教师学历低的问题与农村教师队伍整体素质不高、学历达标率低的状况是分不开的，从某种程度上说，教学点教师学历低是农村教师整体状况的一个缩影。课题组调研的河南、湖北等中、西部六省农村小学专任教师的学历情况显示，除内蒙古自治区以外，其他五个省份农村小学专任教师学历在高中阶段毕业及高中阶段毕业以下的数量均高于全国平均值，个别省份如河南农村小学教师高中阶段毕业的人数甚至为全国平均值的3倍（见表4-14）。又如河南省许昌市，全市小学专任教师学历达标率仅为44.2%，高中毕业及高中阶段毕业以下的教师达12897人，占全部教师人数的55.80%。其中襄城县达标率最低仅为32.77%。① 这些学历低的教师大部分任教于偏远地区学校，特别是偏远农村地区的教学点，可见中西部地区农村学校教师学历整体不高的情况直接造成了教学点师资水平低的现实。

表4-14　　　　　中西部六省农村小学专任教师学历情况　　　　（单位：人）

	全国平均	云南	广西	河南	湖北	陕西	内蒙古
高中阶段毕业	38881	52072	57810	137733	50795	39499	15405
高中阶段毕业以下	1148	4785	2236	2045	1640	1401	440

数据来源：由《中国教育统计年鉴（2008）》整理所得。

具体来讲，教学点教师学历低的问题尤为突出。农村教师主要由民师转正人员、代课教师和近几年毕业的大中专学生构成。其中民师转正人员指的是20世纪80年代以来被录用转正的1984年年底以前聘任的民办教师，他们大都出生于本村或本乡，是农村特别是偏远地区农村和山村教师的主体。如今偏远地区村办小学的局面已不复存在，这些教师又重新成为教学点教师的主体。如陕西省南郑县，小学民转公教师占教师总数的55%，在中心小学以下的农村小学（大多数为教学点）占78%；内蒙古武川哈拉合少中心学校下属的2所教学点共4名教师全是民转公教师。他们大多第一学历为高中或初中毕业，其中许多教师的中小学是在"文化大革命"中度过的。尽管这些教师在农村教师学历达标的要求下通过各

———————————

① 数据来源于《2005年许昌市教育事业统计提要》。

种途径如自学、函授、"三沟通"等形式（大多是本县进修）获得合格学历，但这种学历合格状况与正规的大中专毕业生相比具有本质上的差别。他们并不具备与现代教育教学相适应的学科基础和技能，这种名不副实的"后取学历"实际上是教学点教师"学历低"问题的重要表现之一。吕国光的调查也显示：294 所教学点的教师中，学历达标率仅有 48.5%（见表 4 - 15）。

表 4 - 15　　　　　　　　　教学点与中心学校教师情况对比

类别	教学点	中心小学
性别比例（男/女）	414:61	152:134
平均年龄（单位:岁）	41.2	32.1
平均教龄（单位:年）	19.1	11.3
学历达标率（单位:%）	48.5	89.9
县级以上骨干教师比例（单位:%）	4.8	12.2
代课教师比例（单位:%）	34.8	8.4

　　数据来源：吕国光：《中西部农村小学布局调整及教学点师资调查》，《教育与经济》2008 年第 3 期。

　　此外，代课教师仍大量存在于教学点。根据国家教育督导报告的数据，2007 年，全国中小学仍有代课人员 37.9 万人。其中，小学代课人员 27.2 万人，87.8% 以上分布在农村地区[①]。在这些代课教师中，大部分代课教师任教于农村教学点。2000 年我国曾为民办教师办过一次转正，其目的是让"民办教师"这个称谓成为历史。但事实上由于农村教师队伍存在结构性短缺问题，偏远地区、贫困地区、山区学校，特别是教学点派不进足够数量的公办教师，只能聘请代课教师。如我们调查的陕西乾县，目前全县仍有 4000 名代课老师，占教师总数的 50%，且大多分布在教学点；又如表 4 - 16 所示：湖北省石首市桃花山镇共 7 所小学和 3 个教学点，教师总数为 85 人，其中代课教师有 31 人，占教师总数的 36.5%，而且据当地中心学校校长介绍，3 所教学点教师 90% 以上都是代课教师。吕国光对 4 县 294 个教学点的调查也表明了教学点代课教师比例高的情

---

　　① 《国家教育督导报告 2008（摘要）》，《中国教育报》2008 年 12 月 5 日第 2 版。

况，其调查样本中，教学点代课教师比例高达 34.8%，而中心学校只有 8.4%（见表 4-15）。

表 4-16　湖北省石首市桃花山镇小学和教学点代课教师情况　　　（单位：人）

	小学数	教学点数	小学专任教师数	其中代课教师数
合计	7	3	85	31
镇小学	4	—	38	—
小石桥联小	1	1	16	10
鹿角头小学	1	1	14	10
长江小学	1	1	17	11

数据来源：湖北省石首市《2004 年桃花山镇普及九年义务教育基本情况汇总表》。

　　代课教师的结构特征主要表现为：代课教师的来源基本是落榜的初中、高中毕业生，选拔没有经过教育主管部门审核；没有受过系统的师范专业教育和职业培训；大都分布在"老、少、边、山、穷"地区，教龄长，年龄偏大；农村代课教师负担重，其身份多数是农民，有责任田，往往处于半耕半教状态；代课教师多数为女性。[①] 这些特征与课题组调研地区的教学点代课教师特征是相符的。总而言之，代课教师的数量及其结构特征都表明了农村教学点师资水平落后的事实。虽然在偏远农村教育第一线同样有很多教学经验丰富、兢兢业业的优秀代课教师为农村教育撑起半边天，但是，目前偏远农村教学点大量代课教师学历结构良莠不齐、不能保证教育教学质量，这些问题无疑是教学点师资水平低的重要方面。

　　3. 知识结构陈旧

　　教学点教师知识结构陈旧，主要体现在，教学点教师大多为本乡、本村民办教师转正人员或是代课教师，由于他们常年在偏远地区工作，没有接受过系统的教师教育，所以基础一般较差，加之信息闭塞、缺乏培训机会，导致其知识结构陈旧又难以更新。

　　首先，教学点教师大多是本乡或本村的民师转正人员和代课教师。有调查表明：边远地区小学教师几乎 95% 以上来源于本乡，50% 以上来源

---

　　①　国家教育发展研究中心：《教师何时告别代课》，《中国教育报》2005 年 3 月 20 日。

于本村。① 这些教师本身起点低，虽然经过近年来的学历补偿教育和在职培训，民转公教师学历达标率有了提高，但是限于大多数培训质量不高，教师实际教学能力和整体素质并没有因此得到同步提高，大多数教学点教师知识结构依然陈旧、信息滞后。另外，代课教师知识基础差，没有接受过系统的师范专业教育，因此教学能力和水平偏低，这种情况在偏远地区学校特别是山区教学点尤为普遍。如课题组其他成员在广西南丹县调研期间，感触很深的一点就是："在走过了这么多学校之后，发现中心小学与村级完小的教师大都很年轻、有活力。而下面教学点的教师则年龄偏大，长期单独待在一个地方，有的地方一年半载都不会与外界接触，这些老师看起来显得有些紧张和木讷。"陕西省勉县张家河教学点钟老师谈道："我们这里很多老师好几年都没去过县城，有的老师一辈子没见过高速公路和火车。绝大多数老师看不到《人民日报》和《中国教育报》等报刊，观念跟不上，教学方法也很难提高。"

其次，教学点教师培训机会很少。新课程改革背景下，各地启动了中小学教师培训，然而一个教师参加培训的经费动辄就成百上千元。国家规定教师培训费用由地方负责，单支单列。但是，在目前"以县为主"的农村教育投入体制下，县财政根本无力专项列支继续教育经费；农村学校在实行"一费制"以后，学校可支配的收入较少，无力负担教师培训费用，农村教师培训费用基本按照"谁受益，谁负担"的原则由教师本人承担。目前，农村教师的收入水平根本无法承受每次四五百元的培训费用，对于教学点教师来说更是望而却步。陕西勉县元墩小学官老师谈道："县里好几次进行新教材培训，但培训时间短、收费高，效果却很有限，培训内容与实际结合不多。培训都是我们自己掏钱不给报销，培训几天要四五百元。很多老师都认为培训根本没有实质效果，但却似乎成了向老师们摊派的一种形式。"因此，培训费用最终转嫁到教师身上且质量不高的农村教师培训计划对教学点教师几乎是没有意义的，也无助于其知识结构的更新和教学水平的提高。新丰县教学点的调研数据也表明教师培训机会少之甚少，在被调查的教师中只有18.6%的教师表示曾经参加过培训，另外有4.7%和74.4%的教师反映"不经常"或"很少"参加培训（见图4-12）。其中参加培训的教师基本都是县级以下学校组织的培训，

① 唐松林：《中国农村教师发展研究》，浙江大学出版社2005年版，第212页。

质量不高。由于地处偏远以及上级领导不重视教学点的发展，他们很少有机会参加县级以上部门组织的教师培训。

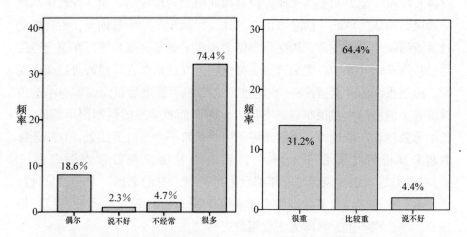

图 4-11　教学点教师参加培训情况　　图 4-12　教学点教师教学任务繁重与否

（二）教学方法的运用过于依赖教师的个人能力

教学方法是指"师生为完成一定教学任务在共同活动中所采用的教学方式、途径和手段"①。教学方法的充分合理运用是教学过程中关键的一个环节，是提高教学质量的重要保证。总体上来看，由于教学点教师一般年龄偏大、学历低、缺乏培训机会，因此导致教师在教学过程中对教学方法的运用过分依赖于其个人能力的发挥而非系统教学方法的掌握。

首先，教学点教学质量的保证过分依赖教师的奉献精神是有潜在危机的。由于教学点学校规模小、教师数量少，因此大部分教学点教师要承担繁重的教学任务和管理工作，一个老师负责一个班级所有科目教学的现象很常见。此外，很多偏远山区教师还承担着帮助学生热饭以及送学生回家等工作，这无疑给他们带来了沉重的工作压力和负担。如图 4-13 所示，新丰县教学点教师在回答"教学任务是否繁重"的问题时，回答"比较重"和"很重"的比例总和高达 95.6%。这说明教学点教师的工作负担和压力是很大的。因此，单纯依靠教师的敬业精神来提高教学点的教学质量是缺乏持久动力和保障的。

----

① 顾明远主编：《教育大辞典（增订合编本）》上海教育出版社 1998 年版，第 1696 页。

　　其次，由于一些教师没有熟练掌握教学方法，因此在教学过程中暴露出教学枯燥死板的问题，从而影响教学质量。教学点教师数量少，很多教师是全权负责一个班的所有课程，为节省人力物力，课表安排十分紧凑，如表4-17所示新丰县龙文教学点三年级课程安排情况，周一到周五上午和下午第一节课全部是数学课或语文课，每天下午后两节是文体科目或班会。这样的安排容易导致学生对教学内容感到枯燥乏味，同时也导致教师因教学疲劳而影响教学效果。另外，音体美等科目课程并没有专业的老师来讲授，体育课通常是让学生在教室外玩耍、打球等；美术课则是学生参照美术课本临摹；音乐课由老师带领学生唱一些流行歌曲。由此可见，基础学科课程课时的安排过于连续和密集以及由于师资短缺导致的文体科目课程的难以开展都给教学点教学质量带来了负面影响。

表4-17　　　　　　　　新丰县龙文教学点三年级课表

		星期一	星期二	星期三	星期四	星期五
上午	1	语文	数学	语文	数学	语文
	2	语文	数学	语文	数学	数学
	3	数学	语文	数学	语文	语文
	4	数学	语文	数学	语文	语文
下午	1	语文	体育	数学	语文	数学
	2	科学	心理	品德	体育	美术
	3	班会	活动	音乐	廉洁修身	实践活动

　　最后，一些教师没有真正领会复式教学的实质。复式教学的"将两个年级以上学生组成一个班级的教学。其特点为同时分班教授。适用于人口居住分散，交通不便地区的学校"[①]。很多教学点采用复式教学方式，虽然调查中教学点教学质量是优于其他完全小学或中心小学的，但还是存在一些问题——很多教师只是根据自己的经验和个人的悟性去实施复式教学，他们没有机会接受新的复式教学理念的培训，对于如何备课、如何实施垂直互动模式[②]、快乐教学[③]、动静结合等方法仍然缺乏良好的训练和应用。孙冬梅等的研究也验证了这一点："复式课堂教学中教师很少使用

---

① 顾明远主编：《教育大辞典（增订合编本）》上海教育出版社1998年版，第916页。
② 汪琴：《复式教学中"垂直互动"模式的运用》，《小学教学研究》2008年第5期。
③ 易海林：《复式教学中的快乐教学》，《陕西教育》2004年第10期。

目光接触，大多使用语言交流，课堂管理技巧有些欠缺，教学方法较单一；课堂活动中，缺乏儿童自己动手实践操作，儿童几乎没有学具。个别老师复式课堂教学的教学思路不够清晰，使用的仍然是单式班教学方法。"① 这与教学点经费短缺和办学条件落后是相关的，教师没有培训机会去学习新的教学理念，因此不能很好地掌握复式教学方法，这一系列的问题都给教学点教学质量带来潜在的隐患和威胁。

（三）教学资源利用效率低

教育资源利用效率，从宏观角度讲，是指整个社会全部教育活动的投入产出状况，或国家为教育部门多投入的资源的利用效率；从微观角度讲，即探索一定部门、一定地区或学校教育活动中的投入产出状况，特别是学校教育过程中的教育资源的利用效率。② 教育资源利用效率的单项考核过程中，主要包括人力资源、物力资源和财力资源的考核与评估。本研究讨论的教学点教学资源的利用效率问题，其中"教学资源"是包含在"物力资源"中的子项目，指的是教学过程中所需的固定资产，包括仪器、仪表、电教设备、图书资料、文化设备及其他教学用具。此处我们以自然教具箱、数学教具箱、体育器材、音乐器材和美术器材等教学资源作为分析的对象。每一项教学资源平均利用率的计算公式如下，即它们各自的实际利用时数除以核定年度利用时数的值乘以百分之百。

　　自然教具箱平均利用率＝（自然教具箱实际利用时数／自然教具箱核定年度利用时数）×100%

　　数学教具箱平均利用率＝（数学教具箱实际利用时数／数学教具箱核定年度利用时数）×100%

　　体育器材平均利用率＝（体育器材实际利用时数／体育器材核定年度利用时数）×100%

　　音乐器材平均利用率＝（音乐器材实际利用时数／音乐器材核定年度利用时数）×100%

　　美术器材平均利用率＝（美术器材实际利用时数／美术器材核定

---

① 孙冬梅、孙蕊林、彭文涛：《西部农村小学复式教学的调查研究——以甘肃 L 县为例》，《上海教育科研》2008 年第 9 期。

② 范先佐：《教育经济学》，人民教育出版社 2001 年版，第 261 页。

年度利用时数） ×100%

目前，我国农村教学点的教学资源利用率很低，甚至很多教学点不具备教学资源，即教学资源利用率为零。根据上述公式计算出的新丰县梅坑镇梅坑中心小学及其下属教学点的教学资源利用率验证了上述观点。如表4－18所示，该县梅南教学点的自然教具箱、音乐器材、美术器材的数量均为0，也就意味着这些教学资源的利用效率均为0；数学教具箱数量为0，S2代表仅有一套三角板和一套直尺；体育器材有1个足球（Z）和1个篮球（L），其利用率仅有12%，这说明教学点学生课外活动的时间很短。而梅南小学和梅坑中心小学的教学资源情况要优于教学点，利用率也远高于教学点。在调研的其他地区，教学点教学资源的利用率同样也很低。很多教学点就是靠一根粉笔完成所有的教学工作，而音乐课则是老师领唱几首简单的流行歌曲，美术课是老师在黑板上画几幅简单的图画，然后让学生临摹。辛鹏涛的研究也验证了这一事实：甘肃省国贫县村级小学（属三类小学）教学仪器、器材的配置情况与国家相应标准相差很远，小学教学仪器、器材的配置非常匮乏，不完全小学教学仪器器材的配置几乎是个空白。就现有教学仪器、器材的利用来说，不完全小学对仅有的体育器材（篮球架）的利用率只有10%左右。[1]

表4－18 新丰县梅坑镇梅坑中心小学、梅南小学及其教学点教学资源利用情况

学校类型			教学点	完全小学	中心小学
教学资源利用指标	数学教具箱	数量	0 + S2	1	1
		利用率%	0	68	76
	自然教具箱	数量	0	1	1
		利用率%	0	62	70
	体育器材	数量	Z1 + L1	Z1 + L2	Z2 + L2 + P2
		利用率%	12	66	92
	音乐器材	数量	0	1	1
		利用率%	0	76	82
	美术器材	数量	0	0	1
		利用率%	0	0	36

---

[1] 辛鹏涛：《甘肃省国家扶贫开发重点县村级小学教育资源利用效率研究——对定西、武都、庄浪3县27所村级小学的调查》，西北师范大学硕士学位论文，2004年5月，第24页。

四　教学点面临困境带来的负面影响

教学点在经费、办学条件、师资等方面面临诸多困境，这些困境无论对教学点的学生、教师还是对教学点本身来说都不利于教育公平的实现。其中，教学点的学生享受不到与中心学校学生同等质量的教育；教学点教师素质长期得不到改善，不利于专业化发展从而影响教学点的教育质量；教学点自身的发展与中心校、其他完小的差距之大也与农村教育均衡发展的要求不相适应。

（一）教学点学生不能公平接受教育

著名哲学家罗尔斯（John Rawls）提出过经典的公平原则：一是每个人对与其他人所拥有的最广泛的基本自由体系相容的类似自由体系都应有一种平等的权利；二是社会的和经济的不平等应这样安排，使它们被合理地期望适合于每一个人的利益并且依系于地位和职务向所有人开放①。概括起来，即平等原则、差异原则和补偿原则，即公平地对待所有人、有差别对待不同的人，优先补偿处于不利地位的人。国内外学者从教育学、伦理学、经济学、法学等多个角度对教育公平进行界定，针对教学点的实际情况，我们综合教育学和经济学视角对教育公平的定义：即教育公平要确保所有的学生享受同等机会的受教育权利和同等质量的教育，要保证教育资源在不同地区、学校和时间上分布均衡②。这与义务教育的本质也是一致的：义务教育是公共产品，国家要保证所有适龄儿童享受同等的教育机会和教育质量。而教学点办学条件较差、师资水平不高等因素均直接影响到教学点的教育质量，从整体上来说，相对于条件较好的中心学校，这里的学生享受不到同等质量的教育，这对教学点的学生是不公平的。联合国教科文组织的报告中也曾提道："在这个教育世界里，不公平的现象仍然以各种不同的形式存在着……尤为不公平的是把教育设备集中于靠近城市

---

① ［美］约翰·罗尔斯：《正义论》，何怀宏、何包钢、廖申白译，中国社会科学出版社2003 年版，第 60 页。

② 翁文艳：《教育公平的多元分析》，《教育发展研究》2001 年第 3 期。

中心，而不在贫民窟和其他贫困地区，在那里缺乏像富裕地区那样的学校。"① 当前教学点面临的困境仍在印证多年前国际社会关注的问题，教学点学生享受不到教育公平有悖于义务教育的本质。

此外，从社会学的视角看，教学点面临困境导致的教育不公平可能会引发更为严重的社会不公平。珍妮·巴兰坦曾说："教育的不利条件源自学校教育、家庭和社区资源，任何学生个体都无法左右这一切。"② 教学点作为学校教育形式是与学生家庭背景、社会环境共同影响于学生的。某种程度上说，教学点所在地区的学生及其家庭基本属于社会的底层，这些学生最需要有更高质量的教育来补偿这种起点的不公平。正如罗尔斯所言："要平等地对待所有的人；有差别地对待不同的人；优先补偿处于社会最不利地位的人。"③ 但事实上我国大量教学点办学条件差，学生不能享受到优质教育资源，而且更严重的问题在于，多数地方领导却将这种"不公平"合理化，并且将其作为撤销教学点的重要理由来说服当地村民。可见，学校教育并没有发挥出对教学点学生这一相对困难群体的教育补偿作用。这不仅使学生没有得到教育过程中的平等，而且作为"走向生活通行证"的基础教育，对学生未来发展无疑设置了障碍。阿瑟·奥肯（Arthur M. Okun）曾说："在机会均等问题上，一步赶不上，便步步赶不上。"④ 如果学生在基础教育阶段就失去了机会均等，那么今后的学习、生活很可能面临更多的不均等而且难以克服。

（二）阻碍了农村学校的均衡发展

《义务教育法》明确规定"县级以上人民政府及其教育行政部门应当促进学校均衡发展，缩小学校之间办学条件的差距，不得将学校分为重点学校和非重点学校。"⑤ 教育部在《关于促进义务教育均衡发展的意见》中强调：地方各级教育行政部门要把义务教育作为教育改革与发展的重中

---

① 联合国教科文组织：《学会生存——教育世界的今天和明天》，教育科学出版社 2005 年版第 100 页。

② ［美］珍妮·巴兰坦：《教育社会学：一种系统分析方法》，江苏教育出版社 2005 年版，第 87 页。

③ ［美］罗尔斯：《正义论》，何怀宏、何包钢、廖申白译，中国社会科学出版社 2003 年版，第 60—61 页。

④ ［美］阿瑟·奥肯著：《平等与效率》，王奔洲等译，华夏出版社 1999 年版，第 73 页。

⑤ 《中华人民共和国义务教育法》，《中国教育报》2006 年 6 月 30 日。

之重，把均衡发展作为义务教育的重中之重，以适龄儿童少年接受更加公平更高质量的义务教育为目标，合理配置教育资源，促进义务教育学校办学水平基本均等，保障学生免试就近入学①。可见，学校均衡发展主要是指义务教育阶段同类学校之间在办学条件、师资等方面要尽量保持大致相同的水平以保证向所有适龄学生提供基本同质的教育，这符合义务教育的本质，也是教育公平的重要体现。而义务教育在"以县为主"的管理体制下，全国范围内学校的均衡难以在短期内实现。目前最基本的学校均衡发展应是县域内学校的均衡，当前普遍受到关注的是县镇学校与农村学校之间的差距，而中心学校、完小、教学点之间的差距尚未引起更多重视。调查中我们发现，在农村教育资源依然相对短缺的情况下，各地在农村中小学布局调整过程中大多将资源集中到中心学校以保证中心校的办学条件和师资。而其他完小和教学点与中心学校之间存在差距，特别是教学点被认为"迟早要被撤并"，无论是办学条件还是师资都得不到任何支持，处于最差的水平。因此，教学点与中心学校之间的差距与农村学校均衡发展的导向相违背。

（三）损伤了农民对教育的期待和信心

按著名社会学家陆学艺的观点，当前中国社会分为十大阶层：（1）国家与社会管理者；（2）经理人员；（3）私营企业主；（4）专业技术人员；（5）办事人员；（6）个体工商户；（7）商业服务业员工；（8）产业工人；（9）农业劳动者；（10）城乡无业、失业、半失业者。② 其中，农民处于倒数第二的位子，他们迫切希望能改变自己的阶层地位，向更高的社会阶层流动。广大农民"望子成龙、望女成凤"的观念正是社会阶层和社会流动理论的外在体现，特别是偏远贫困地区的农民长期以来处在社会经济的底层，他们渴望自己的下一代能够改变现状，不再重蹈家庭贫困的覆辙。由于农村家庭在社会、经济资源和文化资本方面都处于劣势地位，他们无法利用代际传递、社会资源共享等方式求得社会阶层的上升。农村学生实现社会阶层移动的最普遍和直接的方式就是教育，正如王

---

① 中华人民共和国教育部：《教育部关于贯彻落实科学发展观进一步推进义务教育均衡发展的意见 教基一〔2010〕1 号》，2010 年 1 月 4 日（http：//www. moe. edu. cn/edoas/website18/level3. jsp？tablename = 1157&infoid = 1264494881468395）。

② 陆学艺主编：《当代中国社会流动》，社会科学文献出版社 2004 年版，第 8 页。

一涛的研究所指出的：教育是作为一种能够改变子女未来社会地位的桥梁①。农村家长对孩子学习成绩的关注程度很高，在他们眼里，孩子从小的学习状况直接关系到他们各个阶段的发展，他们需要通过升学考试尽可能进入好的大学，再通过劳动力市场的"筛选"机制②走入社会寻找高报酬的工资。因此，教育成绩对于农村学生及其家庭的重要性是不可替代的，这也就形成了农村家长对教育的高期望，他们对农村学校的教育质量、孩子上学的情况十分关注。而教学点撤并给学生带来的上学困难恰恰损伤了农村家长对教育的期望和信心，地方政府不顾群众的意见强行撤并教学点，农村孩子上学路途遥远、成本高、出勤率低、学习状态不佳，不能顺利地接受义务教育，即使在教学点上学的学生也由于教学点办学条件差、师资水平低而享受不到同等质量的教育。很多地区的村民为了能让孩子就近入学，他们组织群体上访甚至以私人办学的方式来反对地方政府的盲目行为（见个案）。教学点撤并的冲击以及不公平的教育境遇致使农村家长对孩子的未来十分担忧，对教育的功能和作用感到质疑和失望。

　　广西壮族自治区南丹县曹村教学点被当地政府强行撤销。村民反映"上面撤销学校"表面上说是为了提高教学质量，但是，实际的目的却是在于节省教育经费。群众通过组织本村学生罢课的方式，又使教育部门恢复了这个教学点。当时，全村的群众都出来了，因为那个学校是当时群众集资建成的，所以群众对学校有感情。群众说，如果教育局没有钱办学校，我们就自己出钱请老师。村民的意愿就是让孩子就近入学，这样才能保证学生安心上学，不影响学习。如果到中心学校，上学路远不安全，孩子上课不能集中精力，学习成绩肯定下滑，以后不能考上好中学好大学。农村家长对孩子上学远、上学难的忧虑得不到关注，这让他们很失望。

　　陕西省勉县梁家压教学点被列入撤并的名单内，村里的孩子被转学到大河坝上学，但孩子上山、下山很不安全，要3—4个小时，付出很大代价。当地村民对上级的这项决定不支持，自发组织教学点，

　　①　王一涛：《农村教育与农民的社会流动——基于英县的个案分析》，社会科学文献出版社2008年版，第1页。
　　②　［美］Martin Carnoy：《国际教育经济学百科全书》，闵维方等译，高等教育出版社2000年版，第42页。

自己出钱请刘家坝村刘宗进老师教书。梁家压村里 20—30 户人，孩子很少，刘老师教 9 个学生（1—6 年级都有，1 个年级 1 个学生），1 个娃 250 元/学期（刘老师负责书、本、文具、办公用品，基本全包），剩不下多少钱，娃子们知道刘老师教得好都舍不得他走。孩子在村里上学，免去走远路上学的不便和危险，这让家长很放心。勉县其他村镇如金泉镇、黄沙镇等都发生过群众上访事件，他们得到的回复都是由于学校规模过小、教育质量低而需要撤销，村民对地方政府的行为感到无奈和失望。

第五章　教学点面临困境的原因分析

教学点面临困境的原因与农村义务教育的大背景相关联，其原因涉及地方政府的教育价值观、农村教育政策及其执行、教育财政、教育管理等多个方面。对教学点困境的原因分析不仅清晰了教学点困境的根源，也透视了农村义务教育的面貌。

一　地方政府的教育价值观存在误区,对教学点缺乏理性认识

教育价值观是指"人们对教育的价值关系的认识和评价以及在此基础上所确定的行为取向标准"[①]。它可以分为宏观和微观两个层次，其中宏观层次的教育价值观指对教育在社会发展和人的发展中作用和地位的认识与评价；微观层次的教育价值观指在具体的教育过程中所体现出来的观念。地方政府对农村教学点的教育价值观误区主要体现在宏观层面，即他们对教学点这种教学组织形式的存在及教育作用的认识存在偏差。他们认为教学点布局分散、办学条件落后、师资差，是农村教育中落后的办学形式；教学点规模小，几个学生需要一个老师和一所校舍，造成教育资源的浪费和教育效率的降低，这对于财政困难的县级政府是一种压力。这些观念在大部分农村地区的教育行政人员中间十分普遍，访谈中，很多教学点教师和村民反映，上级领导撤销教学点的理由就是教学点教学质量差、效率低，中心学校能提供更优质的教育资源。事实上，地方教育行政人员忽视了教学点为解决偏远地区学生就近入学而发挥的重要作用；没有认识到教学点同样是农村教育的重要载体；忽略了

---

① 王坤庆:《现代教育哲学》,华中师范大学出版社 1996 年版,第 178 页。

教学点在促进教育公平进程中所扮演的重要角色。万明刚等人的研究也表明：地方政府撤销教学点的最重要理由就是"提高办学效益"，而忽视了教育本身的价值和功能，脱离了教育的价值诉求①。因此，地方政府教育价值观的误区是导致教学点困境的首要原因。

　　具体来讲，经济理性价值观是地方政府对教学点的价值取向。地方政府单纯从规模经济的角度来衡量教学点的价值，一味追求教育效率，却忽视了教育的本质和特性。教育规模经济是指单位平均经常成本因学生人数增加而下降的情况，它的形成是在保证一定教育质量的前提下，使学校资源获得充分和适当的使用②。如图 5-1 所示，平均经常成本曲线随着学生数的增加由 A 水平逐渐降到 C 水平，之后又呈现上升趋势。那么，从规模经济的理论看，农村教学点学校规模很小，会引起平均经常成本提高，需要更多的教育投入，因而也就降低了教育效率。目前，多数地方政府就是单纯依据规模经济的原则来判定教学点教育效率低、浪费教育资源。这一原则的遵循正是以效率为驱动的体现。依据约翰·希恩（John Sheehan）的定义，教育效率是指在一定技术条件下教育资源浪费或节约的程度③。Tegle 也指出了在教育政策中，效率的重点通常与开支的最小化联系在一起，它被理解为是"一个货币的、以价值为中心的、使开支最小化的概念"④。财力薄弱的地方政府也正是试图以最少的投入来处理农村学校的办学问题，教学点布局分散、规模过小却同样占有一定数量的教育资源，阻碍教育效率的提高。因此，教育效率的提高是地方政府追求规模经济的原始驱动，这导致了经济理性价值观的形成和盛行。王海英的研究也表明：经济理性原则是各级政府与教育行政部门撤并小规模学校的基础⑤。

---

　　① 万明刚、白亮：《"规模效益"抑或"公平正义"——农村学校布局调整中"巨型学校"现象思考》，《教育研究》2010 年第 4 期。

　　② 靳希斌：《教育经济学》，人民教育出版社 2001 年版，第 372 页。

　　③ ［美］约翰·希恩：《教育经济学》，教育科学出版社 1980 年版，第 152 页。

　　④ ［澳］西蒙·马金森：《澳大利亚教育与公共政策》，严惠仙、洪森译，浙江大学出版社 2007 年版，第 81 页。

　　⑤ 王海英：《农村学校布局调整的方向选择——兼谈农村学校"撤存"之争》，《东北师范大学学报（哲学社会科学版）》2010 年第 5 期。

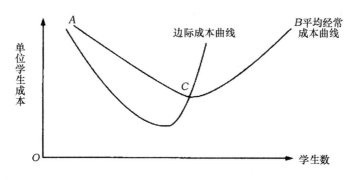

图 5 - 1　教育规模经济示意图

（靳希斌:《教育经济学》，人民教育出版社 2000 年版，第 372 页。）

由于地方政府以经济理性价值观来看待教学点，他们忽略了教学点的教育功能和社会价值。经济理性价值观是从经济学原理出发、运用经济学理论来分析教育问题的体现。确实，经济学强大的分析功能为很多教育问题的解决提供理论和技术支持，其中规模经济理论与效率驱动机制在评价和指导学校教育投资、办学以及提高教育资源利用效率等方面发挥了重要作用。但用同样的理论原则来看待农村教学点是有失偏颇的，其原因就在于规模经济理论对教学点这种特殊的办学形式并不适用。首先，教育决策者忽视了教学点在中国农村所处的特殊环境和历史背景，它最首要的作用是保证偏远农村学生就近入学和顺利接受义务教育，经济理性价值观在这种情况下不能轻易介入并起决定性作用。其次，他们不恰当地将规模经济理论套用于教学点这种小规模学校，是没有认识到小规模学校作为一种特殊的教学组织形式，也是能保证教育质量的。最后，也是最关键的一点，教育行政人员是将教育本质价值观掩盖在经济理性价值观之下。教学点作为教育的载体，最本质的作用在于"培养人"[①]，在于保证适龄儿童享受到教育公平。而地方政府从经济理性价值观出发将本来就处于弱势地位的农村教学点判定为不符合规模经济、质量低下，忽略了教学点的特殊性和教育的本质，这是导致教学点困境的最根本原因。正如菲利普·库姆斯所言："教育领导者往往屈从于经济学家的极端实用主义的教育观，忽略了

---

① 黄济:《教育哲学通论》，陕西教育出版社 2004 年版，第 341 页。

发展中国家经济与教育模式的不平衡与不公正。"①

二　学校布局调整过程中的行为偏差，导致教学点成为附属品

农村学校布局调整政策执行过程中的不当是导致教学点困境的政策因素。农村中小学布局调整的初衷在于追求农村学校的均衡发展和规模效益，从整体上促进农村教育质量的提高。但一些地方政府从自身利益出发，过分追求规模效益，为方便管理、节省资金盲目撤销教学点，甚至对教学点采取歧视性政策。这些行为偏差导致了教学点在农村学校布局中成为一种附属品。

（一）均衡发展和规模效益：学校布局调整所追求的目标

基于我国农村学校布点分散、规模不均、质量不高的客观现实，以及农村学龄人口下降和城镇化进程的加快，追求教育质量的提高和农村学校的均衡发展成为我国教育决策者关注的重点。农村学校布局调整政策正是追求这一目标的重要手段，正如范先佐所指出的：学校布局调整的过程也就是确定在哪里办学的过程，其动力在于追求效益、重视教育的均衡发展和质量的提高②。农村学校布局调整的目标可以由模型显示（见图 5－2）：学校布局调整之前，农村学校的布局十分分散，大部分地区是沿袭了 20 世纪七八十年代村办小学的景况，邻近村也都布点一所小学，很多村级小学规模过小、质量低下，教育资源分布不集中、不均衡，学校数量庞大，不能满足当地村民对教育质量的需求。而布局调整之后，农村学校的布局力图达到以大规模学校 A 为中心，周围大村庄布点完全小学 B—F，偏远交通不便的村庄设置小规模教学点。这一模型说明了布局调整政策的目标及前后的变化，即由教育资源分散、学校发展不均衡走向教育资源集中和均衡发展。课题组调研过程中，多数行政人员和教师均认可布局调整政策的重要目标是促进教育均衡发展和规模效

---

① ［美］菲利普·库姆斯：《世界教育危机》，赵宝恒、李环等译，王英杰校，人民教育出版社 2001 年版，第 15 页。

② 范先佐：《农村中小学布局调整的原因、动力及方式选择》，《教育与经济》2006 年第 1 期。

益。柳海民的研究也指出："布局调整是一项提高农村基础教育质量、推进教育均衡发展、促进教育公平的重要举措。"① 总之，农村中小学布局调整追求的是农村教育的均衡发展和规模效益，适当撤并一些规模过小、布局过于分散的教学点，能够集中资源办好优质学校、改善农村学校整体落后的局面。这有利于提高农村教育的整体质量，让所有学生能够享受到更优质的教育资源。

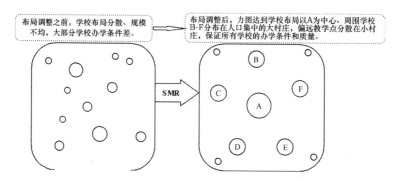

布局调整之前，学校布局分散、规模不均，大部分学校办学条件差。

布局调整后，力图达到学校布局以A为中心、周围学校B-F分布在人口集中的大村庄，偏远教学点分散在小村庄，保证所有学校的办学条件和质量。

图 5 - 2　农村学校布局调整政策的目标：规模效益与均衡发展

（二）盲目撤销教学点：学校布局调整偏离了政策初衷

教育政策执行偏差是指在教育政策执行过程中，没有完全按照教育政策目标执行，出现了偏离教育政策目标的现象，从而影响教育政策目标的实现②。地方政府对于学校布局调整政策的执行偏差主要体现在对教育政策目标的偏离，没有按政策的内容和精神办事，教育部多次强调对于农村教学点要在保证学生就近入学的前提下进行适当调整，偏远交通不便地区的教学点要予以保留。但地方政府只关注大规模中心学校的建设，对农村教学点撤并的政策执行偏离了政策初衷，这是导致教学点困境的政策原因。

第一，地方政府从自身利益出发，为节省资金、方便管理盲目撤销教学点。一项教育政策必然涉及不同的群体，即政策制定者、政策执行者和目标群体。在农村学校布局调整政策的执行过程中，如图 5 - 3 所示，政策制定者是中央高层政府，政策执行者是地方政府，目标群体涉及教师、学

---

① 柳海民、娜仁高娃、王澍：《布局调整：全面提高农村基础教育质量的有效路径》，《东北师范大学学报（哲学社会科学版）》2008 年第 1 期。

② 孙绵涛：《教育政策学》，中国人民大学出版社 2010 年版，第 194 页。

生和村民。从实际情况看，该政策实施过程中利益冲突主要存在于地方政府与目标群体中的学生及其家长之间。而在利益冲突过程中，地方政府处于强势地位，他们从管理者自身的利益出发，为了节省教育经费、方便管理而盲目撤销教学点。很多地方把撤并学校当作财政甩包袱的手段，将布局调整单纯地等同于撤销学校、减少教师、缩减投入。教学点数量的减少能够减去很多行政管理工作及其带来的不便。教育行政人员可以将有限的资金和精力投入到大规模学校的建设，也能取得更多的政绩。由此，地方政府把自身利益放在首位，忽视甚至不顾目标群体的利益，在撤并教学点过程中不听取多方群体的意见。上述行为导致布局调整目标群体的切身利益受到损伤，如偏远农村学生上学路远不安全、家庭经济负担加重、村民失去对农村社区文化中心的精神寄托等。由此，地方村民由于反对撤销教学点进行集体上访或由于上访失败而自费办学的现象时有发生。综上，在学校布局调整政策执行过程中，地方政府从自身利益出发，不听从多方群体的意见而盲目撤销教学点的行为直接导致了教学点的尴尬处境。

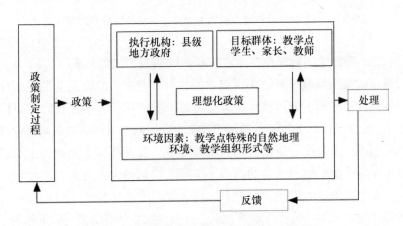

图 5 - 3　农村学校布局调整政策执行过程模型

资料来源：根据 T. B. Smith：The Policy Implementation Process, Policy Sciences, Vol. 4, No. 2. 1972. 的政策执行过程模型分析所得。

第二，对教学点采取歧视性政策。地方政府作为学校布局调整的执行者，偏离政策目标，不仅盲目撤销教学点，而且对于暂时保留下来的教学点采取歧视性政策，他们认为教学点"早晚要被撤并"，不给予教育资源方面的支持，任其自生自灭；甚至故意不给教学点分配师资和经费。访谈过程中广西南丹县一位教学点教师谈道："我个人的看法是，上面挺重视教育的，可是按照县办初中，乡办小学的办法的话，行政命令行不通，老百姓不同意，所以他们就采取隐晦的办法。不给教学点派老师，学校自然就撤了。"调研地内蒙古、陕西、湖北、云南等地也都存在类似的情况。可见，一方面，地方政府从自身利益出发强行撤并教学点；另一方面，对暂时保留的教学点无作为，本来就处于弱势地位的教学点急需办学和师资条件的改善，却得不到教育资源的支持，这是对教学点生存的雪上加霜。地方政府对教学点的歧视性政策一方面源于行政人员的自身素质，很多地方行政人员不具备专业素质和合理的教育学知识结构；另一方面也限于地方政府的财政压力。总之，这种主观上的歧视政策直接导致了教学点办学条件落后，教育质量受到严重威胁。杨润勇的研究也证实了这一点：相关教育政策对教学点"忽视淡漠"的倾向，已经造成了教学点办学正在逐步变成了农村地区教育发展的最薄弱环节，正逐渐演化成农村教育的最大短板，从一定程度上制约着农村地区义务教育的整体办学水平和教育质量提高[1]。

三　财政管理体制不合理，导致教学点建设滞后

财政体制不尽合理是导致教学点出现困境的最根本原因。"以县为主"的财政体制实行后，农村义务教育财政重心仍然偏低；税费改革的全面铺开取消了农村教育费附加，致使农村教育经费锐减。因此，教育财政体制是导致农村教育经费总量不足的根本原因。此外，教学点隶属中心学校管理，教学点与中心校之间的资金博弈是教学点经费分配性短缺的直接原因。需要指出的是，由于教学点的办学条件直接受到经费的制约，因此，财政体制不合理不仅是教学点经费短缺的原因，同时也是其办学条件难以改善的根源。

（一）"以县为主"的财政体制导致经费总量短缺

2001 年我国农村义务教育开始实行"在国务院领导下，由地方政府负责、分级管理、以县为主的财政体制"。这使得农村义务教育的政府投

---

[1]　杨润勇：《农村"教学点"相关政策研究》，《当代教育科学》2010 年第 3 期。

资主体提升到县级政府，但它并没有从根本上解决农村义务教育经费短缺的困境，仍存在诸多问题。传统上评价教育财政体制有三个主要标准——经费是否充足、资源配置的效率以及公平性。[①] 首先，在经费是否充足方面，政府对义务教育的经费投入严重不足。1993 年中央政府明确规定：国家财政性教育经费支出占国民生产总值的比例在 20 世纪末达到 4%。2003 年我国公共财政对教育的支出占 GDP 的 3.41%，2004 年为 2.79%；2005 年为 3.12%；2006 年降到 2.86%；2007 年为 3.32%；2008 年为 3.48%。这不仅低于 20 世纪末世界的平均水平，也没有达到国家规定的目标[②]。其次，在资源配置效率方面，经费短缺情况下同时存在资源利用率低的问题。如农村教师缺编与超编并存，贫困地区因贫辍学现象屡见不鲜。最后，在公平性上，现行财政体制没有充分关注我国东、中、西部地区的差异性，中西部地区很多以农业为主的县域经济落后、财政拮据甚至亏空，没有能力为义务教育提供经费保障。这表明了当前义务教育投资主体重心仍然偏低，县级政府的事权与财权尚不对称。

县级政府对于义务教育经费负担过重的问题实质仍然是"责任基层化"，即县级政府承担的责任超过了其本身能力。如表 5-1 所示，2001 年开始实行的以县为主的财政体制规定，县级政府负责农村中小学教师工资，省级政府负责对困难县教职工工资补助和对困难地区危房改造专项补助，中央政府负责各项专项补助。县级政府之所以在义务教育经费方面承担着很重的压力，其中的重要原因在于税费改革的实行。税费改革前，农村义务教育投入的基本格局是以财政拨款为主，以农村教育费附加、农村教育集资、学生杂费等其他渠道为辅的多渠道投入机制。一般说来，县乡财政加上部分教育费附加仅仅解决教师工资发放问题，学校的校舍建设和设备投入主要由农村教育费附加和农民集资解决，学校的公用经费主要依靠向学生收取杂费来解决。据调查：农村教育费附加、教育集资和中小学学杂费等主要由农民负担的教育投入占到了县教育经费的 40%。[③] 2000

---

① ［美］Martin Carnoy：《国际教育经济学百科全书》，闵维方等译，高等教育出版社 2000 年版，第 527 页。

② 范先佐、朱苏飞：《21 世纪以来我国农村义务教育财政体制的改革与完善》，《河北师范大学学报（教育科学版）》2010 年第 5 期。

③ 魏向赤：《税费改革对农村义务教育影响的个案调查与经济学分析》，教育科学出版社 2006 年版，第 79 页。

年开始实施税费改革后，教育费附加和农民集资被取消，县级财政在教育经费投入上失去了重要支撑，中央政府的补助也不能弥补地方财政的巨大缺口。因此，县级政府对于教师工资、部分公用经费、校舍建设和购置图书、仪器等财政负担依然感到很大压力。

表5-1　地方负责、分级管理、以县为主的财政体制（2001年至今）

	中央	省	县	乡
教职工工资	对困难县教职工工资补助	对困难县教职工工资补助	统发教职工工资	
公用经费			负担部分公用经费	负担部分公用经费
校舍维修、建设	设困难地区危房改造专项补助	要求省区设困难地区危房改造专项补助	筹措新增校舍建设和改造资金	提供新增校舍所需土地
助学金				
贫困地区专项补助	设专项补助			
教学仪器、图书	设专项补助		购置图书、仪器	

　　资料来源：引自转型时期中国重大教育政策案例研究课题组：《缩小差距——中国教育政策的重大命题》，人民教育出版社2005年版。

　　为解决农村义务教育经费短缺困境、保证经费到位，中央政府于2005年颁发《国务院关于深化农村义务教育经费保障机制改革的通知》（以下简称《新机制》）。《新机制》中对中央、省级和县级政府对义务教育经费的具体承担比例作出了规定，极大地增强了农村义务教育经费投入的可操作性。其中规定了中央与地方对免学杂费和提高公用经费水平的分担比例：西部地区为8:2，中部地区为6:4，东部地区除直辖市外，按照财力状况分省确定。另外，是对校舍维修改造资金，中央与地方的分担比例，中西部地区为5:5，东部地区主要由地方承担，中央给予适当奖励性支持。如图5-4所示，除教师工资沿袭以县为主外，公用经费和建设经费都逐步由中央政府和省级政府纳入财政保障范围。但《新机制》仍然没有解决一些问题：如公共财政对义务教育投入依然不足；政府财政投入存在挤出效应，配套资金不到位、甚至挤占挪用现象常见；公用经费标准偏低；代课人员和学校勤杂人员工资没有纳入保障范围；很多学校"普九"欠债如何化解没有作出合理安排等。① 因此，《新机制》的实行虽然在很大程度上促进了农村义务教育财政体制的改善，缓解了教育经费压力，但薄弱的县级财政面临的财政压力短期内不能彻底解决，这使得教学点也处于经费总量短缺的困境。

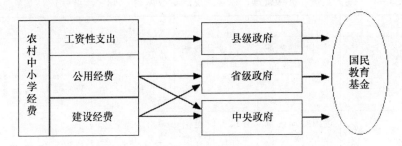

图 5 - 4　中央、省、县三级政府分担义务教育经费示意图

此外，从教育经费的管理主体看，农村义务教育经费采用"校财局管"，即县域内农村中小学发展所需的各项收支都要统一编入县级财政预算，并由县级财政部门按照财政国库管理制度的规定办理资金支付。教育的发展主导权不在教育部门而在财政部门。教育部门负责制定教育的发展规划，财政部门和计划部门负责编制交易经费预算，三者依据不同的信息、按照不同的原则进行编制，很难相互配合，往往导致教育经费需求与供给的不平衡②。调研中很多教育行政人员和中心学校校长也反映，县财政局管理教育经费影响教育部门的办事效率，县财政在教育投入上的积极性并不高。县级财政在负担义务教育经费方面存在很大压力，而且义务教育是需要长期投资的、不能立竿见影看到效果的公共支出项目，县级财政部门势必在财政紧缩的情况下优先投入能够彰显政绩的其他项目，这就容易导致对教育投入的不积极和教育经费的"挤出"现象。财权与事权的统一是行使教育管理权和调控权的重要基础，而目前县级教育行政部门财权与事权的分离一方面会由于财政部门的低效率影响教育经费的及时到

---

① 中国教育新闻网：《明确各级政府责任，完善公共财政体系——范先佐教授谈如何做好新机制的经费保障工作》（http：//www.jyb.cn/cm/jycm/beijing/zgjyb/3b/t20060309_ 12464. htm，2006 - 03 - 09）。

② 邬志辉：《农村义务教育经费保障新机制》，北京大学出版社 2008 年版，第 282 页。

位；另一方面会削弱教育部门对教育事业的管理权和行事权。因此，目前"校财局管"管理体制也是影响经费总量短缺的原因之一。

（二）教学点与中心校之间的隶属关系导致教学点经费短缺

1985 年《中共中央关于教育体制改革的决定》规定：各地普遍建立起以乡镇中心小学为核心、完小带村小的新型管理体制。中心学校应发挥三大作用，即教师培训基地、教研中心和教学示范基地。[①] 2006 年中央政府在加强财政预算管理的通知中又明确规定：农村中小学预算以学校为基本编制单位，村小（教学点）纳入其所隶属的中心学校统一代编。这一规定表明：中心校对教学点不仅在日常教学管理上起领导作用，而且教学点的资金划拨也被纳入中心学校的职责范围内。如图5－5所示，县财政局在农村中小学经费预算过程中，根据各个中心小学和完小的学生数量、教师数量及其他实际情况进行预算编制划拨资金，教学点的办学经费由其隶属的中心学校负责管理。中心校与教学点的这种隶属关系客观上决定了二者在管理上是一种"不平等"的关系，一种上级对下级的关系。特别是在资金划拨方面，中心校具有决定权和优先权，而教学点同样作为一种重要的教学组织形式，却在获得经费方面处于十分被动的地位。因此，教学点与中心学校之间的隶属关系不利于教学点获得办学经费，是导致教学点面临经费短缺、办学条件差的制度性根源。

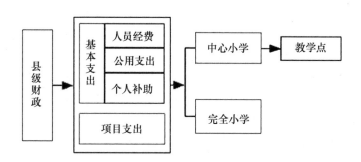

图5－5　教学点经费的划拨流程图

---

① 王英杰、曲恒昌、李家永：《亚洲发展中国家的义务教育》，人民教育出版社 2003 年版，第 250 页。

那么从这种隶属关系所决定的资金划拨的微观过程来看，更能透视教学点经费短缺的原因。教学点和中心学校同属于农村义务教育的办学形式，都需要办学经费以维持运转、保证教育质量。因此在争取经费上，教学点与中心校形成一种博弈。但在这种博弈过程中，由于教学点隶属中心校管理，并不具有优势。具体来讲，县财政以中心校为单位进行支出预算，主要包括基本支出（人员经费支出、公用支出、对个人和家庭的补助支出）和项目支出等，这些经费下拨后归中心校统一管理。而中心校对教学点的资金划拨并没有任何标准和数量规定，只是在教学点提出要求后才视具体情况而给予临时回复。而且在农村教育资源仍相对短缺的情况下，有限的资金对于中心校来说，如果不考虑偿还债务才可能勉强维持运转，对于其下属的教学点，中心学校没有能力也没有意愿去加强其建设。调查中也发现，很多偏远教学点甚至几年都不曾得到任何办学经费。可见，中心校与教学点之间的隶属关系以及由此决定的中心校对教学点划拨资金的随意性和暂时性，都导致了教学点面临经费短缺的困境。

（三）农村教师缺编及不合理的调配方式导致教学点师资水平低

农村教师缺编以及中心校与教学点之间教师不合理的调配方式是导致教学点师资水平低的重要原因。首先农村小学的生师比偏高并不适应农村学校的实际情况，而且中西部大多数县财政困难而无法引进年轻教师，致使目前农村教师整体上缺编。教学点教师不仅受到编制的限制，而且中心校对教学点教师的调配方式往往出于相关领导的主观意愿，极不规范，这是造成教学点师资水平低的直接原因。

1. 教师缺编限制教学点师资

农村教师缺编是教学点教师短缺、师资水平低的重要原因。教育部《关于制定中小学教职工编制标准的意见》中规定：农村小学生师比为23:1；中学为18:1[①]，各地可根据实际情况对该标准进行上下调节。但在"以县为主"的管理体制下，教师工资由县级财政统一发放。中西部地区大多数县财政困难，无力承担新进教师的工资发放。因此，即使一些省份根据实际情况对本省农村教师编制适当放宽，当地县级政府也限于财政紧

---

① 《国务院办公厅转发中央编办、教育部、财政部关于制定中小学教职工编制标准意见的通知》（http://www.moe.edu.cn/，2006-11-20）。

张无法放宽编制。2005 年国家教育督导团调查发现西南某省农村中小学教师缺编达 2.6 万人，全省农村小学师生比仅为 1∶28.34，而全国平均水平为 1∶20.3[①]，特别是在一些省贫县、国贫县，教师缺编数量更为严重。课题组调研的大多数地区也出现过同样的情况。对各个学校来说，县域内的中心学校、完小、教学点等所有学校都面临着不同程度的教师缺编问题。而中心学校、完小的办学条件较好，加强中心校的建设又是大多数地区学校布局调整的首要目的。这就导致整体短缺的情况下中心学校、完小的教师缺编程度较轻，偏远地区教学点处于最差的境地。

　　具体来说，教学点教师看似超编、实则缺编的状况导致了师资水平长期得不到改善。首先，从生师比标准来看，教学点教师处于超编状态。教学点学生数量少，一个教师一般带几个学生，最多也只有一二十个学生。调研的大部分地区教学点生师比最高在 15∶1 左右，很多教学点生师比低于 10∶1。因此，从这个角度看，教学点生师比很低，而且"按学生人数平均的教学成本是很高的"[②]。因此很多地方教育行政部门将这种表面的"生师比"看作教学点教师超编的充分理由而不给增加新教师。这就导致了教学点教师队伍长期得不到更新。其次，从其实际情况看，教学点教师严重缺编。由于长年未引进新教师，教学点教师承担着繁重的教学任务，很多教学点"一师一校"，一名教师扮演着教师、校长、生活辅导员等多种角色。教学点教师短缺但又得不到补充的情况迫使很多地区仍聘请大量的低薪代课教师，这就导致了教学点师资水平难以保障。因此，总体看来，在农村教师整体缺编的情况下，较低的生师比使得教学点难以获得新教师；大量代课教师的存在是教学点教师严重缺编的表现。这种看似超编、实则缺编的情况导致教学点教师长期得不到更新，师资水平无法得到改善。

　　2. 中心校与教学点之间的师资调配不规范

　　教学点师资水平低直接受到县域内教师流动的影响。首先，我国农村义务教育一直没有认真实行严格的教师定编制度，形成教师分布不平衡却又无法调剂的局面。一个县范围内出现一些乡镇学校教师超编，而另一些

---

　　① 中国教育新闻网：《这不是仅仅靠钱就能解决的——民进中央委员虞音谈农村义务教育教师队伍建设》（http://www.jyb.cn/xwzx/gnjy/zhbd/t20070315_70513_3.htm，2007 - 03 - 15）。

　　② ［美］约翰·希恩：《教育经济学》，郑伊雍译，教育科学出版社 1981 年版，第 122 页。

乡村学校尤其是偏远教学点的教师严重短缺，不得不招聘代课教师。其次，县域内教师流动并没有遵循合理的教师流动机制，而是处于一种"潜规则"下的僵化状态，即优秀年轻教师，以及一些有关系但水平又较差的教师一般在县镇学校及条件较好的中心校工作，而条件较差的初小和教学点教师水平较低。如我们调查的安徽淮北一位教学点教师谈道：县里的教师流动根本就是变质的，优秀教师美其名曰到下边支教，实际上是去"镀金"，是为以后他们升迁、评职称做准备，严重的形式主义。广西龙胜县的老师也提到：学校的合并会引起老师的调动。有关系的人会调到中心小学，没有关系的老师就只能去比较偏远的地方。最后，缺乏促进优秀教师到偏远学校任教的长效机制。目前很多地区没有一种切实有效的机制保障优秀教师能够及时地补充到偏远学校的教师队伍当中去，以促进教学点教育质量的提高。总之，县域内教师流动僵化给教学点师资带来了负面影响。

此外，中心学校对教学点教师的调配方式也是影响教学点师资的重要原因。首先，布局调整过程中教育资源向中心校集中，大多数中心学校将年轻骨干教师集中于本校以加强自身实力，而认为教学点"迟早要撤并"，很少下派新教师。其次，中心校对教学点分配教师带有主观性，甚至恶化了教学点的师资水平。调查中很多教学点教师谈道：各个学校教师的调配很大程度上由中心校校长和相关领导决定。中心校不仅不给教学点派好老师，还将教学点的优秀教师抽调到中心校去教学；很多老师由于平时工作成绩差或者得不到领导赏识就被调到教学点以示惩罚，教学点似乎成了警示、惩罚教师的场所。可见，这种调配教师的方式对教学点的师资队伍建设是极为不利的，甚至严重阻碍了教学点教育质量的提高。最后，教学点工作条件差，难以吸引优秀教师。有关研究表明：在发展中国家即使城市教师过剩，农村地区艰苦的生活和工作条件也很难吸引教师到这些地区去工作。[①] 教学点大多地处落后的偏远山区，工作生活条件十分艰苦，而且目前越是偏远地区教师待遇越低，调查中大多数教师都反映不愿在教学点工作。因此，中心校对教学点不合理的教师调配方式以及教学点较差的工作条件必然导致教学点师资水平难以改善甚至日趋下降。

---

① ［美］Martin Carnoy：《教育经济学国际百科全书》，闵维方等译，高等教育出版社2000年版，第410页。

第六章 合理确定教学点撤留的
经验及理论论证

承前所述，农村教学点在学校布局调整过程中被盲目撤销，暂时保留的教学点也在经费、办学条件和师资方面面临很多困境。那么，针对教学点当前的处境，我们应采取哪些措施来克服其困难？首先，农村教学点的撤留是当前最棘手、最迫切需要关注的问题。只有教学点的撤留问题得到合理的解决，找到科学的依据来确定哪些教学点应该保留、哪些应该撤销，做好教学点和农村学校布局规划工作，农村教学点未来的建设和发展问题才能更好地推进和解决。正如布劳格（Mark Blaug）所言，教育规划"通过现期进行的明智决策对未来必须采取的行动产生更为深远的影响"[1]。本章从实际经验和理论论证两个方面来分析和讨论农村教学点合理布局的过程和原则。第一部分为实际经验部分，主要以调研样本县广东省新丰县为例，运用地理信息系统（GIS）分析该县农村小学布局调整的规划过程。农村学校布局调整是一个整体规划，教学点的布局问题被包含在此过程中论述。第二部分为理论论证部分，根据第一部分对教学点撤留问题的实际经验分析，归纳总结合理确定教学点撤留问题的理论依据和原则，为全国范围的农村教学点布局问题提供借鉴。

一 合理确定农村教学点撤留问题的 GIS 系统分析

教学点是农村学校的一种办学形式，其撤留问题从属于整个农村学校布局规划。农村学校布局调整是一个复杂的涉及很多因素的系统过程，人口分布、自然地理环境、学校和村庄位置、家校距离、路况、海拔等因素

---

[1] ［英］M. 布劳格：《教育经济学导论》，韩云等译，春秋出版社 1989 年版，第 107 页。

都是影响学校布局规划的重要因素。GIS 正是能够将上述诸因素导入其分析平台，对样本地区的学校布局现状、问题作出客观解释和评价，可视化的分析结果和图示能够对未来学校布局规划提供意见和参考。Ian Attfield、Bruno Parolin 等人这样论述了 GIS 在教育规划中的作用："GIS 最有效的应用领域之一是可以对某一地区的教育发展进行微观分析和规划，其方法是收集和导入相关的数字地图、学校空间资料和地理数据等信息进行分析解释，它可以建立空间的联系，是教育部门管理现行教育及评估未来发展规划的重要工具。"① 这一节内容首先介绍 GIS 在样本县"新丰县"学校布局规划中的应用原理，然后分析新丰县教学点撤留的具体决策过程，同时应用 SPSS 统计工具辅助分析，对新丰县未来学校布局规划和教学点撤留问题提出规划建议。

（一）GIS 在教育布局规划中的应用原理

根据 Steven. J. Hite 的观点："学校布局规划是一项综合地理空间、教育、人口、社会、经济等复杂信息的艺术性和科学性很强的工作，GIS 在学校布局规划中将上述多元信息整合、分析，为教育决策者和规划者提供多重信息、规划方案和选择依据。"② 首先 GIS 作为分析和指导教育发展规划的重要工具，在学校布局规划中应用的基本原理是将与学校布局相关的多层信息导入该系统平台，运用系统内的数据转化（Geo-Referencing、Digitize）和统计分析功能（Buffer、Distance 、Caculate 等）将多层信息建立空间联系，将学校布局的空间信息如学校地理位置、村庄位置、家校距离、学校服务人口等通过可视化的电子图像显示出来；其次，学校布局的现状和存在的问题都能通过空间信息反映出来，为研究者提供分析问题的依据；最后，通过系统内后台处理数据计算出学校的基本信息数据如学校容量、服务人口、家校距离等，为学校布局规划提供参考。如图 6 - 1 所示，GIS 在学校布局规划中的基本工作原理主要包括：（1）导入系统信息，包括数字化空间信息和教育发展统计数据；（2）可视化系统过程；

---

① Ian Attfield, Mathewos Tamiru, Bruno Parolin, Anton De Grauwe. (2001) . Improving micro-planning in education through a Geographical Information System, UNESCO, International Institute for Educational Planning, December, p. 103.

② Steven. J. Hite (2008) . School Mapping GIS in Education. UNESCO, International Institute for Educational Planning , p. 3.

（3）管理、分析数据系统过程；（4）输出结果。基于 GIS 分析过程中涉及很多因素，是一个较为复杂的系统过程，本部分内容仅选取了一个县（广东省新丰县）的数据进行分析。研究的基本过程主要包括前期资料收集和具体分析过程。

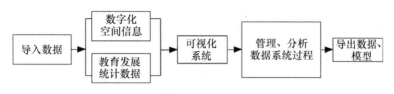

图 6-1　GIS 基本工作原理

　　第一，资料收集。根据 GIS 分析过程所需要的信息和数据，我们在调研过程中主要收集了四种资料：（1）《新丰县学校布局调整规划方案（2003—2005 年）》，包括布局调整前的学校数量和名称、学校规模、服务人口，布局调整后计划保留和撤销的学校（包括教学点）数量、服务人口、学生上学最远家校距离、政府在布局调整过程中投入资金情况等。这些信息将被输入 GIS 后台信息库，以便分析样本地区在布局调整前后的变化；同时，学校名称被用于标注模型内与学校地理位置对应的名称，帮助文本数据进行数字化转换和可视化。（2）新丰县布局调整前后的县域文本地图，内容包括学校的具体地理位置、村庄位置、道路交通网络、县域边界线、乡镇边界线等。这些信息被导入 GIS 分析平台后将被系统转化为可视化图像进行分析。（3）海拔高程图。由于详细的海拔高程图涉及军事机密，该图是在国外导师 Bruno 的帮助下向俄罗斯军用地图公司购买所得，可以用于科学研究。该图导入 GIS 系统后，可以帮助标志每所学校的海拔高度和周围村庄的海拔情况，这对山区农村学校的地理环境具有重要的解释意义。（4）调查问卷信息。在新丰县调研过程中，我们选取了该县 3 个乡镇的 12 所小学包括 10 所教学点和 2 所中心小学，调查方法主要包括问卷调查和访谈。其中，问卷发放情况如表 6-1 所示，问卷类别主要包括学生卷、家长卷和教师卷，发放范围包括 2 所中心学校和 8 所教学点。学生卷、家长卷和教师卷的回收率分别为 92.3%、77.0% 和 70.6%。问卷数据对于分析样本县学校布局调整的现状、问题及对策也是十分有力的工具，同样能辅助 GIS 的统计分析工作。

表6-1   新丰县调研问卷发放和回收情况

类别 \ 数量	发放（份）	回收（份）	回收率（%）
学生卷	405	374	92.3
家长卷	457	352	77.0
教师卷	102	72	70.6

注：由于新丰县也属于典型的山区县，教学点数量多，但布局极为分散，而且教学点学生少、教师数量少，大部分教学点"一师一校"，因此教师问卷数量较少。

第二，GIS工作过程原理。GIS数据库通过整合、管理与教育发展相关的空间和非空间的数据信息，形成直观的、可解释的数据系统，以帮助教育决策者对学校布局进行管理和规划[1]。GIS在样本县学校布局规划中的具体分析过程如图6-2所示，主要包括五部分：（1）整合、导入数据、信息。将收集到的材料分类后，首先将新丰县县域地图和海拔高程地图导入GIS工作平台，然后运用Point to Line工具对照原图和学校布局文本地图标志每个乡镇、村庄、学校的地理位置，标志道路网络和县域边界等。标志后的信息可以被可视化、显示在GIS窗口中；同时，这些具体信息的数据也被输入后台属性数据表格中，用于统计分析。每一个类别的数据均属于不同的图层，具有独立性。对于不同的图层，不能保证所有的电子图像被导入时属于同一个坐标系，因此在导入电子图像的过程中以及导入之后，要将所有的图层统一成China-CIESIN-Grid坐标系。（2）应用GIS工作平台中的Buffer工具统计计算每一类学校（中心小学、完全小学和教学点）的服务范围。Buffer工具是通过确定一个圆点中心，按照既定的半径生成以目标圆点为中心的圆形区域即学校的服务范围，根据联合国教科文组织的规定以及中国农村学校的实际情况，我们将中心小学和完全小学的Buffer半径确定为1000米、2500米和3000米，教学点的Buffer半径确定为1000米、2000米。（3）应用Near工具统计离每一个村庄最近距离的学校，该工具可以在输入"村庄"和"学校"两个变量后自动确定和统计出离村庄最近的学校及两者之间的距离，包括最近距离、最远距离和平均

---

[1] Tibendra Raj Banskota. (2009). Application of GIS as Educational Decision Support System: An experience of Higher Secondary Education Board, Nepal, p. 1.

距离。(4) 应用 "Point to Line" 工具导出学校与其服务村庄的网络模型,可以显示学校与村庄之间的理想化距离模型,而剔除海拔、道路网络因素。(5) 应用 Tin 工具将平面的海拔地图转化成 3D 立体模型,可以更清晰地显示学校、村庄的地理环境,反映学生上学路途的实际情况。

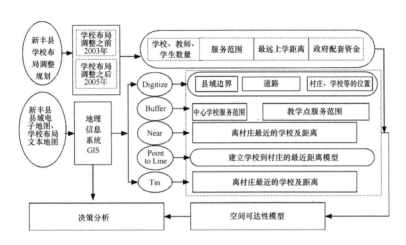

图 6 - 2　GIS 在样本县学校布局规划中的具体工作流程

(二) 新丰县学校布局规划及教学点撤留的决策过程

学校布局规划是一个系统过程,涉及自然地理、人口、社会、经济、教育等多方面因素,教学点撤留问题包含在学校布局的总体规划中。因此分析新丰县学校布局规划和教学点撤留的决策过程必然包括以下几部分内容:学校布局规划和教学点的背景;学校布局调整的具体过程、教学点数量、地理位置、学生上学情况;教学点撤留的对策建议。

1. 新丰县学校布局规划和教学点的背景

第一,自然地理环境和人口分布特点。新丰县全县总面积 2015.2 平方公里,其中,山地面积 1698.9 平方公里;可耕地面积 173.2 平方公里;水域面积 42.9 平方公里;其他用地面积 100.2 平方公里 (见表 6 - 2)。新丰县山地面积比例高达 84.3%,素有"九山半水半分田"之称,是典型的山区县,全县最高海拔 1422 米。这种地形特点决定了该地区交通的不便利,农村居民点散布在大山之间,从山里到集镇或县城需要的路程较远。其次,新丰县农村居民点的分布特点是散居为主。受山地地形地貌影响，山地耕地破碎，土壤肥力低，单位人口所需要的耕地面积大，而适合山区居民修房造屋的土地面积有限。新丰县是典型的山区县，一个行政村的面积往往要比平原一个乡镇面积大，实属地广人稀。新丰县乡村人口密度为 90 人/平方公里，同年全国山区县平均人口密度为 71 人/平方公里，可见，新丰县的人口密度略高于全国山区县平均值，地广人稀特点较为明显。个案调查也表明，与其他山区县一样，新丰县村庄聚落分散，100 多户的村庄数量较少，村庄规模小，村落之间距离较远。

表 6 - 2　　　　　　　　　　　新丰县地形特点

	总面积	山地	可耕地面积	水域	其他用地
面积数（平方公里）	2015.2	1698.9	173.2	42.9	100.2
所占比例（%）	100	84.3	0.09	0.02	0.05

数据来源：中国宏观数据挖掘网（http://number.cnki.net/cyfd/AreaNavi.aspx?code=xj19）。

　　第二，经济背景。经济背景是决定新丰县教学点长期存在的重要因素。如果说新丰县山区为主、地广人稀、交通不便决定了教学点数量的庞大，那么新丰县农村居民的经济条件的落后则决定了当地教学点存在的长期性。因为如果偏远山区低年级的学生去教学条件较好的中心学校或完全小学上学，首先面临的是上学远、交通不便的问题，而要解决这一问题，让低年级学生住宿是不可行的。据我们调查，农村居民解决该问题的最优选择是为孩子在镇上租房居住，如果经济条件允许，会选择全家搬迁。然而事实上，真正作出这种最优选择的家庭少之又少，其中关键的原因在于山区农村居民的经济条件较为落后，不允许作出这种选择。由表 6 - 3 可见，本课题组调研的 352 位新丰县农村村民，其中"在家务农"的村民比例高达 53.5%，"在外地打工"的村民比例为 36.9%，两者比例合计占调查总数的 90.4%，"务农"和"打工"是新丰县农村居民的最主要收入来源。而我们知道，中国经济社会飞速发展的今天，农民和打工者大多属于低收入群体。

　　那么，新丰县农村居民家庭年收入到底有多少呢？表 6 - 4 表明：被调查的 352 个新丰县村民所填问卷数据显示 2008 年该县农村村民家庭纯收入在 0—5000 元范围的有 161 户，占调查总数的 47.9%，收入在 5000—10000 元的占 29.8%，前两者合计 87.7%，即 0—10000 元收入区间的农户比例为

87.7%。这与 2008 年全国西部地区农村居民家庭年收入水平基本相当（见表 6-5）。根据测算，2008 年全国东、中、西部农村居民家庭年收入分别为 16218.29 元、11264.00 元和 8782.30 元，其中西部地区水平最低。隶属于发达省份广东省的新丰县，其农村居民家庭收入却与我国西部地区农村家庭收入水平相当，更说明了新丰县经济落后的现状。调查中很多村民也谈道："现在中心学校教学条件好，也非常想让孩子享受较好的教学资源，但家里没钱，不可能全家都搬到镇上去住，孩子年龄小，在村里上学最放心。"由于落后的经济条件无助于解决山区低年级学生上学路远不安全的困难，就近在本村教学点上学成为学生最优的选择。

表 6-3　　　　　　　　新丰县农村村民从事职业情况

		答题次数	百分比（%）	有效百分比（%）	累计百分比（%）
有效问卷数	在家务农	177	50.3	53.5	53.5
	经商	5	1.4	1.5	55.0
	干部	1	0.3	0.3	55.3
	教师	1	0.3	0.3	55.6
	打工	122	34.7	36.9	92.4
	其他	25	7.1	7.6	100.0
	总人数	331	94.0	100.0	
缺失值		21	6.0		
发放问卷总数		352	100.0		

表 6-4　　　　　　　新丰县农村村民家庭纯收入（2008 年）

	年均纯收入（元）	答题次数	百分比（%）	有效百分比（%）	累计百分比（%）
有效问卷数	0—5000	161	45.7	47.9	47.9
	5000—10000	100	28.4	29.8	77.7
	1 万—2 万	55	15.6	16.4	94.0
	2 万—5 万	15	4.3	4.5	98.5
	5 万—10 万	4	1.1	1.2	99.7

续表

	年均纯收入（元）	答题次数	百分比（%）	有效百分比（%）	累计百分比（%）
10万以上		1	0.3	0.3	100.0
总人数		336	95.5	100.0	
缺失值		16	4.5		
发放问卷总数		352	100.0		

表6-5　　全国东、中、西部及东北地区农村居民家庭收入情况

	东部地区	中部地区	西部地区	东北地区
平均每户整半劳动力（人）	2.77	2.93	2.90	2.62
平均每人纯收入（元）	5854.98	3844.37	3028.38	4348.27
家庭年总收入（元）	16218.29	11264.00	8782.30	11392.47

数据来源：由《中国统计年鉴（2008）》相关数据整理所得。

　　第三，政策背景。农村学校布局调整过程中暂时保留一定数量的教学点。农村学校布局调整是导致教学点被撤销和暂时保留的现实因素。2001年《国务院关于基础教育改革与发展的决定》中将调整农村义务教育学校布局列为一项重要工作，并指出应"因地制宜调整农村义务教育学校布局。按照小学就近入学、初中相对集中、优化教育资源配置的原则，合理规划和调整学校布局。农村小学和教学点要在方便学生就近入学的前提下适当合并，在交通不便的地区仍需保留必要的教学点，防止因布局调整造成学生辍学"①。新丰县教育行政部门也于2000年左右开始了新一轮的学校布局调整工作。一部分被撤销和即将被撤销的教学点是因为它们的布局过于分散，教学条件很差，适当撤销有利于教育资源的整合。暂时被保留下来的教学点是指一些完全小学或初小在学校布局调整过程中将高年级合并入中心学校后，暂时保留低年级（如1—4年级）或更低年级的学校。这部分学校被保留是由于教育行政部门迫于教学点所在地地处山区、

---

　　①　中华人民共和国教育部：《国务院关于基础教育改革与发展的决定》国发〔2001〕21号（http：//www.moe.edu.cn/edoas/website18/info3313.htm，2001-05-29）。

交通极为不便的现实情况，考虑到低年级学生上学路远不安全而不得不暂时保留下来。在学校布局调整过程中，教育当局由于整合和集中教育资源的急迫，在教学点的撤销、合并以及长期规划等方面存在着不少问题。

2. 新丰县学校布局调整及教学点的撤留过程

关于新丰县学校布局调整规划的最新数据来源于《新丰县农村中小学布局调整实施方案（2003—2005）》，该方案是在《国务院关于基础教育改革与发展的决定》以及《广东省关于报送中小学布局调整规划的通知》的基础上拟定的。根据这一方案和新丰县学校布局的实际情况，我们主要分析了该县农村小学包括教学点在布局调整前后的地理位置和数量变化情况、服务人口和服务范围估计、学校与村庄之间的最大最小距离、空间可达性模型等。由于本研究是讨论农村教学点问题，而教学点是农村小学的一种办学形式，所以这部分内容主要涉及布局调整方案中的完全小学和教学点，由于中心小学的办学形式也属于完全小学，所以中心小学被包含在完全小学中。

从教学点的界定上看，我们把所有的不完全小学都划入教学点的范围，也即包括初小和教学点。新丰县全县现有小学 135 所，其中完全小学 65 所，初级小学 59 所，教学点 11 个[①]，在校小学生 24543 人。因此，新丰县现有农村教学点是 70 个，占全县小学数量的 35%，比例较大。表6—6 数据显示，2007 年，全国农村教学点数量占所有小学数量的比例为 29.69%。可见，在全国范围内，新丰县农村教学点的比例也是很大的，超出了全国平均值 6 个百分点。而且新丰县教学点占学校总数比例超过了西部教育落后省份贵州省。新丰县教学点数量之庞大可见一斑。尽管新丰县地处发达省份广东省，但其特殊地理地形决定了其教学点数量十分庞大，与中西部地区的农村教学点数量相当。新丰县于 2008 年制定的布局调整规划显示（表6-7 和表6-8），该县预计将全县农村小学调整为一所中心小学和两所完小，中心学校服务范围为 7 个行政村，其他两个完全小学服务范围分

---

① 新丰县教育行政部门把农村学校划分为：完全小学、初级小学和教学点，是根据学校规模和年级数来划分的，其中完全小学包括 1—6 年级，规模最大；初级小学包括 1—3、4、5 年级不等，是学校布局调整后高年级学生转到中心学校上学而形成的；教学点规模最小，有的是"一师一校"，有的是与初小结构相似，但其规模可能远小于实际意义上的初小。新丰县当地的划分与本书对教学点的界定存在交叉，本书将该县所有的初小和其定义的教学点都统称为教学点。

别为 4 个行政村和 7 个行政村。关于教学点的撤留，一般采取逐步撤销的方法，即先将完小调整成初小，再将初小逐渐并入中心学校。

表 6-6   新丰县教学点数量与中西部地区的对比

	小学校数（所）	教学点数（个）	教学点比例（%）
广东新丰县	135	70	51.85
广东省	16183	2448	15.12
四川省	14509	11023	75.97
贵州省	12465	4620	37.06
全国	295052	87590	29.69

资料来源：根据《中国教育统计年鉴（2007）》相关数据整理所得。

表 6-7   新丰县中小学布局调整规划表 A

学校		校址	服务范围（地域）	预计服务人口（人）	现有规模（人）	计划规模（人）	最远上学距离（km）
新丰县	中心校	城东村	城东、松园、大洞、横坑、洞下、坳头、岳城	9144	0	393	13
	城西	城西村	城西、罗洞、龙文、龙围	5925	434	466	3
	紫城	紫城村	高桥、文长、长陂、权良、横江、龙江、邹洞	9478	170	407	10

表 6-8   新丰县中小学布局调整规划表 B   （单位：所）

	中心小学和完全小学	教学点
布局调整前（2003 年）	138（撤销小学 4 所，调整小学 4、5、6 年级学校 92 所）	54（撤销全部教学点 54 个，经由完全小学调整为教学点 92 所）
布局调整后（2005 年）	42	92

第一，学校的地理位置和数量变化。在 2003 年，新丰县全县辖 10 个镇，141 个行政村，有小学 135 所，教学点 54 个，在校中小学生 44398 人。所有小学和教学点的地理位置由 GIS 的 point 工具导出，如图 6-3 所示：新丰县 10 个镇的完全小学数量较多，除去人口较少的石角镇和大席镇以外，其余 8 个镇的完全小学数量多且布局稠密，很多村庄是沿袭了以前村村办小学的布局形式；教学点数量远小于完全小学数量，这一时期的

教学点主要是由于适龄人口减少而形成的，从图中可以看出，一些教学点布局过于集中，学校之间距离较小，有布局调整的必要。在 2005 年布局调整之后（见图 6-4），新丰县撤销了 4 所完全小学，将 89 所完全小学的 4、5、6 年级并入中心小学，因此，布局调整后的完全小学数量仅有 40 所，其中大席镇、石角镇只有一所完全小学即中心小学，其余均为教学点；撤销了所有 54 个教学点，由原来的完全小学调整后的新生型教学点为 92 个。新丰县 10 个乡镇在布局调整前后的完全小学和教学点数量变化情况也表明，各镇的完全小学数量急剧下降，而原有的教学点全部撤销后，又产生了大量"新生型"教学点。根据 2008 年的调查，县教育行政部门计划将在未来几年内逐步撤销这 92 所教学点，使全县不再有教学点，计划建设 10 所大规模完全小学，即每个镇布局一所大规模中心小学（见表 6-9）。因此，由全县学校数量和地理位置的变化情况看，新丰县学校布局调整的力度较大，随着该政策的继续推进，教学点这种办学形式是逐步走向"消亡"的。

表 6-9　　　　新丰县各镇布局调整前后完全小学和教学点数量
变化情况（2003—2005 年）　　　　（单位：所）

	完全小学		教学点		未来几年
	布局调整前	布局调整后	布局调整前	布局调整后	
大席镇	3	1	1	1	0
石角镇	6	1	2	5	0
马头镇	17	6	8	10	0
黄礤镇	15	5	3	10	0
丰城镇	23	6	4	16	0
小正镇	7	1	1	6	0
梅坑镇	13	5	6	8	0
沙田镇	16	4	16	12	0
遥田镇	18	6	8	12	0
回龙镇	17	5	5	12	0
合计	135	40	54	92	0

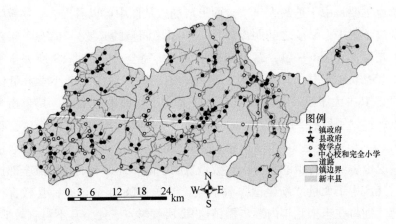

图6-3　布局调整前新丰县农村小学（含教学点）的地理位置和数量

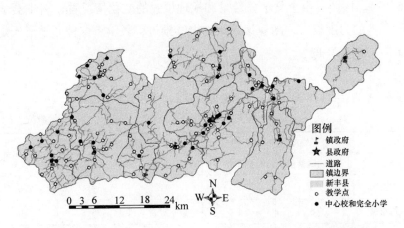

图6-4　布局调整后新丰县农村小学（含教学点）的地理位置和数量

第二，学校的服务范围变化。完全小学和教学点的服务范围变化由GIS的Buffer工具估算所得。在2003年学校布局调整之前，完全小学数量较多，而且分布较为稠密，因此将Buffer半径（Band Size）定义为1km和2km。如图6-5所示，完全小学的服务范围基本覆盖了绝大部分县域内的村庄和居民。2005年布局调整实施之后（见图6-6），完全小学数量急剧减少，服务范围必然扩大，因此Buffer半径扩大到3km。这同时也表明学校数量的减少导致服务的村庄增多，学校规模扩大，学生上学的路程也随之增大。由于教学点的布局一般在村庄附近，因此对于教学点的Buffer半径设置为1km和2km。如图6-7所示，布局调整之前教学点的布局有的位于偏远边界地带，如黄礤、大席、石角等镇，教学点大多是偏远型的；有的布局较集中，如遥田、沙田、回龙等镇，这些区域的教学点的 Buffer 区域多出现重叠现象，这表明教学点布局不够合理，存在重复布局的问题，有必要进行进一步调整。在布局调整之后，原有的 54 个教学点全部被撤销，又产生新生型的教学点 92 个，如图 6 - 8 所示，大席镇、石角镇和黄礤镇的教学点数量较少，其他 7 个镇的教学点数量均较多且布局稠密，这些暂时保留的新生型的教学点受到适龄人口减少以及布局调整政策的双重影响，它们暂时的存在在一定程度上缓解了农村低年级适龄儿童的入学压力，但原有的 54 个教学点全部撤销给偏远地区学生上学势必带来很多问题。

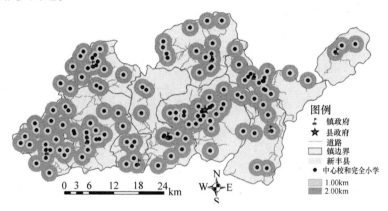

图 6 - 5 学校布局调整之前中心小学和完全小学的服务范围

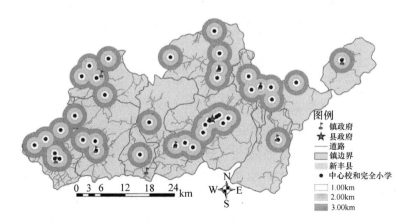

图 6 - 6 学校布局调整之后中心小学和完全小学的服务范围

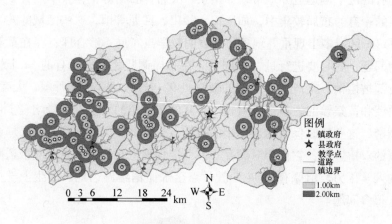

图6-7　学校布局调整之前教学点的服务范围

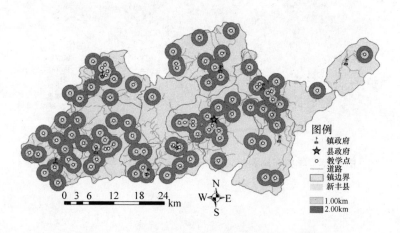

图6-8　学校布局调整之后教学点的服务范围

　　学校的服务人口是指学校服务范围内的人口（包括学生、家长和所有村民）数量，服务人口的估算是通过 GIS 后台数据处理所得。如表6-10所示，布局调整之前，完全小学的服务人口平均值为3998人，最小值和最大值分别为324人和15912人；布局调整之后，完全小学的服务人口平均值扩大到5622人，最小值和最大值也有所扩大，分别为15912人和17082人。这说明，布局调整后完全小学数量的急剧减少和服务范围的扩大导致了服务人口的增多。教学点的服务人口变化呈现类似情况，但其背后的原因却与完全小学不同。教学点服务人口的增多源于布局调整后，新生型的教学点是由之前的完全小学调整后所形成的，其规模均大于原有的 54 个教学点，原有的偏远型教学点很多是"一师一校"型教学点，服务人口非常少，平均服务人口为 1505 人，而 2005 年新生型的教学点服务人口平均值为 2802 人。这表明虽然教学点数量较之布局调整之前有所增加，但原有教学点的撤销致使学生转入新生型教学点入学以及原有完全小学 1—3 年级的保留导致 92 所新生型教学点服务人口依然有所增加。根据新丰县人口统计数据，每个行政村（由若干自然村组成）的平均规模为 1688 人/行政村，每个自然村的平均规模约为 150 人/自然村，那么根据估算的布局调整后学校服务人口数据，根据公式：学校服务的村庄数量＝服务人口／村庄平均规模，可以推算出每个完全小学平均服务 4 个行政村，每个教学点平均服务 2 个行政村。

表 6-10　　　　　　　　　学校服务人口估算　　　　　　单位：人

类型	完全小学		教学点	
	2003 年	2005 年	2003 年	2005 年
最小值	324	648	108	108
最大值	15912	17082	3276	10998
平均值	3998	5622	1505	2802

第三，村庄与其邻近学校的最近距离测算。应用 GIS 工作平台中的"Near"工具进行估算村庄到距其最近学校的距离。表 6-11 显示了新丰县全县及各镇范围内村庄到学校的最近距离统计结果。布局调整之前，全县范围内完全小学到村庄最近距离的平均值为 1142 米，布局调整后为 2887 米；教学点到村庄的最近距离的平均值在布局调整前后分别为 2832 米和 1576 米。该统计数据表明，一方面，村庄与其邻近学校的最近距离在学校布局调整之后有所增加，增加幅度超过一倍，这源于学校合并过程中完全小学数量急剧减少、服务范围扩大和服务人口增加，势必导致村庄与邻近学校距离的增加，这也意味着学生去完全小学上学的距离大大增加；另一方面，除大席镇外，村庄邻近的教学点与村庄的最近距离在布局调整后有所减少，其原因在于调整后的教学点数量增加，布局更为稠密，导致村庄到教学点的平均最近距离减少。从表中还可以看出，沙田镇范围内村庄

与邻近教学点的最近距离的最小值和最大值在布局调整后都有所增加，这个变化要结合表6-9的数据进行分析。表6-9的数据显示，布局调整后，唯独沙田镇的教学点数量是由原来的16所减少到12所，即撤销原有16所教学点后，又调整了12所完全小学，产生了新生型教学点，调整后的教学点数量减少，而且一些教学点与偏远村庄距离较远，导致最近距离的最小值和最大值有所增加。但从数据的总体情况来看，完全小学与邻近村庄的最近距离在布局调整后有所增加，而教学点与邻近村庄的最近距离在布局调整后有所减少。这表明，农村学生去完全小学或中心小学的上学距离增加，上学过程中必然面临更多的困难；而教学点的学生入学距离相对减少，但这并不能排除个别乡镇、村庄存在学生入学困难的情况。

表6-11　布局调整前后新丰县及各镇范围内村庄到学校的最近距离（单位：米）

县/镇	数值类别	完全小学		教学点	
		2003 年	2005 年	2003 年	2005 年
新丰全县	最小值	0.65	1.52	3.26	0.79
	最大值	5798	12887	9374	6771
	平均值	1142	2887	2832	1576
大席镇	最小值	72.20	83.11	35.69	83.47
	最大值	5396.89	6815.57	7215.47	6771.66
	平均值	2097.55	3107.06	3236.49	4528.08
马头镇	最小值	6.31	26.06	3.26	4.17
	最大值	5798.48	5821.12	6608.47	5974.95
	平均值	1238.73	2155.73	1819.25	1609.77
石角镇	最小值	56.76	112.21	60.32	77.67
	最大值	5401.96	12887.92	8541.35	6165.78
	平均值	1370.15	4797.31	2667.49	2096.88
黄祭镇	最小值	13.15	17.73	22.21	16.28
	最大值	3369.85	5575.95	9232.40	3850.45
	平均值	990.95	2654.92	4172.52	1455.12
丰城镇	最小值	0.98	30.42	18.26	0.80
	最大值	4123.01	7378.02	6206.75	4143.44
	平均值	983.79	3263.44	3651.51	1177.65

县/镇	数值类别	完全小学		教学点	
		2003 年	2005 年	2003 年	2005 年
梅坑镇	最小值	0.65	36.75	10.75	2.11
	最大值	4370.46	7845.46	9374.37	5514.43
	平均值	1339.34	2824.65	3956.37	2190.58
小正镇	最小值	8.32	96.19	7.79	8.22
	最大值	3317.82	5485.08	5206.40	3330.69
	平均值	921.31	3134.30	3111.01	1069.01
回龙镇	最小值	10.65	35.90	27.43	15.20
	最大值	3365.19	9066.25	4810.89	4365.29
	平均值	859.10	2712.31	1926.63	1294.95
沙田镇	最小值	8.32	28.42	5.55	17.45
	最大值	5623.20	7276.25	4312.74	5614.50
	平均值	1312.89	3095.45	1850.02	1415.16
遥田镇	最小值	6.40	1.53	7.07	7.81
	最大值	3349.58	5870.79	6943.91	3310.27
	平均值	904.59	2079.18	2745.23	1346.64

　　第四，空间可达性模型。"Point to Line"工具被用来计算和导出中心学校到服务范围内的村庄的网络模型。如图 6-9 所示，以石角镇为例，该镇在布局调整之后仅保留一所中心学校，在该模型中，中心学校与各个村庄之间的距离均为直线距离，是一种理想化的物理距离虚拟模型（Desire Line），这类模型在平原交通便利地带更加接近现实情况。但在新丰县这样的典型山区县，Desire Line 模型与实际情况是截然不同的。图 6-10所示的石角镇中心学校与服务村庄的实际连接状态显示，中心学校布局在镇中心村庄数量较多且集中地区，南部村庄分布稀疏，只有一条主路与镇中心连接，而且若干村庄地处石角镇边界和深山地带，不通道路，学生上学只能走小路、山路。根据表 6-11 显示，石角镇布局调整前后学校与服务村庄的最近距离最大值分别为5401 米和12887 米，相差 2 倍多，学生上学距离大大增加。尽管在 2005 年新丰县暂时保留了 5 所教学点，但教育行政部门计划在未来几年内逐步撤销所有的教学点。空间可

达性的实际模型表明：石角镇学校布局调整后如果仅保留一所中心小学是不符合当地实际的，这给当地学生上学将带来更多的不便。

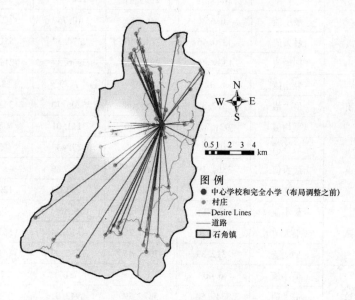

图6-9　可达性模型：中心小学到服务村庄的最短直线距离模型（石角镇）

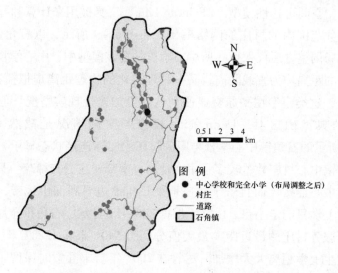

图6-10　可达性模型：中心学校到服务村庄的实际物理距离模型（石角镇）

引入海拔变量的"Tin"模型可以为可达性模型提供更多的信息。新丰县是典型的山区县,因此,在分析该县学校布局调整后学校的可达性过程中,必然要考虑到海拔的因素,以便考察实际的地理地形状况。Elevation Raster to Tin 模型(见图6-11)显示了新丰县海拔高程情况,全县最高海拔范围为1080—1203米,位于新丰县北部,行政区划上属于黄磜镇、丰城镇和梅坑镇,这类地区的学校撤并必须谨慎行事。如前所述,新丰县全县有84.3%的区域均为山区,很多学生要走山路上学,如图6-12所示。

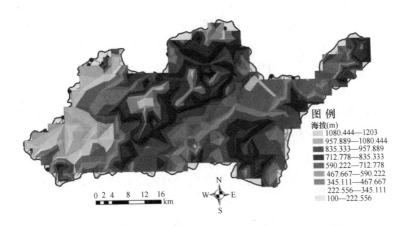

图6-11 Elevation Raster to Tin 模型(新丰县海拔高程图)

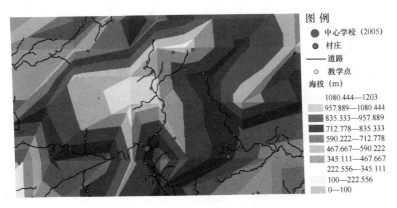

图6-12 可达性3D模型(梅坑镇梅坑小学)

　　以处于高山区的梅坑镇梅坑小学为例,该小学位于山脚,服务村庄的学生到梅坑小学上学,要翻越一两座山才能到达,路途遥远且十分不便。据梅坑镇学校布局规划数据显示,梅坑中心小学学生上学最远距离达15公里,对于小学阶段的适龄学生来说,他们上学路途是十分辛苦和危险的。因此,Tin海拔模型显示的梅坑镇梅坑中心小学的地理位置,表明该镇学校布局调整后梅坑中心学校的服务范围过大,即覆盖的村庄过多,导致学生上学距离过远、存在安全隐患。Tin模型对布局调整的决策者和实施者都具有重要的参考价值,其模型提供的海拔、地理地形与学校位置的相关性是影响布局调整的重要因素。

　　第五,可达性模型中的其他因素。首先,时间距离。除了学生上学的实际物理距离,路途中花费的时间也属于距离的一种,即时间距离。时间距离是影响学生顺利入学的重要因素之一,也是学校布局调整决策的参考因素之一。本研究应用SPSS统计分析了问卷回收数据,如图6-13所示。我们将上学时间分为6个等级:小于20分钟、20—40分钟、40—60分钟、1—2小时、2—3小时、3小时以上。统计显示,绝大多数教学点的学生上学时间均小于1小时,其中有74.9%的教学点学生上学时间小于20分钟,完全小学中心学校上学时间小于20分钟的学生比例却仅有37.2%;完全小学和中心小学有21.7%的学生上学时间在1小时以上,教学点学生上学在1小时以上的仅有0.2%;上学时间大于3小时的学生全部属于中心小学和完全小学。可见,布局调整后中心小学的学生上学时间远大于教学点学生。如图6-14所示,在回答"上学是否方便"的问题时,有99.2%的教学点学生认为上学方便,但是认为上学不方便的学生大多数属于中心小学,其比例为72.4%。可见,新丰县学校布局调整后,由于学校数量的减少、服务范围的扩大,不仅学生上学的物理距离增大,时间距离也增多。这与新丰县山区为主的地理地形特点息息相关,由于山区比例很大,村庄与学校之间的道路网络复杂,主路少,山路、小路很多,多数学生上学要走山路和小路。因此,很多村庄与学校之间的物理距离貌似不远,但实际的行路时间却很长,学生上学路上花费过多的时间和精力,必然影响课堂的学习效果,对学习产生负面影响。学校合并过程中,必须考虑学生上学的时间因素。

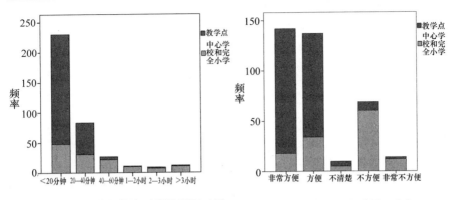

图6-13　学生步行从家到学校所需时间　　图6-14　学生上学是否方便

　　其次，学生的学习效果。学生的学习效果是布局调整过程中需要考查的一个重要变量。调查数据表明，中心学校与教学点的学生在学习效果方面存在差异（见图6-15）。学生的学习成绩被分为5个等级：上等、中上等、中等、中下等和下等。学习成绩在"上等"的教学点学生占到78.8%，而中心小学的学生仅有21.2%；"中上等"的教学点学生比例为67.1%，中心小学学生只有32.9%；而学习成绩在"中下等"和"下等"的中心小学学生比例高于教学点学生。这表明，教学点学生的学习成绩要"好于"至少"不差于"中心小学。此外，在学生回答"是否总能顺利完成老师留的作业"的问题时，回答"总能完成"的教学点学生比例为63.6%，中心学校学生比例为36.4%；但是回答"有时不能"和"经常不能"的中心学校学生比例高于教学点学生比例（见图6-16）。因此，无论从学生成绩还是学生完成家庭作业的情况看，教学点学生的表现要好于中心小学的学生。那么，为什么教学点学生的学习效果好于中心小学的学生？是教学点本身的教学质量高，还是学生在教学点上学更加便利有助于学习效果的提高？教育是一个复杂的过程和问题，"教育系统内部存在着影响目的选择、过程实施、结果实现的多因素，'复杂性'是教育系统中的本然存在特性和基本存在样态"①。在具体的环境和背景下，影响教学点和中心学校学生学习效果的因素也是多样化的。

---

　　①　司晓宏、吴东方：《复杂性理论与教育的复杂性研究》，《教育研究》2007年第11期。

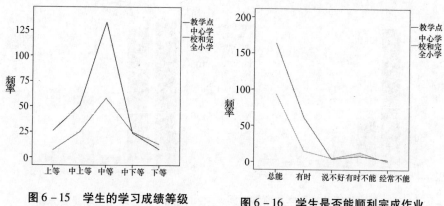

图 6 - 15　学生的学习成绩等级　　图 6 - 16　学生是否能顺利完成作业

　　在农村中小学布局调整的背景下，影响不同学校学生的学习效果的因素交织复杂，综合起来有地理的、社会的、个人及家庭的、教育的等多重因素。对调查数据中学生学习成绩与影响因素的卡方检验结果表明（见表 6 - 12），10 个因素对学习成绩均具有显著影响，这些因素可以划分为三类：（1）地理因素，即地形、上学路程的物理距离、时间距离。统计显示，3 个地理因素中，时间距离对学生的学习成绩影响最为显著（显著水平为 0.000，小于 0.01），物理距离和地形对学习成绩具有显著影响（显著水平均小于 0.1）。该统计结果与 GIS 分析的数据结果相一致，新丰县地处山区，学生居住地也大多在山区。学校合并后，完全小学数量减少，学生要走更远的山路才能到达学校，上学的物理距离和时间距离都大大增加。由于山路崎岖，很多学生只能走路上学，时间距离的增加会导致学生在路途中耗费更多的精力，从而影响学习效果和学习成绩。（2）个人家庭因素。学生家庭的经济压力对学生学习成绩具有较为显著的影响（显著水平小于 0.05）。根据问卷和访谈数据，学生的家庭经济压力主要来源于学校布局调整后学生上学的直接私人成本和间接私人成本的增加。直接成本主要包括交通费、伙食费、生活费等的增加；间接成本包括学生因为在学校时间的增加而不得不放弃在家做农活或家务活的机会。很多学生由教学点转到大规模中心学校上学后，也会因为家庭经济条件差而影响自己的学习自信心，导致学习成绩的下降。（3）学校教育因素。这类因素包含的内容很多，主要有：学校是否经历过学校布局调整、学生与班上同学的关系、教师授课质量等。从统计结果我们可以看出，学校经历布局调整、学生与同学的关系、班级规模三类因素对学习成绩的影响极其显著

（小于0.01）；教师的责任心、指导学生学习的频率以及授课质量对学生学习成绩的影响比较显著（小于0.05）。这表明在农村学校布局调整的特殊背景下，影响学生学习成绩的因素中很多与学校合并相关。其原因在于学校布局调整导致很多完全小学被撤销，新的合并后的完全小学和中心小学规模扩大，原来在教学点上学的学生转到大规模学校上学，新的学习环境会导致不适应、与班上同学的关系容易出现不融洽、老师在大规模班级授课也很难关注到每一个学生，指导学生学习的机会较少，这些都给中心学校学生的学习效果带来负面影响。而教学点的学生上学离家很近，上学方便，在熟悉的环境上学，班级规模小，老师更有责任心，对每个学生投注的精力和时间更多，有助于教学质量的提高。

表6-12　　　　　与学生成绩相关因素的卡方检验（Likelihood Ratio）

因素		Value	df	显著性 Asymp. Sig.（2-sided）
地理	地形	14.488	8	0.070*
	物理距离	116.270	96	0.078*
	时间距离	49.717	20	0.000***
个人家庭	家庭经济压力	29.062	16	0.024**
教育	学校是否经历了布局调整	13.792	4	0.008***
	与同学的关系	34.533	16	0.005***
	教师是否负责任	27.061	16	0.041**
	班上的学生数量	139.514	68	0.000***
	老师是否经常指导学生学习	32.074	16	0.010**
	老师上课质量	23.625	16	0.015**

注：*，**，***分别表示在0.1，0.05，0.01水平上显著。

3. 新丰县布局调整规划的对策建议

由GIS工作平台计算并导出的学校空间可达性模型反映了学校布局调整后学校与村庄的地理关系。但事实上，由于教育是一种复杂的包含多种因素的社会活动，学校的可达性模型应该也包括学生上学的时间距离以及学生的学习效果等因素，这些都是影响学生上学的重要因素。世界银行专家Douglas Leman针对学校布局规划中学生的上学距离问题指出：学生上学距离应该包括物理距离、时间距离和文化距离①。其中，物理距离是以千米或米为单位进行测量的实际度量；时间距离考察了影响时间长短的阻隔因素如山地、河流、森林等，这些物理障碍会导致上学时间的增长；文化距离是一个较为抽象的概念，它包括学生的学习状况如学习成绩、辍学率、保持率、到校率、在新学校的适应程度等。三种距离中，文化距离不容易被直接测量，往往需要选择一些有代表性的变量来进行衡量。本研究将学生的学习成绩、学校和教师质量、学生与班上同学的关系等确定为代表文化距离的变量。如前所述，调研的实际情况表明，学校布局调整后，学生到不同类型的学校（中心学校与教学点）上学，他们的物理距离、时间距离和文化距离均呈现差异，因此对于新丰县学校布局调整的规划建议也从实证分析的几个方面进行阐述：

第一，物理距离。

学生上学的合理物理距离由家长卷问卷统计分析所得，因为家长对于学生的上学情况最为了解，而且对于孩子上学路程远近的估测比其他人更为准确。家长卷统计分析显示，学生家长对于"孩子上学的合理距离范围"问题的回答情况见图6-21：家长们认为的"孩子上学的合理物理距离"统计平均值为1.10千米，中值为1千米，这里我们将平均值1.10千米确定为合理距离。根据SPSS对该问题的频数分析表明，40.2%的家长认为1千米最为合理，25.8%的家长认为0.5千米最合理，13.6%的家长认为1.5千米最合理。那么，认为1.5千米以内的家长数量占到答题总数的79.6%，即大多数家长认为学生的上学距离应该小于1.5千米。本研究的统计结果1.10千米与联合国教科文组织对发展中国家农村学生上学距离的相关研究是接近的，其研究表明：入学率由于学生被转到其他村庄的学生上学而有所下降，如果上学的距离超过1千米，入学率就会开始下降②。因此，1千米是导致入学率变化的一个临界值，学生们的上学距离应该小于1千米以保证入学。新丰县小学适龄儿童的合理上学距离的研究结果为1.10千米，与国际上的相关研究基本一致，也符合新丰县的实际情况。布局调整过程中，如果小学学龄儿童需要每天走路上学，将上学距

---

① Douglas Lehman (Principle Author)(2003). Bringing the School to the Children: Shortening the Path to EFA. Education, World Bank. http://www.worldbank.org/education/.

② Ibid..

离控制在 1.10 千米是符合实际的，教育行政人员应该对此标准予以考虑。

　　与学生上学物理距离有关的另外一个问题就是村庄与其邻近学校之间的关系及调整范围问题。目前，学校布局调整是以镇、行政村为单位进行行政区域内学校合并，但山区县的村庄布局分散不规则，有些村庄反而与其他行政村或镇中心的学校距离较近。针对这类情况，GIS 中的"Create Thiessen Polygon"工具依据村庄与其距离最近的学校之间的关系导出 Thiessen 模型。如图 6-17 到图 6-20 所示，中心学校与教学点在布局调整前后的 Thiessen 模型中，网格线将每个学校与其邻近村庄的范围分隔，显示学校与服务村庄最佳区域。中心学校在布局调整前由于学校数量较多，因此学校与邻近服务村庄的 Thisssen 模块数量也较多，布局调整之后，完全小学的数量减少，模块数量也减少，模块面积扩大；教学点在布局调整前后的 Thiessen 模型变化情况与完全小学相反，原因在于教学点数量在布局调整之后有所增多。Thiessen 模型与表 6-11 关于村庄与学校最近距离的统计结果是一致的，它更进一步明确地显示了学校与其临近村庄之间的地理分布和空间关系。那么，在学校布局规划中，一方面，教育决策者在确定学生就近入学的学校时，应根据学校与村庄的 Thiessen 模型来确定；另一方面，在确定新学校选址的问题时，可以根据该模型判定新学校的最佳位置。

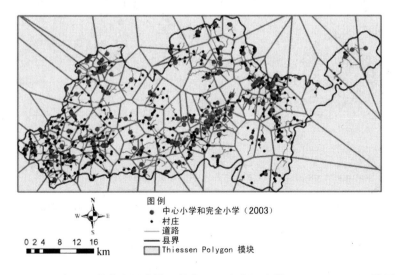

图 6-17　布局调整前离村庄最近的中心（完全）小学 Thiessen Polygon 模型

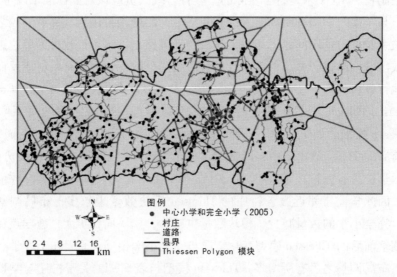

图 6 - 18　布局调整后离村庄最近的中心（完全）小学 Thiessen Polygon 模型

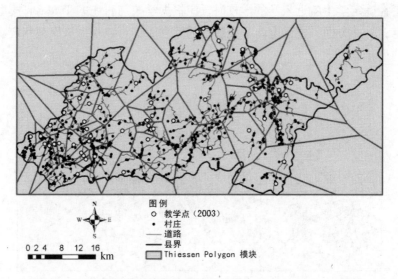

图 6 - 19　布局调整前离村庄最近的教学点 Thiessen Polygon 模型

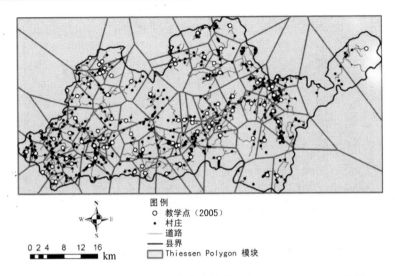

图 6 - 20　布局调整后离村庄最近的教学点 Thiessen Polygon 模型

第二，时间距离。

学生上学的合理时间距离通过 SPSS 描述统计交叉表获得。家长卷中学生的实际上学距离与"上学是否方便"两项数据的交叉统计显示（见图 6 - 22）：如果学生的时间距离为 0.3 小时，选择"不方便"的答题次数达到第一个峰值；如果时间距离达到 0.5 小时，选择不方便的答题次数达到第二个峰值，同时，选择"非常不方便"的频次达到第一个峰值；当时间距离为 1 小时和 2 小时，"不方便"的回答频次分别达到第三个和第四个峰值。因此，根据该统计结果，0.5 小时被确定为学生上学的合理时间距离，即学生从家到学校的步行上学时间最好不超过 0.5 小时。如果学校里学生的家庭所在地距离很远，学生步行时间很长，学校或教育行政部门要采取一些公共措施来为学生提供便利，如建设寄宿学校和提供校车服务等。一方面，寄宿学校更适合高年级学生，对于教学点年龄小的儿童并不适用；另一方面，校车服务在目前中国农村并没有推行，主要原因在于教育行政部门没有将校车纳入政府管理，没有经费负担校车服务的支出，而是由学生个人家庭自行解决交通问题，承担了很重的经济压力。因此，学校布局调整过程中，学生上学的时间距离问题以及与此联系着的寄宿学校、校车服务供给等问题都是教育行政部门需要考虑和斟酌的。

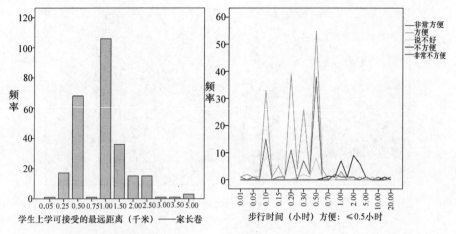

图6-21　学生可接受的上学最远距离　图6-22　学生认为"方便"的上学时间

第三，文化距离（影响学生及其家长对学校合并态度的与文化距离相关的因素）。

对于文化距离方面的对策建议，我们主要从学生和家长对学校布局调整的态度两个维度进行分析，原因在于学生和家长的态度直接决定了他们上学的意愿，而影响他们态度的因素很多，包括地理地形、经济条件、学校质量等，学生和家长的态度以及影响因素都属于文化距离的范畴。因此通过考察这两个群体的态度及其影响因素，与学校布局调整相关联的文化距离方面的很多因素可以被引入。在统计过程中，我们应用 SPSS 的"Multiple Logistic"工具分析影响学生和家长对学校布局调整的态度的各因素的显著性。因变量为"是否支持农村学校布局调整"，将"是"定义为"1"，"否"定义为"0"；自变量包含的内容因学生卷和家长卷不同而有所区别，其中，经过多元回归后，学生卷中对因变量造成显著性影响的自变量主要包括7项内容（见表6-13）：（1）学生的就读年级。本次调研的学生包括3—5年级的教学点和中心小学学生，3年级的学生年龄较小，他们对于到大规模的完全小学或中心小学上学会更容易感到不方便和不适应，因此低年级学生较之4—5年级的学生对布局调整必然会存在更多意见。（2）学生家长的职业情况。家长的职业情况包括四种：在家务农、其中一人进城打工、父母都在外打工、其他。他们的职业状况直接决定着学生家庭的经济状况，父母双方均在家务农的学生家庭经济条件会很差，这类学生对学校布局调整会更容易持反对意见。（3）就读学校类型。就读学校类型包括教学点和完全小学，原本在教学点上学的学生会更容易反对学校布局调整，原因在于学校合并后他们需要转到离家较远的学校上学，上学时间和成本都会增加。（4）每月生活开销。很多农村学生尤其是山区的学生家庭经济条件很差，如果由于学校布局调整而导致每月的生活开销很大，他们上学的意愿会降低，对学校合并的意见也会很大。（5）和（6）教师的教学质量和责任心①。教师的教学质量和责任心都是影响学生对学校合并态度的重要因素。就读于教学点的学生普遍认为老师很负责，教学质量也有保证，而中心学校的老师让学生（尤其是原来就读于教学点的学生）感到陌生不亲切，没有很多的时间关注每个学生。因此此学生愿意在离家较近的教学点上学，不愿意学校调整或合并。（7）班级规模。布局调整后中心学校的班级规模过大，导致学生感到疏离和不融合，也不能得到老师更多的关注，因此，在中心学校大规模班级上课的学生更容易反对学校布局调整政策。

表 6 – 13　　　　　学生对学校布局调整的态度及其影响因素

Effect	Model Fitting Criteria		Likelihood Ratio Tests
	Chi – Square	df	显著性
Intercept	0.000	0	
就读年级	8.162	2	0.017**
家长的职业	7.538	2	0.023**
就读学校类型	6.569	1	0.010**
每个月的生活费	9.247	2	0.010**
教师教学质量	4.702	2	0.095*
教师责任心	5.305	2	0.070*
班级规模	8.781	2	0.012**

注：*，**，***分别表示在 0.1，0.05，0.01 水平上显著。

对家长的态度具有显著影响的自变量包括 7 个（见表 6 – 14）：（1）职业状况。家长卷中将职业划分为：农民、经商、政府职员、教师、医生、

---

① 教师的教学质量和责任心都属于"教师"因素，因此将两者放在一起讨论。

进城务工人员。在调查对象中，有53.5%的家长职业是农民，34.7%的家长属于进城务工人员，这两种职业占据了被调查家长的88.2%，比例很高。其中，职业为农民的学生家长的经济收入是很低的，这导致家庭经济状况拮据，对于学校布局调整后学生转学而增加的教育支出要承担很大的经济压力。因此，职业为农民的家长对学校布局调整政策的态度更趋向于反对意见。（2）家庭的孩子数量。家庭拥有的孩子数量越多，需要支出的教育成本越高，家长对教育成本的增加就越敏感，也就更倾向于反对布局调整政策。（3）家庭经济状况。调查问卷将家庭经济水平划分为：上等、中等和下等，经济状况处于下等的家庭对于布局调整后引起的教育成本增加必然承担更大的压力，因此更容易反对学校合并。（4）居住地地形。新丰县山区比例很大，大部分村民居住地地形属于山区丘陵，因此学生上学要走很远的山路，尤其是学校合并后，学生上学的物理距离和时间距离的增加会使家长很不放心，这说明居住地地形对家长的态度具有极其显著的影响。（5）和（6）上学的物理距离和时间距离①。学校布局调整后，学生转到完全小学或中心小学上学会导致上学距离的增加，山路崎岖难行，学生要在上学路途中花费更多的时间和精力，还可能面临安全问题，家长会十分担心。因此，该因素对家长的态度具有极其显著的影响。Mason的研究也验证了这一结论："一般而言，学校与家庭的距离对儿童入学的影响是负的。"② （7）学校教育质量。学生学习成绩的好坏是家长最关心的问题之一，而决定学习成绩的最重要因素莫过于学校的教育质量。学校布局调整过程中，教学点和完全小学的教育质量对家长的态度影响很大，如果教学点的教学质量能够保证学生的成绩，家长会更愿意让孩子在离家较近的教学点上学，而反对学校布局调整。调研统计数据表明，有85.4%的家长认为"教学点的教育质量要好于中心学校"，他们更倾向于保留教学点。

---

① 上学的物理距离和时间距离同属于"距离"的范畴，因此将（5）和（6）放在一起讨论。

② Mason, Andrew（1995）. Schooling Decisions, Basic Education, and the Poor in Rural Java. Ph. D. Diss. Stanford University.

表 6 - 14　　　　　　　　　影响家长对学校布局调整态度的因素

自变量	Model Fitting Criteria		Likelihood Ratio Tests
	Chi-Square	df	显著性
Intercept	0.000	0	
职业	25.558	5	0.000 * * *
孩子数量	25.128	5	0.000 * * *
家庭经济状况	11.648	2	0.003 * * *
居住地地形	11.040	2	0.004 * * *
上学物理距离	10.105	2	0.006 * * *
时间距离	16.914	3	0.001 * * *
学校教育质量	35.635	2	0.000 * * *

注：*，* *，* * *分别表示在 0.1，0.05，0.01 水平上显著。

综上所述，影响学生和家长态度的众多因素可以大致划分为 3 类：（1）个人家庭情况，包括家长的职业、家庭拥有的孩子数量、学生就读年级、家庭经济情况和上学生活成本。（2）交通状况，包括地理地形、上学的物理距离和时间距离。（3）学校教育质量，包括教师教学质量、教师责任心和班级规模。因此，除去与上学距离相关的地理地形因素，其他两类"个人家庭状况"和"学校教育质量"都可以被归为"文化距离"的范畴，因为这两类因素都与学生的学习状况息息相关，它们不仅影响着学生和家长对学校布局调整的态度，而且关系到学生的受教育机会。因此，通过文化距离方面因素的分析，对新丰县学校布局调整的规划建议主要包括：（1）控制并减少学生的上学成本。义务教育是公共产品，是所有适龄儿童应该免费享有的基本权利。2005 年国务院《关于深化农村义务教育经费保障机制改革的通知》中规定：2007 年全国农村义务教育阶段中小学生全部免除学杂费，对贫困家庭学生免费提供教科书并补助寄宿生生活费。全部免除学杂费和两免一补政策使农村学生的上学成本大大降低，农村义务教育逐渐向免费阶段迈进。但目前的问题在于，一方面，两免一补政策覆盖的农村贫困学生比例仍然较小，很多偏远地区的贫困学生仍然要交纳住宿费、搭伙费、课本费、资料费等；另一方面，农村学校布局调整政策实施又增加了交通费用。新丰县地处山区，很多学生家庭经济条件较差，他们同样面临着上学成本较高的压力，很多贫困学生一学期的上学成本在 300—500 元之间。因此，新丰县教育行政部门应该进一步落实《新机制》对免费义务教育和两免一补政策的要求，进一步扩大两免一补政策的覆盖面。更关键的一点在于学校布局调整过程中，政策执行者要在避免加大学生上学成本的前提下进行学校撤并，如果由于学校撤并而导致学生的交通成本增加，教育行政部门要考虑为当地学生提供免费校车以减轻其经济压力。（2）征求家长、村民的意见，保留必要的教学点。新丰县农村学校布局调整过程中也存在不征求多方群体意见的问题，导致家长、村民和教师对学校合并存在意见和分歧。对一些必要保留的教学点，家长、村民和教师从学生上学方便、顺利入学的角度出发，认为应该保留并保证教学点的办学质量。如图 6 - 23 和图 6 - 24 所示，68.52% 的教师和 75.99% 的家长都同意保留教学点。因此，教育行政部门不能忽视多方群体的意见而盲目撤销教学点。（3）控制中心学校的学校规模和班级规模，促进教育质量提高。学校布局调整后，完全小学和中心小学在学校规模和班级规模方面都有所扩大，大班教学导致的学生之间关系不融洽、教师关注度低、学习成绩参差不齐等问题与布局调整政策的初衷背道而驰。因而，控制中心学校的规模、保证教育质量的提高应成为教育行政部门关注的重点。根据课题组对中西部六省的实证研究，中心小学的学校规模和班级规模应以教师对理想学校规模的预期为标准：小学 12 个班，每班 35 人左右，在校生 405 人左右；初中 20 个班，每班 40 人左右，在校生 800 人左右。

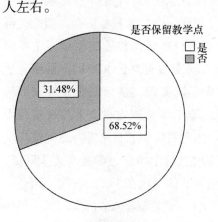

图 6 - 23　对保留教学点的态度
（教师卷）

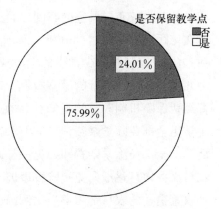

图 6 - 24　对保留教学点的态度
（家长卷）

4. 新丰县教学点撤并的经验总结

新丰县教学点撤并的经验源于整个学校布局调整政策的实施过程，以及实施过程中对每一个环节的处理效果。前文的分析表明，作为一个地处山区的县级区域，新丰县的学校布局调整政策的实施是一个极其复杂的过程。其具体环节主要包括：明确政策实施的目的和对象、前期规划、处理利益主体的关系、效果评估、未来调整的计划等。其中，处理难度较大的环节主要有前期规划、利益主体的关系处理和效果评估三个方面。那么，基于新丰县布局调整政策实施过程的分析，对于教学点撤并的相关经验，我们主要得出以下几点经验：第一，前期规划应启用 GIS 地理信息系统，对人口分布和密度、道路交通、学校村庄位置等多项因素进行考察分析并将其可视化，这样有助于作出更合理的规划。针对教学点的布局，要通过考察服务范围、物理距离、时间距离和文化距离等多个影响因素和指标进行前期规划，防止布局调整后出现学生上学远上学难的现象。第二，要协调利益主体的关系。撤并教学点涉及的利益主体主要是学生和家长，新丰县学校布局调整过程中对于学生和家长的利益需求并没有充分满足，很多学生上学不便的问题没有避免，应成为今后调整的重点。第三，效果评估。这一环节也应运用 GIS 进行分析，评价布局调整政策实施后学校布局的合理性，发现政策实施过程中存在或引发的问题，并作出进一步改进的计划。

二 做好教育规划——调整农村教学点布局的理论论证和现实原则

联合国教科文组织提出："从广义上讲，教育规划是把理性的系统分析运用于教育发展进程，使教育能更有效、更经济地满足学生及社会对教育的需求。"[①] 布劳格也曾指出："教育规划包括现期进行的明智决策，这些决策将对未来必须采取的行动产生更为深远的影响。"[②] 简言之，教育规划就是为将来教育改革的行动而准备的一系列决策过程。从教育规划的内涵来看，教育规划是教育政策制定的前期准备，为教育政策执行指引方

---

① 转引自 IIEP（2003）.40 Years：Planning for Change in Education. UNESCO：IIEP，Paris.

② ［英］M. 布劳格：《教育经济学导论》，韩云等译，春秋出版社 1989 年版，第 106 页。

向、指导教育政策执行的全过程。一项教育政策的实施效果在很大程度上取决于教育规划的合理性和科学性。农村学校布局调整及教学点撤并作为当前我国农村的教育实践问题，之所以在政策实施过程中出现了一些问题和负面影响，尤其是很多教学点被盲目撤并，给偏远农村学生带来的上学远、学难问题，其原因之一就在于学校布局规划仍缺乏合理性和科学性。那么，面对学校布局调整过程及教学点撤并过程中出现的问题和困难，地方政府如何从实际出发、加强学校布局规划的合理性和科学性，就成为一项十分紧迫和重要的工作。

教育规划的制定和完善是一个系统过程，它需要有一定的理论作指导，在规划实施过程中经过实践的检验、校正，从而逐渐完善并促进教育规划目标的实现。课题组的实际调研表明，我国大部分农村地区的学校布局调整仍然缺乏系统的、具有科学依据的规划。很多地方政府在负责本地区学校布局调整工作时，单纯以合并后学校的规模、学生上学物理距离为标准，将县域内的学校基本情况进行汇总、调整。这种规划过程既缺少理论依据，又没有综合考虑区域内的实际情况。鉴于这些问题，本章前半部分以新丰县为个案的学校布局调整和教学点布局分析提供了微观实证数据。由此，我们可以进一步对农村教学点布局问题进行理论论证、提出合理解决农村教学点撤并问题的原则，从而为全国范围内的教学点布局问题提供指导和帮助。作为农村学校布局调整过程中的子过程，教学点布局规划的理论论证包括动态调整理论——引入区域经济学领域的区位理论；静态评价理论——生产力驱动代替效率驱动评价学校的教育效益。在理论论证和实证数据的基础上，本研究提出农村教学点布局的现实原则，即在布局规划中应考虑的实际因素，主要包括：地理环境、气候特征；经济政治文化差异；人口数量、结构、密度、变动趋势；学生的入学距离和村内及跨村间的教育现状；政策执行过程中争取多方群体的意见。

（一）农村学校（教学点）布局规划的理论依据

学校布局是确定学校在哪里办学、对学校进行区位选择的过程。从学校布局的含义和调整过程来看，它也可以称为学校区位选择。那么，如何在学校布局过程中确定学校的合理区位？其背后的理论基础是什么？这就涉及什么是"区位"、什么是"区位选择"的问题。根据区域经济学领域的区位选择理论，区位是指"某一主体或事物所占据的场所"；区位选择就是"决策者根据自身需要和相应的约束条件选择最佳的占据区位的行为"①。区位理论为所有布局主体如经济主体、公共机构和家庭居民等提供理论基础和指导。学校是一个国家基础公共设施的重要组成部分，因此学校布局规划的理论基础也来源于区位理论。该理论从学校布局的动态调整角度，通过解释区位的形成过程、结构特点等问题为学校布局提供借鉴和指导。教学点是农村学校的一种办学形式，其布局自然属于农村学校布局规划的一部分，它与农村学校布局规划是一个整体，其理论基础与农村学校布局的理论依据是一致的。

教学点布局规划除了区位结构的动态调整外，还涉及其本身的办学效率问题，即静态评价问题。传统的评价学校办学效率的准则源于规模经济理论的"投入最小化、产出最大化"，即通过扩大学校的规模来降低生均教育成本。由于教育产出不仅涉及数量，更涉及复杂的质量问题，因此衡量学校教育产出的难度较大。这导致长期以来教育决策者偏重以效率驱动为主的方法，即侧重从投入的角度寻求教育支出的最小化，而忽视对教育产出的关注②。我国农村教学点办学效率的评价标准也不例外，地方教育行政人员从短期的政府预算角度考虑，认为教学点办学规模小，但仍需要一定数量的固定成本支持学校运转，是效率低下的办学形式。他们一方面没有全面理解教育产出的多样性和复杂性另一方面忽视了教学点为教育产出做出的巨大贡献。因此，生产力驱动替代效率驱动为主的评价机制应成为教学点问题的静态评价理论基础。

1. 动态调整理论——区位理论

第一，区位的相关概念。区位一词源于德语"standort"，英文将其译为"location"，中文译为："区位"，其含义是指："某一主体或事物所占据的场所，具体可标志为一定的空间坐标。"③ 区位包括地理区位和经济区位，其中，地理区位是以地形、地貌特征表征的区位，强调在空间中的经纬度以及地理特征的差异性；经济区位则更多地强调由地理坐标（空间位置）所标志的经济利益差别。区域经济学将经济区位主体/单位作为主要的研究对象（经济区位主体包含的范围很广泛，如工业生产单位、

---

① 郝寿义、安虎森：《区域经济学》，经济科学出版社 2004 年版，第 49 页。
② ［澳大利亚］西蒙·马金森：《澳大利亚教育与公共政策》，严慧仙、洪森译，浙江大学出版社 2007 年版，第 79 页。
③ 郝寿义、安虎森：《区域经济学》，经济科学出版社 2004 年版，第 49 页。

家庭居住地、公共设施等均属于此范畴），从经济学的角度对其区位选择进行分析。在区位主体布局的过程中，区位因素是区位主体进行空间配置的外部约束因素。在不同的区位上，人口分布、市场需求、资源分布等状况不同，区位利益就出现很大差异，区位主体的布局状况也有所不同。因此，区位因素是区位理论的重要概念，它是"作为区位的经济原因运作的力，是指经济活动发生在某个特定点或若干点上，而不是发生在其他点所获得的优势"①。具体来讲，区位因素②主要包括：（1）自然条件，包括地理环境、气候变化、自然资源情况等，自然条件是生产和生活的依存，是影响区位布局的客观因素；（2）社会经济条件，包括生产关系（主要指国家经济体制）、上层建筑（包括政治制度、法律制度、道德、哲学、宗教、艺术等）、历史条件和经济地理位置（居民点、区域、工厂等的地理位置）等。社会经济条件通过管理决定着区位主体的布局。（3）技术条件，包括生产知识、经验、技术设备等，它是解决生产和生活实际问题的手段和方法的总和。（4）人口分布，包括人口数量与增长速度、人口分布与迁移以及人口构成等，它对经济布局有重要影响。总之，关于区位的相关概念包括区位、区位布局主体和区位因素，根据上述概念的介绍，我们可以看出，区位布局与学校布局的关联是包含与被包含的关系，学校是区位布局主体的一种，学校布局问题是区位布局的子集。区位布局过程中，区位因素的内容及其对区位布局的影响同样对学校布局问题具有借鉴意义。

第二，代表性的区位理论及其对农村学校布局的理论价值。区位理论是区域经济学的学科理论基础。经济活动的存在和运动，都会占一定的空间，从而在空间上形成一定的地理分布和移动。只有这种分布和移动合理，才能获得较好的经济效益。因此，区位理论的基本原理就是阐明各种经济活动分布和移动规律。根据发展时期和理论特色，区位理论可以大致划分为三个阶段（见表6－15）：古典区位论、近代区位论和现代区位论。在不同的发展阶段，区域经济学研究领域出现了不同的代表人物，如杜能（Johann Heinrich von Thünen）、韦伯（Alfred Weber）、克里斯塔勒（Chri-

---

① ［德］阿尔弗雷德·韦伯：《工业区位论》，李刚剑、陈志人、张英保译，商务印书馆2009年版，第36页。

② 潘学标：《经济地理与区域发展》，气象出版社2003年版，第28页。

staller Walter）、廖什（August Losch）等，他们结合经济社会发展的实际
问题，针对农业、工业及城市发展等问题提出了相应的区位理论，成为区
域经济学研究的奠基理论。鉴于本研究主要涉及农村地区发展和农村学校
布局问题，这里主要介绍杜能的农业区位论、韦伯的工业区位论和克里斯
塔勒的中心地理论。其中，克里斯塔勒的中心地理论是重点论述的内容，
因为该理论综合了政治、经济、社会、地理等多方面因素，分析了城镇包
括农村社会经济的集聚等级序列系统，同时对教育机构（学校）的布局
问题也有所涉及。中心地理论可以说是农村学校（包括教学点）布局的
理论基础。

表 6 – 15　　　　　　　　　　区位理论的发展

项目	古典区位论	近代区位论	现代区位论
起始时期	19 世纪 20 年代	20 世纪 30 年代	20 世纪 70 年代
涉及对象	第一、第二产业	第二、第三产业和城市	城市和区域
追求目标	成本最低	市场最优	优势最明显
理论特色	微观的静态平衡	宏观的静态平衡	宏观的动态平衡
代表人物	杜能、韦伯	克里斯塔勒、廖什	俄林、哈格斯朗

杜能的农业区位论。杜能是 19 世纪初德国经济学家，他提出的农业
区位论——孤立国理论及其代表性著作《孤立国同农业和国民经济的关
系》奠定了其经济活动空间模式创始人的地位。19 世纪初随着农业的发
展和资本主义在农业中的渗透，农产品逐步商品化，如何改善农业管理和
降低生产成本、提高效益成为当时农业发展的重要问题。在这种背景下，
杜能根据在德国北部麦克伦堡平原长期经营农场的经验，提出了孤立国理
论，其中心思想是：农业土地利用类型和农业土地经营集约化程度，不仅
取决于土地的天然特性，而且更重要的是取决于其经济状况，其中特别取
决于它到农产品消费地（市场）的距离①。为了验证这一结论，杜能提出
了其理论的前提假设："在一个平原中央有一个巨大的城市，那里没有可
以通行的自然水流和人工运河。这一平原的土地肥力完全均等，各处都适
宜于耕作。离城市最远的平原四周，是未经开垦的荒野。那里与外界完全

① 潘学标：《经济地理与区域发展》，气象出版社 2003 年版，第 13 页。

隔绝，被称为孤立国。这一平原除了一个大城市外，没有别的市镇，它供应全境一切人工产品，而城市的食品完全依靠于四周的土地。"①

　　基于上述假设，杜能分析了孤立国内如何布局农作物才能从每一单位面积土地上获得最大利润的问题。他通过计算不同区域内农业生产的利润，得出结论：城市周围土地的利用类型以及农业集约化程度都是随着距离的远近呈带状分布变化，围绕城市形成一系列同心圆，这就是著名的"杜能圈"（见图6-25）：第一圈为自由农作区，它紧靠城市和市场，主要

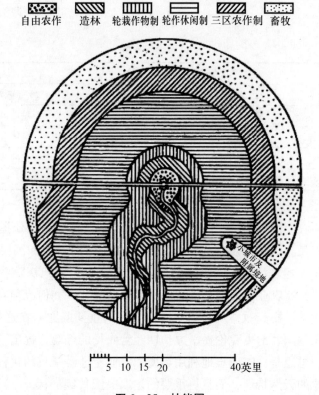

图6-25　杜能圈

　　资料来源：［德］约翰·冯·杜能著，吴恒康译：《孤立国同农业和国民经济的关系》，商务印书馆1997年版，第312页。

---

　　① ［德］约翰·冯·杜能：《孤立国同农业和国民经济的关系》，吴恒康译，商务印书馆1997年版，第19页。

生产蔬菜、牛奶、鲜花等易腐烂且运费高的产品。因为当时处于马车时代，保鲜技术落后，这些产品必须在市场附近，否则运费增加，收益下降。第二圈为林业区，主要生产木材，以解决城市居民所需燃料问题（烹调和取暖）。第三圈为轮作农业区，该区主要种植谷物、土豆和饲养牲畜，实行轮栽作物制。第四圈是谷草农作区，该区为谷物、牧草和休闲地轮作，实行轮栽休闲制，向城市提供谷物和畜产品，以后者为主。第五圈为三田制农作区，即谷物——牧草——休耕，黑麦、燕麦、休耕各三分之一，主要向城市提供经过加工的畜产品和极少数谷物。第六圈为畜牧区，这一区域离城远，运费高，大量土地用来放牧或种牧草。第六圈之外是无人烟的荒野。

杜能理论采用孤立化的抽象思维方法，是区域经济学研究史上最为重要的贡献，他第一次阐明了空间摩擦对人类经济活动的影响，而且具有一定的普遍意义。虽然其理论模型与现实农业区位之间存在差异，但其理论对于近现代农业区位以及农村聚落的研究具有十分重要的借鉴和启示意义。在我国，应用杜能区位理论对城市规划和农业布局的研究很多，主要有三个空间研究层次，包括以农户或农村聚落为中心的空间水平的杜能圈以市场为中心的空间水平的杜能圈以及以整个国家或大的地域为中心的空间水平的杜能圈①。如我国学者对北京市郊的农业区位进行研究，发现与杜能圈理论类似，可以划分为四个区域：近郊区——蔬菜、鲜奶、蛋品；远郊区内侧——粮和生猪；远郊区外侧——粮、鲜瓜果、林木；外围区——林业、畜牧、干果。对于集约利用土地、单位面积产出较高的经济单位——银行、保险金融业、超市、大公司办公机构、通信枢纽及对运输费用比较敏感的企事业单位，则大多安置在市中心等②。杜能圈对我国农村聚落和城乡发展也具有重要的意义。叶长卫等人的研究表明：中西部一些边远地区的农村，由于交通闭塞，生产力相对较低，农产品只能供给就近的城镇。而农村的日用品和工具则通过城镇获得（有城镇生产的，也有外部供应的）。在这些地区，城乡的距离成为影响农民收入的关键因素，农业区位论在这些地区会普遍适用。从市场特点来讲，与人们生活紧密相关的每个城镇的小农贸市场异常发达，形成农业资源分布的点状市

---

① 高进田：《区域的经济学分析》，上海人民出版社2007年版，第67页。
② 张文奎：《人文地理论文选集》，东北师范大学出版社1993年版，第135页。

场，这些点状市场的长期存在为农业区位论的运用创造了条件①。可见，杜能的农业区位论对我国农村农业区位布局和农业生产具有重要的指导意义。在我国农村，受到地理位置、自然环境、生产技术等各方面因素的影响，很多地区存在适应当地特色的农业生产布局，存在与杜能圈理论相拟合的布局状态。总体上来讲，靠近县镇中心地区商业贸易最为发达。在城镇化的发展过程中，农业生产布局也在向以县镇为中心、向外逐渐形成农业圈的特点发展。这对农业人口的布局产生了影响，从而影响了其他公共设施的布局。但是我国幅员辽阔，农村地区的情况千差万别，尤其是偏远山区，其经济社会十分落后，农业生产布局仍然处于较为原始的状态，很多地区农民靠山吃山、靠水吃水，勉强维持生计，农业的发展并没有规律可循，很多农民进城打工获取生活的绝大部分收入。因此，杜能圈理论对于解释我国农村的农业生产布局的能力是有限的，但对指导和展望未来发展是有效的。在区域经济学领域，它是最早的奠基理论，在当时的背景下，也鲜有涉及经济活动主体的选址问题，因此，该理论与当前我国农村学校布局的问题还具有一定的距离，影响作用并不直接。

韦伯的工业区位论。韦伯是工业区位理论的奠基人。他提出该理论的时代背景是德国在产业革命之后，近代工业有了较快的发展，导致大规模的人口地域间流动，尤其是产业与人口向大城市集中极为显著。由此，韦伯侧重从运输成本、劳动力工资和聚集因素等几个方面分析工业区位选择的基本原则，试图解释人口的地域间大规模移动以及城市人口与产业的集聚的原因。韦伯仍然沿用杜能的抽象研究方法，首先界定了理论假说：所分析的对象是一个孤立的国家或地区，对工业区只探讨其经济因素，假定该国家或地区的气候、地质、地形、政策、民族、工人技艺都是相同的；工业原料、燃料产地为已知点，生产条件和埋藏状况不变；消费地为已知点，需要量不变；劳动供给地为已知点，供给情况不变，工资固定；生产和交易就同一品种进行讨论；运输费用是重量和距离的函数。韦伯通过分析区位因素对工业区位选择的影响，提出工业区位论的核心思想：区位因子的合理组合使企业成本和运费最低，因此，工厂就有必要将区位定在生产和流通上最节约的地点。他将区位因素划分为：一般区位要素（运输

---

①　叶长卫、李雪松：《浅谈杜能农业区位论对我国农业发展的作用与启示》，《华中农业大学学报》（社会科学版）2002年第4期。

成本、劳动力成本和地租）和特殊区位要素（空气湿度、水资源等）；区域因素（地理位置）和集聚因素、自然技术因素以及社会文化因素等①。根据学者对韦伯区位理论的评价，韦伯理论的最大贡献之一是最小费用区位原则，即费用最小点就是最佳区位点。该理论的应用领域比较广泛，它不仅对国家工业布局提供理论指导，而且对其他产业布局也具有指导意义。该理论提出的影响工业区位布局的区位因素对其他公共设施（如政府、医院、学校等）的布局具有借鉴意义。

根据韦伯的成本最小化工业布局原理，我国学者郝寿义和安虎森对公共设施区位的选择进行了研究，并计算了公共设施选址的费用最小化模型。在讨论公共设施区位选择问题之前，首先应明确公共设施的概念。依据萨缪尔森对公共品特性的界定（非排他性、联合消费的可能性和非竞争性），区域经济学理论假定公共设施是按照其提供的服务类型划分为不同的组成群，特定群中的设施具有三个不同的公共性方面：第一，该设施提供的服务具有公共（或准公共）产权；第二，公共权力机构控制或操作着该设施的服务供给；第三，公共权力机构决定着该设施的区位和投资。② 在公共设施的空间分析中，距离效应是关键因素，因此，公共设施被划分为"出行设施"和"保险服务设施"，前者是指消费者为了获得服务需要移动的一些设施，例如学校、医院、图书馆、剧院、公园等，它们属于准公共产品；后者指具有距离衰减效应的纯公共品，如消防队、警察局、配有救护车的医疗急救机构等。基于公共设施的分类，学校这种公共设施是具有准公共产品特性的公共设施，它与消费者所处区位的距离对消费者的消费成本产生重要的影响。作为公共设施的学校，对社会及其成员具有长期的、动态的外部效益，这类公共设施的区位选择通常由公共权力机构根据市民的消费需求而做出决策。从区位经济学理论出发，公共设施（包括学校）的区位选择模型为"费用最小化模型"：

假定有一组区域，而且每个区域都潜在地包括一些小规模设施。公共设施的区位决策问题有以下规定：

$L = \{j : j = 1, 2, \cdots\}$ 代表给定的区域集合中潜在的设施区位集；

---

① ［德］阿尔弗雷德·韦伯：《工业区位论》，李刚剑、陈志人、张英保译，商务印书馆2009年版，第38—39页。

② 郝寿义、安虎森：《区域经济学》，经济科学出版社2004年版，第64页。

c_{ij} = 区位 i 的消费者和区位 j 的设施之间的运输或者置换成本；

$f_j^* = g_j + f_j$ ，表示单位设施的投资 + 运作成本；

如果假定所有的设施具有同样的规模，这样 f_j^* 就代表一个基础设施的成本。应用这一微观的经济规定，公共设施的区位选择问题就可以简化为公共设施一定服务范围内的居民的成本和此公共设施的成本之和最小化问题。则有模型：

$$\min \sum_{j \in L} \sum_i c_{ij} r_{ij} + \sum_{j \in L} f_j^* \qquad (1)$$

$$\sum_{j \in L} r_{ij} = 1 ; 0 \leqslant r_{ij} \leqslant 1 \qquad (2)$$

$\sum f_j^*$ 通常写成 $\sum f_j^* y_j$ ，当设施 j 是开放时， $y_j = 1$ ，否则 $y_j = 0$ 。

公共设施选址的费用最小化模型表明，公共设施的选址问题实质上是将居民的出行成本与公共设施的成本之和最小化的过程。基于该模型，我国农村学校（教学点）的布局规划问题也可以此作为参照，在确定学校的布局位置及规划过程中，除了要考虑学校建设的成本外，决不能忽视学校服务范围内学生及其家庭的出行成本。这与本研究的调查结果也是相符的，调查结果表明，农村学校布局调整实施后，上学远、上学难是很多偏远山区学生面临的新问题，即学生及其家庭承担了过重的上学成本（出行成本）。而依据公共设施选址模型，除了降低学校建设成本外，农村学生上学的出行成本应降为最低，才符合费用最小化的函数关系式；换言之，只有最大限度上降低学生上学的出行成本，才是农村学校布局的最佳模型。那么，在学校布局调整过程中，适当保留偏远山区的农村教学点就成为降低学生上学出行成本的最佳策略。因此，公共设施区位选择模型对我国的农村学校布局规划尤其是教学点的政府决策具有重要的指导意义。在决定教学点撤留问题时，我们可以将该模型引入，通过计算学生上学的出行成本以及教学点的办学成本，并将该数值与教学点撤销后学生转入中心学校的成本做比较，来论证学校布局的合理性及教学点保留的必要性。

克里斯塔勒的中心地理论（结构）。20 世纪初期开始，城市化进程逐渐加快，城镇逐渐在社会经济中占据主导地位，区域经济学者开始将研究重点由原来的农业、工业生产布局转向以城镇为中心、研究城镇的形态、空间布局和等级规律等。其中重要的代表人物克里斯塔勒最早就"是否有决定城镇数量、规模以及分布规律"的问题展开了研究，并由此成为了"中心地理论"的开创者。克里斯塔勒在关注乡村与城镇的布局结构时发现：中世纪城镇布局图中，市场地点通常坐落在聚落中心，向边缘地区过渡房屋越来越小，城区外面的乡村原野上分布着各种形状的小村庄、村镇。与中世纪城镇布局类似，现代城市布局仍然存在这种"集中型等级序列"①。由此，他提出了城镇布局等级序列中的"中心地"的概念，首先他沿用格拉德曼（Robert Gladman）对城镇的主要职能的论述："城镇是充当周围农村的中心和地方交通与外部世界的中介者。"② 根据格拉德曼的论述，克里斯塔勒拓展了中心地的概念和含义，他指出："那些主要起区域中心作用的聚落称为中心居民点（中心地）。中心地的意义是相对的，那些具有较大区域的中心职能，并在其中存有其他次要中心地的地方，称为较高级中心地；那些仅对周邻地区具有地方性中心意义的地方，称为较低级中心地和最低级中心地；不具有中心意义或发挥较少中心作用的较小地方称为辅助中心地。"

根据中心地概念的内涵和外延，克里斯塔勒建立了可以表示等级体系（小村落、大村落、镇和市）中的中心地位置及其相互关系的模式。他认为较大城镇中心职能的覆盖区内，包含着中心职能较小的次一级聚落。从提供货物、服务的角度看，只有中心地才能提供中心货物或服务，但这些货物和服务的销售范围，即人们愿意采购的出行距离，其界限往往处于一个中心地与生产相同货物并以相同价格出售的另一个中心地之间的中点。如图 6 - 26 所示，克里斯塔勒设计了六边形区域体系，一级中心地为城市（C）；二级中心地为小城镇（T）；三级为村庄（V）；四级为小村庄（H）。在中心地体系中，一级中心地城市为其他次级中心地提供货物和服务，以此类推，每一个较高级中心地为其下一级的中心地提供货物和服务，逐级向外辐射。该模型需要严格的假设条件，假设区域是均一的平面，没有自然的障碍，土壤肥力一样；假设人口分布均匀，购买力到处一样。在中心商品的消费与中心地的发展过程中，克里斯塔勒指出该过程受到很多因素的影响，主要包括：经济距离（运输、保险、储存等成本、

---

① ［德］沃尔特·克里斯塔勒：《德国南部的中心地原理》，常正文、王兴中等译，商务印书馆 1998 年版，第 21—25 页。

② ［德］罗伯特·格拉德曼：《施瓦本地区的城市》，载《地理学会杂志》，柏林，1916年，第 427 页。

时间长短以及运输过程中的重量或空间损失等）、商品范围（中心地购买商品而愿意到达的最远距离）、聚集于中心地的居民人数以及散布在中心地之外的人口密度和分布状况、人口的收入和社会构成、距其他中心地的远近程度及许多其他因素①。

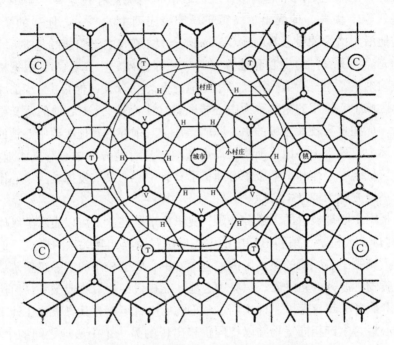

图 6 - 26　克里斯塔勒六边形中心地网络模型

资料来源：H. J. 德伯里：《人文地理》，北京师范大学出版社 1988 年版，第 222 页。

针对中心地商品及消费的问题，克里斯塔勒将商品划分为四种类型：（1）具有固定价格的确定数量的商品；（2）具有市场价格的确定数量的商品；（3）具有固定价格、可随时增加数量的商品；（4）具有市场价格、可随时增加数量的商品。② 那么，"学校"这类机构属于哪种类型呢？克里斯塔勒将"学校"等文化机构划为"具有固定价格可增数量的商品范畴"，这类服务的提供和消费很大程度上受到消费总量的影响，

----

① ［德］沃尔特·克里斯塔勒：《德国南部的中心地原理》，常正文、王兴中等译，商务印书馆 1998 年版，第 33 页。

② 同上书，第 45 页。

即如果区域内行政区规模较大，适龄人口数量较多，对教育的需求较大，那么由于教育服务的供应是成本固定、可增加数量的商品，教育机构便可以通过扩大学校规模、增加师资和设备满足当地的教育需求。教育机构的这一商品属性可以避免由于需求大于供给的供需矛盾导致的消费者向其他中心地迁移而带来的消费成本上升以及中心地发展失衡问题。学校教育机构布局中心地的重要程度主要由该行政区的规模和居民人数所决定，即由国家行政管理的范围决定，因此他们并不惧怕竞争。事实上，克里斯塔勒对教育机构商品类别的判定，与其他经济学家认为的学校属于"公共产品"的属性是一致的，教育服务是政府责任范围内的一种公共性的服务。尤其是义务教育阶段的学校教育机构，在各区域内的布局应该以满足当地的需求为基本原则，即由"该行政区的规模和适龄人口的数量"所决定。如果中心地布局有所变动或者在新的中心地形成的过程中，学校公共教育机构的服务供给范围也会发生变化。但学校服务范围的变化仍然是以"服务人口的规模和合理的消费成本"为依据，其中消费成本要保证不给当地居民带来经济上的压力。对义务教育来讲，该消费成本理论上应该为零。

克里斯塔勒对教育机构的布局与中心地布局的对应关系也进行了归纳和总结（见表 6 - 16），在南德农业地区的中心地体系中，包括小村庄、集市、镇、县城、市、中级政府、省府和国土中心等八级中心地，每一级中心地数目、区域半径、提供货物和服务的种类、人口规模和中心地都依据其等级的不同而不同。由各级中心地对应的教育机构情况来看，H 级辅助中心地仅拥有小规模的农村小学或小型教堂负责学生和村民的教育；M 级和 A 级中心地都设置有完整的小学学校，服务范围覆盖各自的次级中心地；K 级和 B 级中心地分别设有高级中学和高级完全中学；G、P、L 级分别设有大学。可见，在一定程度上来说，教育体系与中心地体系是一个统一的系统。与中心地体系相对应，在教育体系中，教育机构即是其生源地区（即学区）的中心地区，它与其从属的中心地一样对其服务范围内的适龄人口发挥着不可替代的中心地作用。

表 6 – 16   克里斯塔勒归纳的德国南部农业地区的中心地体系

中心地类型 和级别	中心地数目 （个）	区域半径 （km）	提供货物和 服务种类	教育机构	中心地人口 （人）	中心度
H 小村庄	—	—	—	小规模学校 或小型教堂	800	– 0.5—+ 0.5
M 集市	485	4.0	40	小学	1200	0.5—2
A 镇	162	6.9	90	小学	2000	2—4
K 县城	54	12.0	180	高级中学	4000	4—12
B 市	18	20.7	330	高级完全 中学	10000	12—30
G 中级政府 驻地	6	36.0	600	大学城	30000	30—150
P 省府	2	62.1	1000	大学	100000	150—1200
L 国土中心	1	106.0	2000	大学	500000	1200—3000

资料来源：［德］沃尔特·克里斯塔勒：《德国南部的中心地原理》，常正文、王兴中等译，商务印书馆 1998 年版，第 181 页。

相对于杜能的农业区位论和韦伯的工业区位论，克里斯塔勒的中心地理论向前迈进了一大步，它研究了一个较为完整的经济体系，将政治、经济、社会、地理等因素都纳入了中心地体系。该理论主要论述了一定区域（国家）内城镇等级、规模、职能间关系及空间结构的规律性，其主要目的在于探索和揭示城镇分布的"安排原则"，决定城镇数量、规模和分布的原则。对于我国农村地区的发展及农村学校布局的启示主要有两点：首先，城镇是人类社会经济活动在空间的投影，是区域的核心。城镇应建在位于乡村中心的地点，对周围乡村起中心地的作用。施坚雅的研究曾表明：中国某些特定地域的中心地网络和等级体系，与克里斯塔勒的模型十分相似[①]。事实上，在当今时代，克氏理论的"中心地和等级体系"与我国农村行政区划及当前的农村城镇化改革也是相一致的。一直以来，我国乡村聚落体系大致可以划分为 7 级：一级镇（县城）、二级镇（中心集镇）、三级镇（乡镇）、四级镇（乡间小集镇）、中心村、基层村、耕作点。而随着经济社会的发展，二、三、四级集镇与中心村已逐渐合并成一级，即中心村多位于中心镇，向外辐射基层村。集镇的中心地作用在我国

---

① ［美］施坚雅（G. William Skinner）：《中国乡村的市场与社会结构》，中国社会科学出版社 1998 年版，第 5 页。

新农村建设过程中日益明显。德伯里也指出："中国农民的活动空间非常有限，但集镇是更高一级集市中心网络的组成部分。农民在集镇中有机会接触自己村落以外的世界。这些集镇不仅是货物交换的市场，也具有联系中华民族的职能。"[①]

其次，中心地理论将非生产性的服务业纳入人类经济地理活动的统一体系之中。学校等公共设施、文化机构的布局问题也在该理论的探讨范围内。克里斯塔勒将学校教育机构划入"具有固定成本、可增加数量的商品"范畴，教育服务的决定因素应取决于行政区域的规模和人口数量，教育机构应主要按照"行政原则"和"交通原则"进行布局，而非市场原则。因此，在我国的农村中小学布局调整过程中，如何统筹考虑人口分布、教育设施和地理环境的关系，满足所有适龄儿童享受义务教育的需求是核心问题。现实中，学校布局是一个动态的、而非单一独立的过程，它是与城镇化进程相统一的。在农村城镇化进程中，很多地区的中心村要随着经济政治重心的转移而进行调整和重新确定。按照中心地理论和各国中心村确立的经验，我国学者提出农村中心村的区位选定原则：（1）交通不便的村庄向交通便利的村庄集中；（2）经济落后的村庄向经济条件好的村庄集中；（3）规模小的村庄向规模大的村庄集中；（4）集镇附近的村庄向镇区集中。对于特殊村庄应特殊对待，对于不便搬迁的自然村应予以保留；（5）符合城镇体系的发展。[②] 因此，这一过程也是农村人口再分布的过程，是农村学校布局调整的客观背景和政策驱动力之一。

农村学校布局调整过程也正是伴随着上述农村中心地的调整和重新布局的过程而进行的。中心地理论及其对应的学校教育机构的布局原则为指导我国的农村学校布局提供了理论依据。因此，根据克里斯塔勒的中心地理论，我们可以从理论上设计出农村学校布局的模型，以阐释当前农村学校布局的状态及未来调整趋势。如图 6-27 所示，我国的农村学校布局应该以县镇中心学校为"中心地"，再由中心学校辐射下属完全小学、教学点。图中中心学校处于中心地位，在行政管理上，它也发挥着主导作用，是其下属完全小学和教学点的领导者。图中的单向箭头联系着中心学校和布点学校（教学点），中心学校布局在县、乡镇中心所在地，完小和教学

---

① ［美］H. J. 德伯里：《人文地理》，北京师范大学出版社 1988 年版，第 223 页。
② 徐全勇：《国外中心村对我国小城镇建设的启示》，《农业经济管理》2005 年第 2 期。

点的布局随村庄人口的稀疏、聚集程度逐渐向外扩散。这在很大程度上也反映了农村学校布局与县镇、村庄"区位"的拟合。同时，正如小村庄是整个中心地网络中的一部分一样，农村教学点也是整个农村学校布局中的组成部分，它虽然处于较低的中心地等级，在中心地体系中是辅助中心的地位。但在偏远农村的小型自然村落内，对于当地的村民和适龄儿童，它仍然发挥着重要的中心作用。正如克里斯塔勒所指出的："虽然这些乡村居民点看起来很小，也没什么重要意义，但其中每一个都在乡村生活中起着重要作用。"① 在当前我国农村学校布局调整的实际过程中，大部分农村地区也是按照本研究提出的模型进行学校重新布局的，但其中存在的问题就在于：处于最低级中心地的教学点在很多地方的布局规划中都是将"被逐步撤销的"。这表明，地方教育行政部门没有从农村社会经济发展的整体情况出发，没有认识到很多小的自然村、居民点在农村聚落布局中依然是客观存在的组成部分。那么，对于这些区域内的人口教育问题，教学点是无法替代的教育设施。

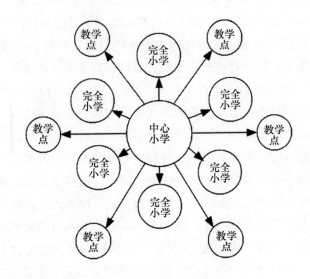

图 6 - 27　学校布局调整模型
（中心小学—县镇；完全小学—镇、中心村；教学点—自然村）

---

① ［德］沃尔特·克里斯塔勒：《德国南部的中心地原理》，常正文、王兴中等译，商务印书馆 1998 年版，第 20 页。

2. 静态评价——生产力驱动代替效率驱动

厘清农村教学点的静态评价问题是继其动态布局问题之后的另一个重要理论前提。教育资源并不是无限充裕和供给的，因此，教育通常要求"既高效又多产"。教育经济学家们引用效率与生产力的概念，认为衡量学校办学效率的基本原则是教育投入与产出的比例，即以"投入最小化、产出最大化"来促进教育效率的提高。各国政府在教育政策的制定过程中也将教育效率和生产力作为重要的测量指标引导各级各类学校的发展。关心教育产出的提高和把教育的花费减少到最低并不缺乏充足的理由，但目前教育行政部门对于教育投入的重视程度远大于对教育产出的关注。我国地方教育行政部门对农村教学点的评价正是这一问题的鲜明体现，他们认为教学点效率低下的重要原因在于教学点规模小、浪费教育资源，有限的教育经费对教学点的投入势必影响中心学校的建设。正如西蒙·马金森（Simon Marginson）指出的："像产出、效率和生产力这一类经济概念的运用通常被即时的财政压力所主导。重点放在减少支出的效率上而不是生产力上，放在短期而非长期上。"① 对于教育效率与生产力的评价和争论存在已久，学界也产生了一些新的研究成果。因此，基于效率与生产力的理论基础，针对农村教学点的静态评价问题，教育决策者应从以下三个方面进行重新考察：

第一，区分教育的"效率"与"生产力"。教育，尤其是基础教育，是一种非市场的服务性行业，它并不创造有形的产出，不制造可交换的财富，关于教育的效率和生产力观点并不能完全套用经济学领域的概念。由此，泰格尔专门对服务生产中的投入和产出作出了划分：一是内部的效率，即资源投入和生产过程的关系；二是传统生产力，指投入和产出间的关系；三是目标满足或有效性，指消费者服务和广义目标间的关系。② 泰格尔（Tegle, S.）抓住了效率与生产力的区别，即效率主要与内部开支有关，而生产力侧重于产出。马克·布劳格指出：在教育经济学领域最频繁遇到的谬误恐怕就是把生产力作为效率的同义词。效率指的是为了生产特定产出而对投入进行的最优化组合，即以最低的消耗制造那种产出；而

① ［澳大利亚］西蒙·马金森：《澳大利亚教育与公共政策》，严惠仙、洪森译，浙江大学出版社 2007 年版，第 73 页。

② Tegle, S. (1988). Productivity public services is a political issue（《公共部门的生产力是一个政治问题》）, paper presented at New Aweden 88 seminars on Equality and efficiency, September-October 1988, Swedish Confederation of Professional Employees.

生产力的扩大和开拓很少是在效率最佳时发生，许多东西要取决于在那个特定工作领域内的革新及其在技术上的可获得性。[①] 约翰·希恩对两者也进行了区分：教育过程的效率指的是一定技术条件下资源浪费或节约的程度；生产率是指单位产出的实际投入水平，或者用新方法、设备或新技术以改进投入与产出关系的可能性。[②] 泰格尔提出教育政策中效率与生产力的区别在于效率的重点通常与开支的最小化联系在一起；而生产力的重点是把开支和产出兼顾起来考虑，考虑的中心问题是质量和数量。依据效率与生产力的概念区分，就形成了两种不同的评价方法——效率方法和生产力方法。这两种方法对于教育的发展具有不同的含义。以效率为中心的政策偏好于教育过程中在一定布局的生产中能节省金钱的那些变化；而以生产力为中心的政策则对新的或增加的产品感兴趣。因此，对于教育效率和生产力概念的区分是评价农村教学点的重要理论前提，两者的侧重点不同，也会导致不同的教育决策。

第二，生产力驱动代替效率驱动的评价机制。生产力驱动代替效率驱动的方法最先在经济学领域开始得到重视，正如 OECD 所指出的："在经济学领域，人们越来越强调生产力主题和合作性生产。"[③]但是在教育领域，由于各国政府对教育支出的数量限制、短暂的政府预算循环周期、教育产出计算方法的困难、对教育长期贡献的忽视等原因，效率为主的驱动方法依然凌驾于生产力驱动方法之上。效率驱动为主的方法往往导致教育的发展受到经费的限制而不得不屈从经济理性主义，教育作为培养人的活动，其本质的价值和意义被掩盖在经济问题之下。我国农村教学点问题在很大程度上是囿于农村地区的财政紧缺的压力而处境艰难，地方教育行政部门从节省资金、方便管理的目标出发，即以效率驱动为主的方法对教学点采取撤并政策。因此，对待农村教学点问题，以生产力驱动方法代替效率驱动为主的评价方法和政策机制是十分关键的。如表 6 - 17 所示，效率驱动方法与生产力驱动方法在测量、投入、产出、工作量、责任含义等很多方面都存在差异。其中，生产力驱动方法较之效率法显现出更大的优势，它更看重教育的实际产出，把投

---

① Blaug, M. (1972). "The productivity of universities", in M. Blaug (ed.), Economics of education 2: Selected readings, Harmondsworth: Penguin. pp. 315 - 316.

② [英] 约翰·希恩：《教育经济学》，郑伊雍译，教育科学出版社1980年版，第152页。

③ Organization for Economic Co-operation and Development, OECD. (1987). Structural adjustment and economic performance, Paris: OECD.

入看作常量，而把产出看作变量；它的计划范围侧重长期的能力增长；产出具有灵活性，偏好外部责任。这就说明，生产力方法切实把教育本身的价值和目标放在首位，它看到了社会对教育的需求在于更多、更好的教育产出，而并非为了自身利益而削减开支。同样，教育决策者应调整对农村教学点的评价方法，运用生产力驱动方法，将评价的侧重点放在教学点的产出方面。教学点最重要的作用在于培养义务教育阶段的学生，学生的质量、数量以及受教育过程是最值得关注的问题，这对于农村学校的未来发展、对于整个农村教育的发展以及全社会的发展都具有重要的意义，具有巨大的外部效益。农村教学点承担的义务教育工作也是一个长期的过程，固然不能仅仅因为经费短缺的压力而限制偏远农村地区的义务教育发展。那么，具体来讲，促进教育生产力提高的方法主要包括：（1）注意教育中实际产出的定义和测量；（2）充分利用信息技术如计算机、远程教育等提高普通课堂的生产力[①]；（3）加强对教育工作人员的培训。

表 6 - 17　　　　教育中的生产：效率驱动方法和生产力驱动方法

特　征	效率法	生产力法
定义	每单位产出常量的开支	每单位投入的生产量
测量	货币形式	传统式的，物质产出
投入	被看作变量（目标是减少它们）	被看作常量
产出	为了测量目的而成为常量	变量
工作量	变量（目标是增加它们）	常量（尽管工作性质也许会改变）
工作组织（包括需要的技能种类）	为了测量目的而成为常量	变量（生产力进步的一个基本来源）
计划范围	短期的开支节约	长期的能力增长
产出的灵活性	倾向于同一产品	容许各种产出
责任含义	偏好内部责任	偏好外部责任
行业关系含义	对立的：管理驱动的和自上而下的	具潜在合作性的

资料来源：［澳大利亚］西蒙·马金森：《澳大利亚教育与公共政策》，严惠仙、洪森译，浙江大学出版社 2007 年版，第 83 页。

---

① Levin, H., G. Class & G. Meister. (1987). "Cost-Effectiveness of computer-assisted intervention", Education Review, 11 (1), pp. 50 - 72.

第三，注意教育产出的复杂性。确立生产力驱动替代效率驱动的评价方法和政策主导后；另一个主要的实际问题在于如何衡量教育产出，教育产出都包括哪些方面。关于教育产出的界定和测量问题一直是教育经济学领域研究的重点和难点，教育产出难以测量也正是导致生产力驱动方法不能广泛推行的原因之一。在生产力驱动为主的评价过程中，明确教育生产的范畴无疑具有决定性的意义。借鉴 Wagner 对教育产出的界定，他认为教育产出主要包括：（1）在规定的时间内录取的学生数量；（2）不同层次的毕业生数量；（3）学生的学习（可以有各种不同的定义，如学识、能力等）；（4）教学和研究服务的时间；（5）教育机构的附带性服务，比如文化体育活动和职业咨询；（6）其他外部因素，包括教育机构对"文明"的贡献。[①] 同样，与此相对照，我国农村教学点的教育产出也应将上述因素纳入其中。现实的政策导向往往只侧重教学点所拥有的学生数量，而其他5类因素均缺乏统筹考虑。除了教学点的学生数量，学生的毕业数量、学习状况、教学时间、学生的课余活动、教学点的文化作用均属于教学点的产出，如果忽视了其中任何一个方面，都不能对教学点作出客观合理的评价。此外，对于教育产出如何测量的问题也需要被明确（见表6-18），根据教育大百科全书的界定，教育的投入和产出均分别包括非货币化的和货币化的项目。由此，教育产出的测量分为四种类型：第一，内部效益，即非货币化的产出与非货币化的投入的比例，也称为技术性的效率，如课堂上教师与学生的互动过程产生的学生良好的学习效果就是典型的内部效益；第二，内部效率，指学习（教育的一种非货币化成果）与教育投入成本的比例，它致力于回答教育部门资金怎样才能获得最优配置的问题，有时候也称为"分配效率"或"价格效率"；第三，外部效益，指非货币化的投入与货币化的产出之间的关系，如学校经历在多大程度上影响了学生毕业后的薪水；第四，外部效率，指货币产出与货币投入的比例，通常用来指导国家教育投资的数量和回报率。可见，由于农村教学点属于义务教育阶段办学，对它的评价应主要侧重其内部效益和内部效率上，关注学生学习的实际过程和效果，教育投入应以提高学生的学

① Wagner, L. (1987). The concept of productivity in institutions of higher education: analytic report Europe, paper prepared for the OECD conference on Productivity in higher education, 25 to 27 May. University of Quebec.

习效果为目标。

表 6 - 18　　　　　　　　　教育系统中的投入与产出

怎样测量投入	怎样测量产出	
	非货币化的项目（例如：学习）	货币化的项目
非货币化的项目（例如，课本的数目、课堂组织、教龄）	内部效益（技术性的效率）	外部效益
货币化的项目（例如，教科书的成本、教师工资）	内部效率（效益/成本）	外部效率（收益/成本）

　　资料来源：［瑞典］T. 胡森，［德］T. N. 波斯尔斯韦特主编：《国际教育百科全书》，张斌贤等译，西南师范大学出版社 2006 年版，第 454 页。

（二）处理教学点布局问题的现实原则

　　农村教学点不是孤立存在的，它是农村学校的一种办学形式，其布局与农村学校整体布局规划也是统一的。根据上述区域经济学"区位"理论对学校布局规划的启示，在学校布局的实际操作中，区位因素是重要的影响和决定性因素。这些区位因素主要包括：自然地理环境、政治经济文化差异、人口数量和结构、学校布局调整前后的状况等，它们对学校布局规划综合地产生合力，是交织复杂的，其中的每一个因素在特定的环境中影响程度也可能不同，需要整体考虑。从区位因素包含的广泛内容来看，它不仅提供了学校布局过程中应考虑的因素，而且也说明了学校布局和教育规划不是孤立的问题，它处在农村社会经济发展的宏观背景中，是一个涉及经济、社会、地理、人口、教育等多重因素的复杂问题。正如 Prakash 所说："教育规划不是独立的活动，它必须被放在整个社会发展规划的框架中，并且应成为促进教育发展进程的一个步骤。"[1] 叶澜也指出："教育是人类社会所特有的更新再生系统，可能是人世间复杂问题之最。"[2] 因此，从我国农村发展的整体"区位"情况出发，推进农村学校布局调整，才能构建出合理的学校布局结构，农村教学点的撤留问题也能得到合理的解决。具体来讲，在农村学校布局及教学点撤留的决策过程

---

　　[1]　Ved Prakash. (1963). Directions in Educational PlanningChanging Landscape of Educational Planning in India, UNESCO Working Party Report. p. 84.

　　[2]　叶澜：《世纪初中国教育理论发展的断想》，《华东师范大学学报》（教育科学版）2001年第 1 期。

中，应综合考虑以下几个方面：

1. 注意不同地区的自然环境特征

我国国土面积较大，自然条件千差万别，不同地区的地理环境和气候特征是农村学校布局过程中需要关注的首要因素。因为自然环境直接决定着人口的分布和交通状况，很多偏远地区由于自然环境恶劣，教学点的保留就成为必需的教育决策。具体来说，自然环境因素主要包括：（1）地形。我国地形分为山区、高原、丘陵、盆地和平原五大类。我国三大平原和四大丘陵均分布在国土的东南部；而高大的山脉和高原基本上在国土的西北部。平原和丘陵地区，土壤质量较高，垦殖指数高，容易修建水利设施和交通运输设施。而高山、高原地带可耕地比例较低、土质较差、基础设施的修建需要很高的成本，这就决定了山区的经济、人口情况，从而影响着学校的布局。（2）气候。根据热量和水分条件，我国分为三大气候区：东部季风、西北干旱区和青藏高原气候区[①]。其中东部气候区年降水量 400 毫米，总面积占全国国土面积的 49%，该气候区受季风影响，四季分明，水热配合较好，有利于人口居住和经济发展。西北干旱区占全国国土面积的 24%，全年平均降水量大概在 200 毫米以下，因此大部分地区为草原或荒漠，仅限于畜牧业发展；青藏高寒区占全国国土面积的 27%[②]，区内太阳总辐射量很高，地势过于高峻闭塞，气候寒冷干燥，降水也很少，农业发展十分滞后。不同的气候区域直接影响到人口的分布，因为在海拔较低的地区，其气温和气压对人体健康最有利（最适合人类生存的气温是 24 摄氏度以下、0 摄氏度以上，气压是 101.325 千帕），盆地、平原和丘陵地区大多在这个范围之内，即东部季风气候区集中了全国大部分人口。而西北干旱和青藏高原气候区面积较大，但由于其地理、气候的不利条件，人口数量少且居住分散。

综上，通过对我国自然环境的分析，我们可以看出，我国不同的区域在地形和气候上呈现出多样化的特征。从地形上来看，我国的五大地形类型中，高山、高原地区在土质、垦殖指数、交通基础设施建设等方面均十分落后。气候条件方面，西北干旱区和青藏高原气候区两个气候环境较差的区域却占据了全国国土面积的 51%。这种客观的自然条件决定着人们

---

① 张善余：《中国人口地理》，商务印书馆 1997 年版，第 18 页。
② 刘长茂、张纯元：《人口结构学》，中国人口出版社 1991 年版，第 297 页。

的居住形式和生产生活方式，在高山高原地带以及西北干旱区、青藏高原气候区，由于自然条件差，人口数量稀少，而且布局松散。因此，这些区域的地形、气候特征通过影响当地的生产方式、人口布局、交通状况而影响到农村教学点的布局。农村学校布局过程中，决定教学点的撤留问题，必须将当地的自然条件列入考察范围，因为这是影响教育决策的特殊环境因素。正如 Caillods 所说的："教育规划必须适应它所处的特殊环境和挑战，这样才有助于合理决策的制定。"[1]

2. 经济政治文化的具体情况

经济形态。自然条件的差异决定着一定区域内的经济形态和经济发展。由于我国不同区域在土地资源、气候条件、水资源、矿产等方面存在的差异，生产方式和布局也呈现差异。平原地区土地肥沃，耕地面积比例较大，气候水文条件较好，农业生产效率也较高，是我国经济发展的重心。但相反，山地、丘陵和高原占到全国总面积的 69%，其中海拔 3000 米以上的地区占 26%[2]。这些地区气候寒冷、土壤贫瘠，极大地限制了农业生产。因此，山地、高原等区域的经济形态主要体现为：第一，自给半自给经济。大面积的山脊对山区的发展形成自然的"屏障"，导致当地的生产、交换、分配处于相对封闭的状态。由于交通闭塞、土地边际性和市场边缘化等的限制，山区聚落农业生产的目的不是通过投入劳动和生产资料以获取经济效益，而更多的是满足自身的人口生产和食物保障。而且越是高海拔山地和落后山区，这种自给自足的特征越发明显。第二，传统资源配置为主。由于生产技术和手段的落后及高成本的生产资料，山区的农业发展很大程度上依靠以土地为代表的自然资源和劳动力资源，即依赖耕地面积的扩张来应对人口的压力。第三，自然资源依赖型经济。耕地破碎和立体气候的自然环境决定了当地经济发展只能依靠本身的自然资源。一些地区的粮食作物种类多而杂，玉米、小麦、青稞以及各种山地蔬菜依气候变化而更换；还有很多山区居民靠种茶作为主要的经济来源；在新疆、内蒙古、云南、广西等偏远地区，由于草地面积巨大，畜牧业是农业生产的主导，游牧民族的生产生活方式也导致了人口的频繁流动和迁移。

---

[1]　Caillods, F. (1991). La planificación de la educación en el año 2000 (Educational planning in the year 2000), in IIEP Contributions No. 4, Paris, IIPE/UNESCO.

[2]　张善余：《中国人口地理》，商务印书馆 1997 年版，第 18 页。

　　山地、高原地区以农业、畜牧业为主的经济形态和半自给自足、强烈依赖自然资源的经济特征，都表明了我国偏远山区仍然处于一种半封闭的、经济发展滞后的状态。这一方面决定了山区居民分散的聚落形态；另一方面导致了山区居民生活水平的落后。因此，针对山区落后的经济形态和发展状况，基础教育的发展就越发显得重要和棘手。因为越是偏远落后地区的学生越需要接受更好的教育来克服未来有可能出现的由于经济地位不平等而导致的新的社会排斥和不平等。正如联合国教科文组织提出的："为了缩小给妇女、农村居民、城市贫民、处于社会边缘的少数民族等许多群体带来痛苦的巨大差距，基础教育是必须跨越的第一步。"① 那么，农村教学点作为保障偏远地区学生接受基础教育的重要办学形式，是必须需要保留的。在教学点撤留问题的决策过程中，山区居民的经济状况必须被决策者纳入考虑范围，决策者必须认识到教学点的存在和继续保留不仅仅是教育本身的问题，更是关系到整个山区发展的社会问题，它为打破偏远地区学生社会经济的弱势地位和不平等发挥着不可替代的作用。

　　政治因素。农村学校布局规划需要考虑的政治因素主要是指农村地区特别是偏远农村的行政区划和管理体制，这在很大程度上影响着区域内基础设施的安排和布局。由于农村学校布局调整是以县级政府为单位进行的，因此，我们以县城镇作为讨论的范围上限。

　　根据农村地区的人口分布和规模、产业活动、道路条件和文化特征等实际情况，我国农村县域内的行政区划主要包括（见图6－28）：县城镇—中心镇—集镇—中心村—自然村—耕作点（三五家农户组成）②。其中县城镇是全县的政治、经济和文化中心，设施种类齐全，设在县城县级政府统筹管理全县的各项事务；中心镇服务范围大于本乡范围，是临近几个乡的商业中心；集镇仅为本乡服务，是本乡的商业服务中心，也是乡/镇政府所在地，文化教育、科技、卫生、邮电等事业单位通常也布局在这一级；中心村是一个行政村的管理机构所在地，它管辖行政村范围内的所有自然村和耕作点的事务，设有一些基本生活福利设施，如学校、医疗点、农资销售点等；自然村是村镇中从事农业和家庭副业生产活动的最基

---

　　① 国际21世纪教育委员会：《教育——财富蕴藏其中》，教育科学出版社2004年版，第109页。

　　② 金其铭、董昕、张小林：《乡村地理学》，江苏教育出版社1990年版，第90页。

本的居民点，区内设有简单的生活福利设施，条件较好的自然村设有农村教学点，路面交通平坦。很多自然村没有任何基础设施，仅仅是小规模的村庄，行政上从属于中心村；耕作点是比自然村规模还要小的一种特殊形式，是基于偏远山区农户的聚居形态而提出的概念，它仅有三五户农户家庭组成，除农户房屋外，没有任何生活服务设施。

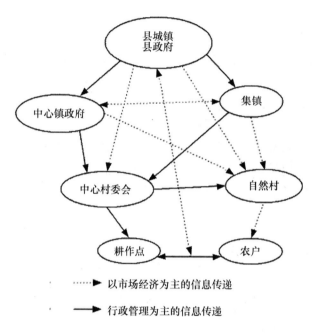

图6-28　农村县域内行政单位和聚落关系

　　总之，从我国农村地区的行政单位和服务关系来看，县级镇、中心镇、中心村和自然村是主要的四级行政单位所在地，它们分别针对各自的管辖范围进行统筹管理。这些行政区域不仅是政治中心，也是本区域内的经济、文化中心，与此相配套的生活服务设施也相应地布局在各个区域。那么，农村学校作为重要的基础设施，在各级行政区域内依据实际情况进行布局。其中，农村教学点的布局是与最低级行政单位——自然村和耕作点相对应的，它隶属中心学校管理，即自然村上一级政府中心村政府所在地。因此，农村学校的布局与各级行政区划的等级是一个统一的系统，教学点的撤留问题并不能简单地回答"撤"还是"不撤"，它所在的自然村和耕作点是农村的一级行政单位，在决策过程中，应将教学点作为自然村落内的生活服务设施来统筹规划，切实考虑自然村落内是否有必要设置小学来满足村内居民的教育需求。一个典型的值得我们借鉴的例子就是在美国纽约州，当地政府在重新规划农村行政区划的过程中，将"学校"作为社区村社的未来组织的中心，即以学校作为行政区域的重要中心来划定行政区划范围①。

　　此外，作为自然村一级行政区域的基本服务设施，教学点的撤留问题也要考虑村落内部行政组织和社会组织的关系。由于大部分自然村规模较小，不具备自己的村委会和党委办公室，因此讨论村落内的行政组织的范围定为中心村（行政村）一级。如图 6 - 29 所示，在一个村落内，存在三种主要的社会组织，主要包括行政组织、经济组织和非正式组织。首先，行政组织主要指村党支部领导下的村民自治组织（村民委员会、村民小组和农户家庭），村党支部又受到上级党组织的监督和管理；其次，经济组织主要包括集体经济组织、村合作经济组织和农户家庭；最后，非正式组织主要指宗教群体、业缘群体、血缘群体和宗教关系。

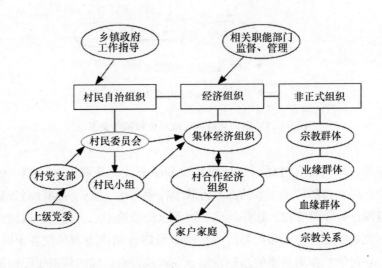

图 6 - 29　村落组织（政治、经济和非正式组织）结构

　　在这些社会组织中，各级行政组织对学校布局调整具有最为直接的影

　　①　德芒戎：《人文地理学问题》，商务印书馆 2007 年版，第 189 页。

响。具体来讲，教学点是否撤并首先是由县教育行政部门决定，然后与中心学校、村委会、村党支部进行讨论，村委会会在一定期限内通知教学点师生和当地居民，同时会对村民进行一定的说服工作，最后下发通知。可见，从原则上，学校布局规划中教学点的撤留问题是由县级行政部门、中心学校、村委会、村民小组和农户家庭共同决策的。但在实际过程中，由于很多自然村规模小、地处偏远，教学点撤并后会导致村民的孩子上学路途遥远、成本加大，往往出现村民小组和村民对上级的决策不理解、不支持的现象。村民首先向村委会反映自己的意见，村委会作为县级行政部门决策的执行和配合机构，难以给出让村民满意的答复，甚至处于一种无作为的状态。由此便导致一些村民到县政府上访事件的发生。其他两种社会组织与农村学校布局决策问题关系并不直接。因此，基于村落内各级行政组织的关系，农村教学点的撤并问题必须统筹考虑县级行政部门、中心学校、村委会和村民自治组织的关系，特别是对于村民自治组织的利益要予以充分考虑。在广大农村实行村民自治的现代社会，村民的利益得到更多的关注和重视是民主社会的基本要求，农村学校布局调整也不例外。

文化因素。文化是人类群体或社会的共享成果，不仅包括价值观、语言、知识，而且包括物质对象，是代代相传的生活方式和价值观念。首先，从生活方式来讲，偏远农村特殊的自然地理环境决定了当地居民的经济形态，如山村经济、渔村经济、牧村经济、林区经济等。基于各自的经济生产活动，各地区的聚落形成了独特的生活方式。其中以山村经济为主的地区由于地处地形崎岖的山地、高原和丘陵沟壑地区，每一小块平地的耕地有限，只能供给1—2户人的生存。因此，在一个地段之内，仅有几户或几十户人家居住在一块耕地附近，这就形成了山区的分散聚落，农户们日出而作、日落而息。渔村、木村经济和林区经济所处地区的人口也同样因为经济形态的分散性而形成散居的聚落形式，如湖荡畔的渔家、草原牧民、林人小屋等都是偏远地区散居的典型形态。而且这些地区的聚落移动性较大，他们经常会更换住址去寻找新的生产资源。这种由经济形态决定的特殊生活方式决定了服务这些群体的教育形式也应该具有针对性。因此，农村教学点的撤留问题就不能不考虑偏远地区居民的特殊生活方式。

其次，从价值观念上来看，偏远山区的特殊自然地理环境、半自给自足的经济形态决定了山区聚落的文化特征体现为"保守、排他和崇尚个性"①。虽然近年来山区很多年轻人进城打工,但他们固有的小农意识难以改变,尤其是交通极为不便的地区,长期与外界隔绝,"听天由命、安于现状"的价值观很大程度上主导着他们的生活。山区农村文化也是排他性的。地区文化与农民的心理特征和背景环境相适应,"血缘"和"地缘"是维系农村聚落关系稳定的两大支柱,甚至很多山区仍然以血缘作为族群稳定的唯一要素,而地缘只是血缘的投影,正如费孝通先生所言:"血缘是稳定的力量,在稳定的社会中,地缘不过是血缘的投影,不分离的。"② 这种由血缘和地缘关系形成的乡土文化具有很强的凝聚力,他们固守自己的观念和习俗。我国的中西部特别是西部地区如四川、云南、广西、贵州、内蒙古等地,少数民族众多,他们在漫长的历史进程中一直保留着属于自己民族的独特文化。蕴藏于泥土之中的巴蜀文化、神秘雪域的藏传文化、滇西北高原的纳西族文化、贵州的千岛文化③等,都是我国偏远农村地区独特的风景线。偏远农村聚落的文化问题是一个社会问题,近年来,它与外界文化的干扰和融合问题早已成为社会关注的焦点。那么,学校布局调整作为一项教育政策,必须要看到当地聚落居民的特殊文化背景,长期以来他们与世隔绝的高山文化决定了独有的生活方式,学校的保留和教育内容的适应都应首先依存于文化。正如联合国教科文组织所提出的"教育必须正视组成一个社会的各个群体的丰富多彩的文化表现形式,尊重多元化是一个基本原则"④。

3. 依据人口分布特点及未来的变动趋势

教学点布局过程中需要考虑的人口分布特点主要包括人口的密度大小和人口聚落形态。首先,我国中西部农村地区特别是山区人口密度较低,教学点撤留问题无法避免地要面对这一客观现实。根据我国 2000 年第五次人口普查数据统计,我国人口密度为 132 人/平方公里,东、中、西部的人口密度数据分别为 452.3 人/平方公里、262.2 人/平方公里和 51.3/平方公里,东部人口密度是西部地区的 8.8 倍。其中西部的新疆、西藏、内蒙古和

① 中科院成都山地灾害与环境研究所:《山地学概论与中国山地研究》,四川科技出版社 2000 年版,第 25 页。

② 费孝通:《乡土中国·生育制度》,北京大学出版社 1998 年版,第 70 页。

③ 中国民族建筑研究会编:《族群·聚落·民族建筑》,云南大学出版社 2009 年版,第 507 页。

④ 国际 21 世纪教育委员会:《教育——财富蕴藏其中》,教育科学出版社 2004 年版,第 41 页。

青海四个省份面积在全国排前四位，四省总面积占到全国的50%，而2002年人口还不到全国的4%。西藏、青海和新疆三个省份的人口密度在全国属最低水平，分别为2.1人/平方公里、7.2人/平方公里和12人/平方公里①。这些地区很多牧民的孩子如果本区没有小学就必须骑马才能到其他牧区的小学入学，十分不便。又如陕西省安康地区全境处于山区，平均垦殖指数不到13%，平均人口密度仅为120.8人/平方公里。

其次，人口聚落形态。限于自然条件的落后，很多偏远山区的农户仍然沿袭着传统的生产生活方式，与此相适应，"散居"是他们的主要聚落形态。如新疆、内蒙古、西藏和青海等地的农民以农牧业为主，游牧人口依赖于大自然提供的草地资源，高度散居于广阔的草原地带。塔里木河干流区域内，有游牧人口大约2万人，一家一户沿河散落分布，属于典型的点状分布格局。其他地区如广西、云南、贵州、四川等地的山区很多为少数民族聚落，其居住形式也同样是以散居为主，几家几户分散于离耕地较近的地区。因此，针对中西部地区人口密度低和"散居"为主的聚落形态，农村学校布局调整必须谨慎行事。如果教学点被随意撤销，人口密度过低区域的学生不能在本村上学，有的骑马、有的走遥远山路、有的坐船，对于十几岁的孩子是极其艰苦的旅程，这样的学校布局不仅不能改善农村教育的质量，反而会给学生入学带来更大的负担，造成农村义务教育的倒退；农村居民的聚落特点是山区经济发展的产物，是客观存在的现实，学校的布局也必须适应这种聚落形态，真正为偏远地区的居民服务，满足他们的受教育需求。

当地人口的长期变化趋势。据调查，很多地区人口出生率在近几年或是未来几年出现回升现象，如表6-19表明，2006年湖北省英山县全县小学各年级在校学生中6年级到4年级②学生数量呈递减趋势，而4年级到1年级学生数量又是逐年上升的。表6-20表明，2004年湖北省石首市桃花山镇全镇小学生数从3年级到1年级出现回升；大部分完小从2年级起学生数量出现增长；3所教学点的学生数量并不是呈递减趋势，而是相对稳定。这些数据表明尽管在近几年，县域内小学学龄人口也并不是简

---

① 罗淳、吕昭河等：《中国东西部人口发展比较研究》，中国社会科学出版社2007年版，第34页。

② 由于高年级学生入学时间早于低年级学生入学时间，所以需从高年级到低年级的学生数量情况来分析学校在校学生的数量变化情况，同时这也是学龄人口逐年变化情况的一种反映。

单的逐年下降趋势，而呈现出不稳定态势，课题组调研的其他各省也基本出现类似的情况。

表6－19　　　　　2006年湖北省英山县各年级小学生在校学生数

年级	6年级	5年级	4年级	3年级	2年级	1年级
学生数（人）	5058	4913	4712	4834	5083	5284

资料来源：数据由英山县教育局计财科提供。

表6－20　2004年湖北省石首市桃花山镇小学各年级在校学生数　　（单位：人）

	6年级	5年级	4年级	3年级	2年级	1年级
合计	405	274	209	194	208	240
镇小学	219	129	102	89	109	98
小石桥联小	72	49	40	31	30	39
联小教学点	—	—	—	—	7	10
长江小学	40	43	21	40	25	38
长江教学点	—	—	—	—	10	10
鹿角头小学	74	53	46	34	14	31
鹿角头教学点	—	—	—	—	13	14

资料来源：《桃花山镇九年义务教育学校基本状况统计表》，2004年9月。

此外，再从全国范围来看，表6－21显示，2001—2015年全国小学生学龄人口数量呈逐年递减趋势，但2015年一直到2020年又出现逐年递增趋势。因此，从上述情况来看，农村中小学布局调整不能只根据暂时的学龄人口减少而进行盲目的撤点并校，必须注意到当地学龄人口的变化情况。各地在布局调整过程中，县、乡教育部门要有长远规划，明确一个乡镇应有多少学校，根据生源和并入学校的容纳情况决定对学校的投入，对未来几年出现人口数量回升状况的地区特别是偏远山区，保留当地校点并加大投入力度。针对这一问题，石人炳也提出："学校撤并不能按学龄人口低谷时的标准规划，要留有余地。否则，今天解决了教育资源过剩的问题，明天可能会面对资源短缺的尴尬。"[1]

---

① 数据引自石人炳《人口变动对教育的影响》，中国经济出版社2005年版，第201页。

表 6 – 21　　　　　**2001—2020 年全国小学适龄学生数**　　（单位：万人）

年份	2001	2002	2003	2004	2005	2006	2007	2008	2009	2010
学生数	13076.0	12791.8	12522.8	12194.4	12099.7	11973.1	11744.0	11475.6	11189.8	10878.2
年份	2011	2012	2013	2014	2015	2016	2017	2018	2019	2020
学生数	10596.9	10390.6	10275.0	10225.0	10223.2	10264.9	10344.4	10446.7	10548.8	10626.9

资料来源：数据引自石人炳：《人口变动对教育的影响》，中国经济出版社 2005 年版，第239 页。

4. 学生的上学距离及村内及跨行政村之间的教育现状

学生的上学距离及学校办学状况是学校布局规划中应考虑的最关键也是最直接的因素。如前所述，学生上学距离包括物理距离、时间距离和文化距离。对于容易测量的物理距离和时间距离来说，教学点撤留的问题要依据当地的实际情况，拟定一个基本的学生上学距离的范围，即学生上学物理距离最远不超过多少公里，路途上花费的时间最长不超过多少分钟。课题组根据中西部地区的实际情况得出的对于小学阶段学生的上学距离标准为（见表 6 – 22）：山区走读小学、寄宿小学、丘陵平原小学的学生上学适宜距离分别为 1.5—2 公里、3—6 公里、2—2.5 公里，农村教学点学生上学最远应不超过 3 公里。从世界其他各国的情况来看（见表 6 – 23），日本、美国、英国、瑞士、荷兰等国的农村小学低年级学生入学适宜距离推荐值分别为：750 米、800 米、400 米、540—800 米、540 米。其他国家如印度小学生上学距离规定为小于 1000 米，新加坡规定小于 500 米，步行时间不超过 10 分钟[①]。相比于世界其他国家农村小学学生的上学距离标准，我国的调查结果数值较大，这与我国农村教育资源的供给不足以及学生家长的低期望值有很大关系。但基于课题组对农村小学生上学适宜距离的判断，山区走读小学服务范围 1.5—2 公里的标准在中西部大部分山区都没有达到，以至于偏远农村的学生由于上学路远承担了很大的压力。因此，教育行政部门在教学点撤留问题过程中必须考虑上学距离这一因素，以上述标准为参照，根据当地实际、征求学生家长的意见，制定出当地低年级小学生上学的适宜距离标准，作出合理的学校布局调整决策。

---

① UNESCO. (1991). Micro-Level Educational Planning and Management Handbook. Bangkok, UNESCO Principal Regional Office for Asia and the Pacific.

我国农村地区的少数成功案例也为教育决策者提供了典范，如甘肃省定西小学教学点到 2007 年只剩下一个学生，将立即被撤销，但在县教育局人员考察之后，居然奇迹般地保留下来了。原因很简单，村子交通不便，附近没有其他小学，为了保障孩子上学，必须保留。于是，该村至今没有一个孩子因没学上或上学难而辍学，这一决策得到当地村民的赞许。①

表 6 – 22　　　　　　　我国农村小学（教学点）上学距离及
　　　　　　　　　　　　学校规模情况标准　　　　　（单位：公里、人）

	上学距离	学校服务人口	学校规模	班级规模	班级数量
山区走读小学	1.5—2，≤3	2500—5000	200—400	30—40	6—12
山区寄宿小学	3—6，≤6	6500—12000	360—600	30—40	12—18
丘陵平原小学	2—2.5，≤3.5	5000—10000	360—600	30—40	12—18
农村教学点	≤3 公里，≤50 分钟	—	10—30		可复式教学、隔年招生，可放宽入学年龄，提前或推迟 1—2 年

表 6 – 23　　　各国小学学校服务半径（学生最远上学距离）标准规定（单位：米）

学校种类			日本		美国		英国	瑞士	荷兰
		适宜值		最大值	推荐值	最大值	推荐值	推荐值	推荐值
		市区	村镇						
小学	低年级	400	750	1000	800	1200	400	540—800	540
	高年级	500	1000	2000			800		

资料来源：日本《学校建筑设计画设计》、瑞士、荷兰《中小学建筑设计规范条文说明》，转引自张霄兵：《基于 GIS 的中小学布局选址规划研究》，2008 年同济大学硕士学位论文，第 20 页。

　　其次，村内及跨村间的教育现状是教学点撤留决策过程中应考虑的另一重要因素，它也是学生上学距离中文化距离的重要组成部分。无论教学点被撤销还是被保留，最终的目的都是要保证偏远地区的学生能公平地享受义务教育。因此，教学点以及合并后学校的教育质量是需要考察的一个关键因素。具体来讲，应注意以下几点：其一，如果教学点的教学质量高于中心学校或完全小学，就应该保留教学点。对于教学质量的判断要对学

————————

① 《为一个人保留的小学》，《中国教育报》2009 年 8 月 20 日。

生的期中期末成绩、学生的到校率、保持率、学生的课堂学习效果微观过程等多个项目进行综合考察，确保得出客观全面的结论；其二，如果学生对于适应新学校的环境存在困难和障碍，教学点也应该保留。调查中，很多学生反映在新学校难以适应新的学习环境，与班上的同学关系不融洽，甚至会受到同学的欺负。新学校的老师也没有更多的时间给予学习上的指导和帮助，让原本在教学点上学的学生感到疏离感和自卑感，这将对他们的学习效果产生很大程度的负面影响。因此，关注学生在新学校上学的心理状态，也是决定教学点撤留问题的重要方面；其三，如果中心学校或完全小学的寄宿条件不能满足学生的基本生活需求，教学点应该保留。寄宿制学校的建设一定程度上避免了学生上学路途遥远的问题，但调查中发现，多数地区资金短缺导致学校的住宿条件很差，宿舍简陋，一张床铺睡2—3个学生，学生洗澡和上厕所都十分不方便，这些问题给学生的生活造成了很大的困难。此外，很多学校的食堂水平也不达标，没有桌椅，不少孩子都是拿着饭碗蹲在门口吃饭。农村孩子在求学阶段如此的生活场景是很多城市孩子从未见过甚至难以想象的。因此，中心学校或完全小学的住宿条件如果不能保证学生的基本生活秩序，甚至带来生活上的不便和困难，教学点是不能被撤销的。

5. 认真执行布局调整政策

教育政策执行过程是政策执行者为实现政策目标而不断努力的动态行动过程，合理的教育政策执行模式是政策目标实现的重要保证，也是避免和克服政策实施过程中的负面影响的保障。作为促进农村义务教育发展的一项重要教育政策，农村学校布局调整应该在政策执行过程中遵循正确的逻辑顺序，特别是对于教学点的撤留问题要采取审慎的态度，避免因盲目撤销教学点造成新的困难和问题。教育政策执行的一般步骤[①]主要包括（见图6-30）：政策理解、制订执行计划、组织落实、政策宣传、具体实施、监督检查、政策执行的调整、政策执行的总结和巩固提高等9个步骤。那么，在农村学校布局调整过程中，针对教学点撤留的问题，中西部地区地方教育行政部门的政策执行者应重点从以下几个方面着手：

第一，在传达布局调整政策阶段，要组织各个部门包括县级、乡镇级、中心小学等各级教育行政部门的工作人员进行学习，正确理解政策的

---

① 袁振国：《教育政策学》，江苏教育出版社1998年版，第207页。

背景、目标，结合当地实际情况讨论可能出现的难点，并集思广益提出解决对策。

第二，制订政策执行计划。在计划制订之前，必须对于本地区的各学校尤其是教学点的办学情况包括学校规模、班级规模、硬件设施、师资水平、经费、学校地理位置等信息进行全面的考察和汇总，制订出符合当地实际的政策执行计划。对于哪些教学点要撤并、哪些教学点要保留，要拿出经过科学论证的数据和具体规划。

第三，组织落实和政策宣传两个阶段，重点侧重对偏远地区的学生、家长、村民和教学点教师进行政策解释，征求他们的意见、获得理解。如果当地学生和家长、村民反对撤并，教育行政部门必须检查既定的计划，确定科学合理的方案之后重新进行解释，征得群众的同意和支持后再具体实施。

第四，具体实施过程和监督检查阶段，要及时关注其间出现的问题和困难。如面对教学点撤销后学生上学路远不安全、成本加大等新问题，政策执行者应立刻组织寻找对策，以避免问题的再次出现。那么，停止撤销偏远交通不便地区的教学点是必要的解决对策，应在政策执行过程中予以纠正。

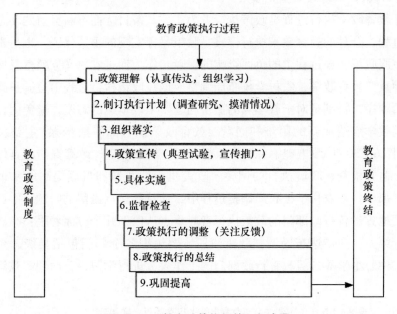

图 6 – 30　教育政策执行的一般步骤

　　第五，对政策实施过程中的经验和问题进行总结，促进教育政策为教育发展服务。农村学校布局调整与其他教育政策一样，必须全面遵循教育政策执行过程的步骤，前期、中期和后期做好充分的准备和调研工作；注重反馈，针对出现的新问题，及时对执行计划进行调整。只有完善政策执行过程每一个阶段，农村教学点的撤留问题才能更好地得到解决，偏远学生上学的困难才能得到控制，以及避免今后的布局调整过程中出现同样的问题。

　　此外，在撤点并校过程中应多方听取群众的意见，尤其是教学点所在地的学生和村民的意见尤为重要，这关系到政策实施的成败和当地教育的长期发展。偏远农村地区的学生、家长及村民是学校布局调整政策涉及的群体之一，而且是极其重要的群体。撤并教学点问题最先触及的是他们的利益，关系到学生上学方便、家庭经济压力、村民对社区中心的依恋等问题。从所调研的六省区的家长和教师对"是否保留教学点"这一问题的看法来看，其中家长卷中认为"应该保留"的占到76%，教师卷中占到68.5%（见表6-24）。可见，无论家长还是教师对保留教学点持肯定态度都占绝对多数。但在撤并教学点过程中，很多地区教育行政部门往往忽视这类群体的意见，导致了负面影响的出现。因此，在学校布局调整中对偏远地区教学点的撤留问题必须切实做好政策宣传工作，事前要将调整方案向当地群众公示，充分听取社会各界的意见。1961年日内瓦国际教育公共大会也特别提出建议："想取消单一教师学校的国家在作出安排之前，有必要考虑当地居民特别是学生家长的愿望，这些学校常常是他们的文化生活和社会生活的唯一中心。"[1] 那么，对于确实偏远、交通不便的地区，必须保留或改建一批小学或教学点，合理规划学校布局，避免简单撤点并校。撤点并校要十分慎重，坚持一切从实际出发，防止"一刀切"和"一哄而起"，认真解决城镇化以及学校布局调整过程中出现的大班额现象和农村校舍闲置等问题。[2]

---

　　[1]　联合国教科文组织：《全球教育发展的历史轨迹——国际教育大会60年建议书》，赵中建主译，教育科学出版社1999年版，第244页。

　　[2]　《教育部发出加强中小学管理规范办学行为指导意见》，《中国教育报》2009年4月25日。

表6-24　　　　　　　家长和教师对"是否保留教学点"的看法

	家长卷		教师卷	
	答题次数		有效百分比（%）	
是	4919	76.0	7114	68.5
否	1554	24.0	3286	31.5
有效样本	6473	100.0	10382	100.0

第七章 促进教育资源共享,加强继续保留教学点的建设

在慎重处理教学点撤并问题、做好学校布局规划的基础上,如何加强保留下来的教学点的建设是关系到偏远农村义务教育长足发展的重要议题。因此,针对目前教学点存在的经费不足、办学条件落后、师资水平低等困境,教育决策者也应该从这些方面入手,采取相应的措施加强教学点的建设。《全球教育发展的历史轨迹——国际教育大会 60 年建议书》中专门对农村小规模教学点的建设问题提出了建议:"针对单一教师等不完全学校,重要的是应为单一教师学校的学生提供其他的设施,提供覆盖范围尽可能广的、有效的流动图书馆服务,努力消除学生和教师与外界隔绝的现象,研究小规模学校运作过程中所涉及的各种问题。"①

一 完善财政管理体制,对保留下来的教学点予以适当支持

完善农村义务教育财政体制有助于解决教学点面临的经费短缺问题,进而也有助于改善教学点的办学条件和师资状况。具体来讲:

(一) 进一步完善农村义务教育财政体制,保障中西部地区农村义务教育经费

义务教育是公共产品,它不仅使接受义务教育的个人终身受益,而且具有巨大的外部效益,它是一个国家民族文化素质的基础,也是一个国家

---

① 联合国教科文组织:《全球教育发展的历史轨迹——国际教育大会 60 年建议书》,教育科学出版社 2001 年版,第 243—245 页。

推动民主进程的基础。正如经济学家弗里德曼（Milton Friedman）所说：
"儿童受到的教育不仅有利于儿童自己或家长，而且社会上其他成员也会从
中得到好处，我孩子受到的教育由于能促进一个稳定和民主的社会而有助
于您的福利，由于无法识别受到利益的具体的个人（或家庭），所以不能
向他们索取报酬。"① 世界各国也均通过立法的制度性措施，规定义务教育
是一种全体适龄儿童少年都有权享受的基本权利，使得义务教育具有了公
共产品的特征。同样，我国的义务教育也不例外，它具有重要的社会公益
性，可以保障国家对国民素质的基本要求，并使全体成员适应现代社会对
人的基本要求。因此，向全体适龄儿童提供免费的义务教育是我国政府义
不容辞的责任。费里德曼也提出了政府职能的经典论断：一是提供国防和
外交；二是提供公共产品；三是弥补市场失灵；四是为社会弱势群体提供
基本保障。② 义务教育公共产品的属性是我国政府制定农村义务教育财政
政策的出发点，构建合理的义务教育投资体制是实施义务教育的关键。

　　当前教学点面临经费短缺的困境直接受到农村义务教育经费总量短缺
的影响，因此完善农村义务教育投资体制、保障农村特别是中西部农村地
区的义务教育经费显得尤为迫切。有学者也提出："影响义务教育实施的核
心问题是如何开拓稳定、可靠、并能不断增加的经费渠道，筹集和投入更
多的义务教育经费，建立适应和保障义务教育正常发展的教育投资体
制。"③ 具体来讲，首先，应努力提高公共教育经费占国民生产总值的比
重。各级政府要继续调整财政支出结构，进一步加大教育投入力度，确保
到 2012 年实现《国家中长期教育改革和发展规划纲要（2010—2020 年)》
（以下简称《规划纲要》）提出的使财政性教育经费占 GDP 比例达到 4% 的
目标，提高义务教育经费保障水平。其次，加强中央和省级政府的财政责
任。根据《规划纲要》的要求，中央和省级政府应继续对农村义务教育特
别是中西部地区的义务教育担负起更多的责任。目前迫切需要解决的问题
是"普九"欠债和学校危房问题，高层政府应统筹规划及早安排解决历史

---

① ［美］米尔顿·弗里德曼：《资本主义与自由》，张瑞玉译，商务印书馆 1986 年版，第
84 页。

② ［美］米尔顿·弗里德曼、罗斯·弗里德曼：《自由选择：个人声明》，胡琦等译，商务
印书馆 1999 年版，第 31—37 页。

③ 范先佐：《教育投资体制改革的理论与实践问题研究》，华中师范大学出版社 2003 年版，
第 172 页。

遗留问题。最后，明确地方基层政府的责任。作为地方基层政府，组织和发展包括农村义务教育在内的基础性社会事业是其无法回避的基本职责。县级政府应"继续负责农村义务教育的管理和基础设施建设，包括教学管理、校舍建设、设备购置、环境治理、危房改造和经费管理等；乡镇政府应按有关规定划拨新建、扩建校舍所必需的土地和提供劳动力，负责当地中小学校舍的修缮"。[①]

（二）规范经费来源和划拨程序，对保留下来的教学点予以支持

对教学点的支持主要包括两个方面，第一，完善资金划拨程序，增加资金投入。目前教学点在管理上隶属于中心学校，所需经费也由中心校掌握，而中心校运转经费短缺，双方在争取经费方面形成一种博弈。中心校在经费方面具有支配权，为了本校的建设和发展势必忽视甚至阻碍教学点的建设。因此，有必要在此基础上对当前的投入和管理机制进行改革。首先，规范对教学点的资金划拨方式。应制定投入标准，要求中心校对保留下来的教学点予以支持，建立强有力的监督机制或问责制保证中心校对教学点的投入。中心学校绝不能对教学点办学经费的合理需求置之不顾。其次，尽量确保教学点拥有独立的经费来源。大部分中心学校经费短缺的状况在短期内恐怕难以消除，那么，在具备可行性的条件下，县财政应成立专门的教学点工作办公室以对县域内的教学点进行统一管理，或者将教学点专项经费划入中心校再投入到教学点。因为目前在中西部仍有大量的偏远教学点，它们对当地学生顺利接受义务教育发挥着重要作用，但现实中很多教学点资金短缺、办学条件十分落后。通过完善投入体制、从资金上支持教学点的建设是十分必要也是必须的。最后，《新机制》中也强调了对偏远贫困地区学校应给予支持，教育部财务司有关人士曾指出："《新机制》实施方案中对于经费统筹使用问题给予了地方一定的自主权，鼓励地方向条件更为艰苦、规模较小的学校进行倾斜，以确保这些学校的运转水平。"[②]

第二，改善教学点的办学条件，保证教育质量。目前，教学点隶属中心学校管理，在经费难以及时落实的情况下，中心学校对教学点办学条件的关注可能比经费保障更及时有效。也就是说，从长远来看，教学点应该

有自己独立的经费来源以保证办学条件；但从目前来看，中心学校必须及时对教学点改善办学条件的需求作出回应，这也是中心学校容易做到的事情。首先，在校舍方面，大多数教学点需要对校舍如教室或厨房进行修缮。调查中很多教学点教师反映校舍维修的费用并不高，一般几百元，主要用于买原料和雇当地工人施工。而主要的问题是上报中心学校之后得不到批复，一拖再拖。因此，这就需要中心学校相关负责人充分掌握其下属教学点的情况，对教学点校舍修缮之类的资金需求作出及时回应，并根据实际情况进行批复。其次，教育教学设备方面，很多教学点需要最基本的实验器材和体育器材如篮球、乒乓球等，这对中心校来说是完全有能力办到的，而且这些设备是更有必要投入到教学点的。中心学校领导应时常到教学点做实质性的走访和调查，了解教学点的状况和实际困难，然后作出合理安排。办学条件的改善有助于保证教学点的教育质量，这也是义务教育均衡发展的题中之义：缩小不同地区的教育不平等，需要在不降低教育质量、入学机会和教学效果的前提下，把现在分给受惠地区的一部分资源拨给贫困地区。①

再次，应促进远程教育的有效应用，这不仅是改善教学点办学条件的重要内容，也是影响其教学质量的关键因素。针对目前大多数教学点缺少电教设备抑或远程教育形同虚设的情况，各级政府必须向教学点提供基本的电教设备，特别是对一些已经配备电教设备却没有应用于教学的教学点，应加强教学点教师的培训、转变他们的教学观念。高层政府对偏远教学点远程教育的应用也极为重视："各地教育行政部门要在农村边远的小学和教学点，大力推行以光盘教学为主教师教学为辅、光盘教学与教师教学相结合的教学方式，来弥补教师的不足，保证当地基本的教学质量。要组织具备接收卫星资源条件的农村中小学，将接收的教学资源下载下来并刻录成光盘，通过走教、送教等各种途径，将教学光盘分送给农村边远山区、交通不便地区的小学和教学点。"② 因此，地方教育行政部门必须对这一问题重视起来，积极引导教学点运用远程教育，促进教育质量的提高。最后，

---

① ［美］菲利普·库姆斯：《世界教育危机》，赵宝恒、李环等译，王英杰校，人民教育出版社2001年版，第242页。

② 中国教育新闻网：《教育部办公厅关于切实解决农村偏远山区交通不便地区中小学生上学远问题有关事项的通知》（http://www.jyb.com.cn/jyzl/jyzc/jcjy/ywjy/t20060626_ 21927.htm，2006－06－26）。

在推行远程教育的过程中,不能狭隘地认为远程教育能完全取代教师从而忽视传统课堂教学的作用。只靠技术是无法奇迹般地解决教育系统面临的困难的。尤其应把技术与传统的教育形式结合起来加以使用,而不应将其看作是一种取代传统形式的独立的手段①。同时,教师对远程教育这种新型教育手段的掌握和操作水平是远程教育能否顺利推行并发挥积极作用的关键因素。各地必须重视对教学点教师在教育技术方面的专项培训。

二　合理配置教师资源,加强教学点师资队伍建设

加强教学点师资队伍建设是扭转教学点困境、促进其教育质量提高的最重要的措施。从某种程度上说,作为教学活动的重要主体之一,教师的质量在保证教学点教育质量方面起到决定性的作用,正如舒尔茨（Theodore W. Schultz）所言:"学校设备、学校规模、教学专业化,尤其是教师能力强烈的影响质量。"② 因此,合理配置农村地区教师资源,保证教学点教师数量并努力提高其质量是十分必要的。具体来讲:

（一）适当放宽农村教师编制,保证教学点师资的需要

针对当前我国农村教师整体上缺编的状况,各地应根据当地的实际情况将国家规定的教师编制标准（农村小学生师比为 23∶1）进行调节。尤其是中西部地区,由于教师缺编状况长期未得到改善,很多偏远地区聘用大量代课教师,教师水平良莠不齐严重影响了教育质量。因此,必须适当放宽编制,让年轻优秀教师"进得来",才能充实教师队伍,提高教育质量。教育部也明确规定:"各地在具体核定中小学教职工编制时,具有下列情况的,按照从严从紧的原则适当增加编制:内地民族班中小学,城镇普通中学举办民族班的学校和开设双语教学课程的班级,寄宿制中小学,乡镇中心小学,安排教师脱产进修,现代化教学设备达到一定规模的学校,承担示范和实验任务的学校,山区、湖区、海岛、牧区和教学点较多的地区。"③ 现实中很多地区无法放宽编制的深层次原因在于县财政困难,

---

① 联合国教科文组织:《教育——财富蕴藏其中》,教育科学出版社 2004 年版,第 168 页。

② ［美］舒尔茨:《经济增长与农业》,北京经济学院出版社 1991 年版,第 145 页。

③ 中华人民共和国教育部:《教育部颁发关于贯彻〈国务院办公厅转发中央编办、教育部、财政部关于制定中小学教职工编制标准意见的通知〉的实施意见》（http://www.moe.edu.cn/）。

针对此问题，中央和省级政府应引起重视，对中西部特别是贫困地区教师工资负起更多责任。此外，对于教师缺编问题，调查中很多地区教师提出了中肯的意见："由于老师年龄过大导致与幼儿沟通不利，教师自身也不适应，可以适当提前小学教师退休年龄。这样既能够让出编制引进新教师，也客观上为提高教师整体素质提供了条件。"具体讲，老龄教师提前退休可以依据教龄或者实行病退，男老师年龄可以提前到 55 周岁、女老师年龄可以提前到 50 周岁。对于教学点来说，不能单独以编制标准限制教师数量。如果按照编制标准，绝大多数"一师一校"的教学点，教师都处于超编状态，这样显然是不符合实际的。教学点学生数量少是客观事实，几个或十几个学生需要 2—3 位老师是合理的也是必需的。因此，教学点教师数量不仅要根据学生数量状况，而且也要考虑到年级数、学生是否中午在学校用餐、是否住宿等客观情况。调查中很多教学点的校长提出："由于偏远农村学校学生少的特点，按学生数来安排老师是不符合当地实际的，按班级数来分配老师比较合理。这样可以缓解教师的工作压力，也有利于提高教学质量。"有学者也曾提出："合理制定和落实农村中小学教师编制。根据农村居住特点和人口发展预测，合理规划学校布点。山湖库区要因地制宜，以乡镇为单位，按照国家的有关要求，在村庄比较密集、人口较多的地方设点办学，在此基础上，适度放宽农村中小学教师编制标准。"[1]

（二）促进教师流动，鼓励优秀教师到教学点任教

首先，促进教师流动是保证教学点师资的基本前提。其一，要构建公平合理的教师配置和流动机制，打破目前僵化的教师流动机制。如将教师的管理权上升到市（县）级教育行政部门，统一调配全市（县）教师到各学校定期任教。同时实行严格的教师评聘制度，做到公开、公正、公平，这样可以减少许多不公平因素的产生，可以促使城乡、县域内师资力量的安排更趋向合理。其二，必须规范对教学点教师的调配方式，这是保证教学点师资水平的最直接措施。作为直接管理教学点的中心学校在安排教学点教师时，要遵循客观、公正的原则，尽量派责任心较强、吃苦耐劳、教学经验丰富的老师到教学点。同时，应注意过一段时间让教学点与

---

[1] 《教师缺编：农村教育的一道坎儿》，《中国教育报》2006 年 11 月 12 日第 3 版。

其他学校教师轮换,让教师流动起来,既能调动教师的积极性,也有助于缓解教学点教师的压力。其三,教学点教师的调配方式应当灵活。在目前条件下,大部分教学点由于师资短缺而不得不聘请代课教师,其中不少代课教师教学效果好、工作认真负责,长期扎根教学点,对于这些代课教师应继续保留并创造条件让他们转为公办教师;还可以实行优秀教师走教、送教的方式让教学点享受到优质教育资源。教学点教师灵活的调配方式在其他国家也普遍存在,如美国的做法是有种流动的教师车,教师聘任采用市场化机制。受聘的老师可以是夫妻俩,共同到教学点去执教一年。日本山区一个只有两个孩子、两位老师的小"学校",到 2003 年以后将五六年没有接续的生源,在当地人的要求下,两位老师不走,这所小学变成了文化活动站保留下来,也为以后转成教学点做准备。①

　　其次,建立长期有效的激励机制引导优秀教师到教学点任教。教学点大多位于我国中西部偏远山区,交通不便、工作条件和生活条件差是客观现实,而且在短期内难以消除。优秀的年轻教师不愿意到教学点工作情有可原,调查中我们得知很多教学点由于留不住老师,在短期内频繁更换老师,严重影响了教学质量。因此,必须建立一种长效机制激励优秀教师到教学点任教,改善教学点的师资状况,保证教学质量。具体讲,应对进入教学点工作的优秀年轻教师实施优惠政策。如岗位补贴、评聘调配优先等,且必须及时兑现以形成长效机制。课题组调研所在地陕西省汉中市勉县实行了年轻教师轮岗到教学点任教的政策,教师在教学点工作五年后可以优先安排到中心学校或条件较好的学校任教,在评聘中也享有优先权。这一举措对教学点师资条件的改善起到了积极作用,但要长期实行下去仍需要对下派教学点教师优惠政策的及时兑现和教师轮岗时间的严格遵守,这也值得各地借鉴和推广。对于偏远地区农村学校师资问题,国际教育大会也提出了具体且值得借鉴的建议:"在农村和边远地区小学教师短缺特别严重的国家,应该给农村和边远地区的小学教师们提供补偿措施,例如给予特殊津贴,对边远或不利于健康的地区定期地观察,为教师提供住房、娱乐设备及免费的交通工具,对教师的家属给予免费的医疗服务,为

---

① 袁贵林:《［热点透视］教学点上学便利与优质教育如何对接》,《中国教育报》2006 年 12 月 21 日。

其子女提供寄宿和学习的便利设备，以及免费使用学校用地等。"①

（三）加强教师培训，提高教学点的教育质量

教学点是一种重要的教学组织形式，保证教学点的教育质量是义务教育的本质要求："义务教育的接受者，应在一国范围内的任何地域，平等的享受政府提供的相同质的服务。"② 教师作为教学活动中的重要主体之一，从某种程度上可以说是教学质量的决定性因素。因此，"我们无论怎样强调教学质量亦即教师质量的重要性都不会过分。学生的态度以及对自己的想象，在基础教育的早期阶段即基本形成。在此阶段，教师起着决定性的作用。学生要克服的障碍——贫穷、困难的社会环境、身体残疾——愈是繁重，对教师的要求就愈多"③。进一步来说，教学点地理位置偏远、交通不便，办学条件、师资水平等各方面与其他学校相比都存在很大差距。特别是偏远山区的"一师一校"型教学点，除了一间教室、黑板、桌椅外，与学生朝夕相处的老师几乎是学生对学校的全部概念。在这种情况下，要保证和提高教学点的教育质量，教师的作用就显得尤为重要。正如国际教育大会对偏远单一教师学校师资问题提出的："考虑到单一教师学校与外界的隔绝，那么教师的培训甚至比其他学校教师的培训更为必要；而在有些国家里，单一教师学校的教师所接受的培训水平低于其他学校教师的培训水平，单一教师学校教师的培训目标应使之与其同伴处在相同的起点上，以消除在任何条件、报酬、工作调动等方面可能存在的差距。"④

同样对于我国农村教学点来说，加强教师的培训，使他们更新教育教学观念，提高教学技能，是提高教学点教育质量的重要保障。教学点教师培训也是农村教师培训工程的一部分，各级政府应特别关注这部分教师的培训工作。具体讲：首先，增加教学点教师的培训机会。培训机会少的根本原因在于培训经费的短缺，因此培训经费应"以省为主"，为农村教师提供更多的免费培训机会。县级教育行政部门应设立专款用于村小教师培

---

① 联合国教科文组织：《全球教育发展的历史轨迹——国际教育大会 60 年建议书》，教育科学出版社 1999 年版，第 286 页。

② 高如峰：《农村义务教育财政体制研究》，人民教育出版社 2005 年版，第 174 页。

③ 国际 21 世纪教育委员会：《教育——财富蕴藏其中》，联合国教科文组织，教育科学出版社 2004 年版，第 139 页。

④ 联合国教科文组织：《全球教育发展的历史轨迹——国际教育大会 60 年建议书》，教育科学出版社 1999 年版，第 248 页。

训,确保培训工作落到实处。县级政府在选派教师培训时,一方面,要选择优秀骨干教师;另一方面,也要增加偏远教学点教师的培训名额,让他们享有与其他学校教师同等的培训机会。其次,针对教学点这种特殊的教学组织形式,制订对教学点教师的专门培训计划。适合教学点教师的专门培训主要包括复式教学和远程教育培训。其中复式教学培训应使教学点教师领会复式教学的理念和实质、学会复式教学独特的教学方法。远程教育培训应定期组织教学点教师学习远程教育的操作和教学技能。最后,培训方式应灵活多样。骨干教师可定期利用双休日、寒暑假集中到城区(包括地市)参观、考察、听讲座,一般教师可就近参加各种专题培训;组织城乡学校挂钩联系,定期共同开展教学研究活动;等等。要特别重视发挥乡镇中心小学的带动作用,可由中心小学牵头同年级、同学科的村小教师定期集体备课,还可采用在县域范围内几个乡镇为一片,定期开展教学研究和培训活动,由县教研室直接管理,既保证教研和培训质量,又使多数教师能就近参加培训。

三 建立教育资源共享模式,促进教学点与其他学校均衡发展

教育资源共享是指教育人力、物力资源在几所学校之间流动使用,以促进学校在办学条件、教育质量上的共同进步和发展。这一理念在世界其他国家已被广泛采纳和应用。它与教育均衡发展的理念不谋而合,教育决策者应该将该模式应用到中国的教育实践中,使之成为促进农村教育均衡发展的突破口。那么,针对农村教学点问题,尝试建立教学点与其他完全小学、中心小学之间的教育资源共享模式,对于加强教学点建设、促进教学点与其他学校的均衡发展无疑是一项重要的举措。

(一) 教育资源共享模式的内涵和类型

"教育资源共享"是拉美国家及斯里兰卡、印度、菲律宾等发展中国家在早期进行学校合并的过程中提出来的教育目标。各国学校合并大多以促进教育资源共享和教育质量的提高为主要目的。学校合并后,在一定区域内形成学校组合体,其中以一个中心学校为中心,其他学校为卫星学校。学校组合体中的各个学校轮流使用教育教学设施,就形成了教育资源

共享模式。图7－1是学校间资源共享的最理想模式示意图，图中学校 A
（Core School）代表"中心"学校机构，而且它是周围"卫星"学校
（Satellite School，学校 B—F）的领导者。图中的单向箭头联系着中心学
校和布点学校，表明中心学校向它们出借优质教育资源；虚线双向箭头联
系着各个布点学校，表明这些学校共享教育资源。中心学校行政人员同时
负责学校合并的各项工作，及时关注各学校资源共享的有序性。这种理想
模式对中心学校所拥有的资源数量和行政人员的工作能力要求很高：中心
学校需要拥有充足的教育设备以保证在各学校间随时轮流或调换，行政人
员要具备很强的协调管理能力以安排和监督资源共享的有序性，需要花费
大量的时间和精力。但在实际中，发展中国家农村学校的教育资源比较有
限，行政人员也难以保证时间和精力，所以，教育资源共享模式因学校及
资源的具体情况而存在不同。

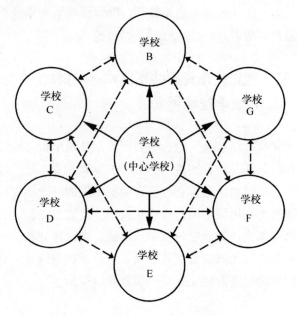

图7－1　教育资源共享的理想模式①

在学校合并的实际工作中，经济方面的目的与学校合并的具体计划和
实施过程联系最为紧密，因为经济条件中涉及教育资源、教学设备、师资

---

① 图7－1资料来源于 Mark Bray (1987). School clusters in the third world：making them work，
Unesco-unicef co-operative program, Paris. pp. 8，15，16.

等因素，经济目的是实现教育教学目的的基本前提。经济目的中最为主要的是追求教育投入—产出（教育效益）的最大化[①]。这一目的可以通过三个主要途径来实现：（1）共享教育教学设备；（2）师资共享；（3）保证各学校资源共享的秩序性。此外，一些研究者也提出了其他途径，主要包括：（4）提高教育质量；（5）简化管理，提高教育资源的利用效率。那么，在这个过程中，必然涉及中心学校与布点学校之间教育资源的分配问题。中心学校拥有教育资源的数量多少直接决定了各学校之间的共享方式。

除图7-1代表的最理想模式外，现实中受到中心校资源数量的影响，主要还有4种资源共享模式：（1）一组轮换享用模式（图7-2），如果中心学校只有一套先进教学设备或设施（如实验器材、图书等），就采取各学校轮流使用的模式。图中箭头均为单向，先从学校A出发，经由学校B一直到G最后又回到A，这表明中心学校把一套设备在B—G各学校间按固定顺序传递使用，形成循环。（2）两组轮换使用模式（图7-3），图7-3表明中心学校A拥有两套设备，那么右侧箭头开始分成两组，一个向学校G出发，经由学校B—C回到A；另一个向学校F出发，经由E—D回到A，完成循环。（3）三组轮换使用模式（图7-4），与图7-3所示模式类似，即中心学校将三套设备在三组学校中轮换使用。以上三种模式主要是针对可移动的教学设备而言，只有设备可移动，才可以在学校之间流动。

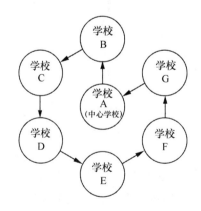

图7-2　一组轮换享用模式

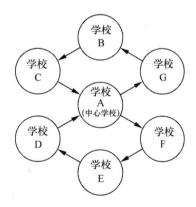

图7-3　两组轮换享用模式

① ［美］Martin Carnoy：《教育经济学国际百科全书》，高等教育出版社2000年版，第360—368页。

　　第四种模式是针对不可移动的教育设施来说的，比如图书馆、实验室及精密仪器、体育馆、剧场等。这些设施是固定于中心学校的，因此，采纳第四种模式，即周围附属学校的学生到中心学校来听课、参加大型活动或进行体育锻炼等多种形式，享用优质的教育资源（见图7-5）。除了物质性的教育资源以外，人力资源即教师也是学校合并后各学校共享的资源。尤其是特殊科目（如语言、美术、音乐、体育、计算机等）的教师，以及非教学人员如园艺、打字员、保管员等。一些中等规模和小规模学校往往是一位老师同时教几门课程，这不利于他们专业素养的提高、浪费这些专业教师的资质。因此，学校合并后，中心学校为较小规模的学校建立"教师储备"[1] 制度。这样，如果小规模学校的教师在某段时间出去参加培训或由于私人事务请假，中心学校就从储备的教师中下派教师到小规模学校任教。这既可以避免小规模学校间断性的关闭，也可以避免师资的浪费。

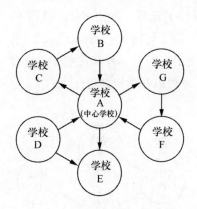

图7-4　三组轮换享用模式

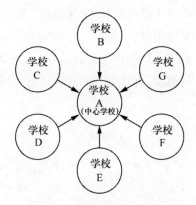

图7-5　附属学校学生到中心校
享用不可移动的教育资源

（二）构建农村教学点与其他学校资源共享模式的要求

　　基于教育资源共享模式的内涵和类型，我们可以看出：其他发展中国

---

　　① Abitong, Dionisio V. (1985). "The school learning action cell: An experience in networking", in Asia and the Pacific Programme of Educational Innovation for Development, Grass roots networking for primary education, Unesco, Bangkok. p. 35.

家在学校合并的过程中从本国农村教育资源短缺的实际出发，鼓励学校组合体内的学校轮流使用教育教学设备和人力资源。该模式不仅节省了教育经费，而且使得偏远小规模学校的学生也能享受到同等质量的教育，有力地促进了教育均衡发展和教育公平。我国农村学校布局调整的问题与之相类似，学校合并的目的主要在于提高教育的规模效益和教育资源的合理配置。但在以县为主的体制下，中西部农村县级财政紧张、教育资源相对短缺，导致了区域内学校发展水平的参差不齐：一方面，大规模中心学校的规模效益得到了提高，一定程度上实现了教育资源合理配置；而另一方面，农村教学点的办学情况却面临很多困境，教学点成为农村学校中最薄弱的地带。因此，无论是从克服农村教育资源短缺的角度，还是从提高教育资源利用效率的角度，将教育资源共享模式应用到我国农村教学点与其他学校的建设中，都是十分明智的举措。

1. 学校布局调整的目的多元，但应以提高"教育教学"质量为主要目的

学校布局调整的目的是多元的，既包括经济方面，也包括教育教学方面；既有管理方面的，也有政治层面的。但在实际工作中，提高教育教学质量应该被放在最重要的位置，这是因为学校布局调整是从属于教育领域的工作，最终是为教育本身服务。因此，提高教育质量、缩小校际差距等都是学校布局调整过程中最重要的目标。根据本课题组的抽样调查问卷统计（表7-1），我国农村学校布局调整的各项目的中，排在前两位的分别是"教育资源合理配置"和"方便教育管理"，而"提高教育质量"和"实现教育均衡发展"却排在后两位。相对而言，我国中西部教育行政人员更看重经济和管理方面的目的，而教育目的次之。此排序显示出他们从自身的工作利益出发，而忽视了教育行政是为学校教育服务的宗旨，偏离了教育的目的和方向。因此，我国农村教育行政人员应该进一步转变观念，明确农村中小学布局调整的最终目的应该是提高教育质量和促进学校均衡发展，最终促进农村教育的公平。只有树立了教育目的优先的观念，教学点的问题才能得到更多的重视。教学点虽然与规模经济理论相悖，但其最首要的作用在于它的教育功能——为偏远农村提供义务教育。因此，将教育目的作为学校布局调整的首要目的，也是正确认识教学点作用的前提，是应用教育资源共享模式的重要基础。

表 7 - 1　　　　　　　农村中小学布局调整的目的（行政卷）

布局调整的目的	权重位次	频数（人）	人次百分比（%）	样本百分比（%）
实现教育资源合理配置的需要	1	160	31.4	90.9
方便教育管理的需要	2	138	27.1	78.4
提高教育质量的需要	3	113	22.2	64.2
实现教育均衡发展的要求	4	95	18.7	54.0
其他	5	3	0.6	1.7
合计	—	509	100.0	289.2

2. 教育资源共享应覆盖所有学校，注重各学校均衡发展

教育资源共享要确保资源共享覆盖区域内所有的学校，特别是薄弱的农村教学点。农村中小学布局调整后，主要形成了四种办学形式：中心学校、完全小学、初小和教学点。各中心学校具有统筹管理服务区内其他学校的职能，教育资源也集中于中心学校，但其他学校却很难共享到中心学校的教育资源。中心学校往往利用其管理、资源上的优势，在办学条件、教学质量等方面领先于其他学校；而越是偏远地区，许多初小和教学点的教育资源越是短缺，办学条件最为落后。教育资源无法共享导致了巨大的校际差距，阻碍了农村教育的均衡发展。因此，针对上述问题，我国农村学校可以尝试构建教育资源共享模式，促进中心学校成为整个区域教育资源的管理中心和集中地，再根据所拥有的资源数量和教学点的数量情况进行学校分组，使教育资源在各组学校内部进行有序的轮换使用。特别是对农村教学点可以建立"教师储备库"，以保证小规模学校教师在外出培训或休假期间能够照常开展教学活动；同时，为小规模学校短缺学科提供优秀教师进行轮流授课。这样，无论是可移动的物化教育设备，还是不可移动的教育设施，中心学校和教学点都可以享用到优质教育资源。

教育资源共享模式也应该成为促进我国农村义务教育均衡发展的长期举措。《规划纲要》将推进义务教育均衡发展提升为义务教育战略性任务的高度，要求建立健全义务教育均衡发展保障机制，均衡配置教师、设备、图书、校舍等各项资源，切实缩小校际差距，加快缩小城乡

差距,努力缩小区域差距,到 2020 年基本实现区域内义务教育均衡发展。[①] 由此可见,教育均衡发展已成为我国义务教育发展的重要任务。中西部农村县级财政紧缺,如果将每一个教学点都配备与其他学校同样的教学设备和师资,是不可能的,也确实会造成教育资源的浪费。那么,教育资源共享模式对于解决大量教学点办学条件落后的困境提供了一个重要的契机,它不仅能克服当前教育资源短缺带来的教学点办学困境;而且从长远来看,资源共享模式从客观上适应了教学点这种灵活的办学形式。教学点规模小、每年招生人数不稳定、教师数量也少,让教学点与区域内其他学校共享教育资源能够提高资源使用效率,节省下来的资金也可以用于其他方面的建设。同时,在资源共享的过程中,教学点的学生与其他学校的学生有了更多的交流和学习机会,教学点教师能够学习到更多的新知识和教学技能,这有利于教学点教学的多元开放,能够避免教学点由于地处偏远和规模过小而导致的闭塞和隔离。因此,教育资源共享模式对于提高教育资源利用效率和教学点教育质量都具有长远的意义。

3. 突出中心学校的协调职能

学校布局调整直接涉及社区内所有学校,而直接管理各个学校的就是中心学校行政人员,他们既负责本学校的日常行政工作,也负责学区内所有学校的管理工作。应用教育资源共享模式要求注重中心学校行政人员的协调职能,尤其在各学校间教育资源配置方面,中心学校领导必须确保所有的学校都能享用到优质教育资源,并制定时间表保证教育资源使用的及时性和有序性。中心学校虽然处于管理中心地位,但这种协调职能(而非行政指令)能够有效地保证各学校的均衡发展和教育公平性。而在我国农村学校布局调整过程中,中心学校的职能仍侧重于对其下属学校的行政指令。相关行政人员通常利用这种行政指令的刚性,将财力和物力资源均集中于中心校;教师的调配也往往是由于中心校领导的主观性而形成一种"梯度效应",即中心学校拥有大部分优秀年轻教师,而越往下分配,教师水平素质越低。中心学校行政人员的协调职能基本处于缺位状态,他们把更多精力花费在本校的建设和发展上,而很少关注其他教学点的情

①　中华人民共和国教育部:《国家中长期教育改革和发展规划纲要(2010—2020 年)》(ht-tp://www. moe. gov. cn/ publicfiles/business/htmlfiles/moe/A01_ zcwj/201008/xxgk_ 93785. html)。

况。调查中很多老师反映中心学校领导很少来教学点走访、了解情况，学校越是偏远，办学状况越是得不到关注。可见，这种协调职能的缺位直接导致了偏远地区的学校无法享用到优质教育资源，甚至无法保证基本的办学条件。因此，中心校协调职能的加强和切实履行对于保证学校均衡发展是极其必要的。

第八章 农村教学点的发展和未来走向

农村经济社会发展的客观现实导致我国偏远农村地区的落后面貌在短期内无法彻底消除，偏远山区居民的聚落和文化特征也将在历史的进程中长期延续。基于偏远农村地区的经济社会背景，教学点是一种适应当地特殊环境的一种办学形式，它的灵活性和有效性能够满足当地学生的受教育需求，有利于促进教育均衡发展和教育公平。因此，无论是从社会经济发展的客观要求出发，还是从教学点本身的办学特点来看，教学点在我国偏远农村地区都将继续并长期存在，它将成为这些地区的不可替代的教育供给形式。从全世界范围来看，农村小规模学校也是各国农村义务教育发展进程中的重要供给形式，各国教育决策者也都在积极探索如何促进小规模学校长期有效发展的策略，以促进偏远地区的教育进步。这无疑也为我国农村教学点的未来发展提供了经验。

一 农村教学点长期存在的必然性

教学点长期存在的必要性主要是基于偏远农村地区的特殊经济社会环境，中西部农村地区特别是偏远山区的经济发展无法在短期内摆脱落后的境况；特殊的地理环境和聚落特征决定了山区居民将长期存在，这种人口特征要求一种灵活的办学形式——"教学点"来满足当地居民的受教育需求；分布于山区的多民族聚落拥有的多元文化将伴随历史的发展长期延续，也对教育提出了尊重多元文化的要求，教学点可以说是应对多元文化发展的教育改革的一部分。由此，这些因素都从客观上决定了教学点长期存在的必然性。正如联合国教科文发展组织指出的："发展中国家农村人口分散地区的教育问题关系到全民教育的普及，唯有长期保留并发展农村小规模复式学校，才能确保义务教育的普及和进步。"①

（一）偏远乡村经济仍然落后

乡村经济与城市经济是构成区域经济的两大主体，与城市经济不同，乡村经济布局在农村地区，以第一产业为主，总体上技术水平较低；从在区域经济中所占的比重来看，乡村经济在区域经济总量中只占较小的比重，而城市经济处于支配地位。我国经济发展的进程中，乡村经济附属、城市经济为主的经济格局占据了相当长的时期。这一经济格局导致了我国城乡经济的巨大差别，而且差距不断扩大。近年来，尽管我国政府出台多项惠农政策努力解决三农问题，但从本质上来看，我国乡村经济的特点仍以传统型乡村经济为主：第一，技术进步极为缓慢，甚至长期停滞，经济增长受到限制；第二，具有明显的生存性和自然性；第三，经济增长主要靠土地和劳力的外延性投入来实现——粗放型经济。乡村经济的特点从根本上决定了偏远农村地区在短期内无法彻底摆脱经济落后的状况。陈秀山等人的研究也表明：西部落后地区的面貌仍然没有实质性改变，在今后相当长一段时期内，区域差距，特别是绝对差距，仍然会扩大。② 从城乡收入差距的具体数据来看，2020 年，我国城乡可支配收入差距将达到 4.9:1，而国外普遍接受的城乡收入差距在 1.5:1，发展中国家的城乡差距为 1.7:1③。可见，我国城乡之间的巨大差距在未来相当长时间内仍然存在，乡村经济的落后是一个长期的状态。

中西部地区是我国农村分布的主要区域，越是偏远地区，经济落后的状况越是明显，乡村贫困的现象也越严重，据统计，我国 2/3 以上的贫困县均分布在中西部地区。根据乡村贫困的原因和表现，我国的乡村贫困主要分为 6 种类型④：第一，管理缺失型贫困，即管理组织和相关制度极度缺失，或基层组织长期瘫痪、基层管理人员老弱病残等，导致村庄内各种公共事业无法组织开展；第二，举债过渡型贫困，国家政府对于乡村建设

---

① Étienne Brunswic and Jean Valérien (2004). Multigrade schools: improving access in rural Africa. Paris: Unesco, International Institute for Educational Planning, p. 96.

② 陈秀山：《中国区域经济问题研究》，商务印书馆 2005 年版，第 592 页。

③ 新京报：《专家称中国城乡差距将进一步扩大》2006 年 11 月 24 日（http://news. 163. com/06/1124/05/ 30LVDEUF0001124J. html）。

④ 沈茂英：《山区聚落发展理论与实践研究》，四川出版集团巴蜀书社 2006 年版，第 211—213 页。

很多项目的投入都需要地方配套，而贫困乡村为了应付达标，只能举债建学校、修路、修桥等，形成财政上的恶性循环；第三，居住分散型贫困。中西部偏远山区有相当数量的村庄分散布局，几家几户组成一个小的聚落点，与外界几乎隔绝，经济发展极其滞后；第四，生态脆弱型贫困；第五，个体型贫困；第六，集体经济薄弱型贫困。可见，我国中西部地区的乡村贫困已有很长的历史，引发乡村贫困的原因十分复杂，既有历史的原因，也有自然条件、体制机制等方面的原因。由于其原因的复杂和长期的历史积累，乡村贫困也很难在短期内彻底消除。以我国农村贫困人口的数量为例，按照最新贫困线标准（人均年收入1165元），2009年我国仍有3597万贫困人口，其中有62.3%是返贫人口[1]，这反映了贫困人口的脆弱性和致贫因素的复杂性，进一步说明了乡村经济落后和乡村贫困是一个长期的复杂问题。

乡村经济落后和贫困的长期性也是农村教育发展面临的挑战，它对教育系统提出了新的要求。由此，教育系统必须发挥其作用，它应该能够弥补并有助于改善当地居民的贫困现状。那么，农村教学点的长期保留就是这种教育需求下的一种必然结果，具体来讲：第一，教育需求的特殊性。义务教育具有强制性，其需求主要取决于人口的数量；但在上学成本并不为零的情况下，义务教育的需求还包括居民自发的教育需求[2]。乡村经济落后直接导致了大量贫困家庭的存在，他们对于农村教学点被撤销后上学成本（直接成本和机会成本）的增加，感受到巨大的经济压力。这导致了偏远农村居民对义务教育自发的需求下降（如留级、辍学现象），进而对教育系统提出了特殊的要求，即要为偏远农村学生尽可能提供便利的入学条件，以最大限度地减少他们的经济压力。

第二，教育供给的必要形式。针对上学成本增加导致的教育需求下降和新的要求，教育决策者必须针对这些地区进行教育政策的倾斜，并探索有效的教育供给形式以满足他们的受教育需求。农村教学点就是能够满足这类群体受教育需求的必要形式，它能够让偏远农村的学生就近入学，学生不必要支付交通成本、生活成本等增加的直接成本，而且他们能够帮助

---

[1]　《去年贫困人口逾六成是返贫人口》，《新闻晚报》2010年10月18日（http：//news.sina.com.cn/c/2010－10－18/125118247949s.shtml）。

[2]　[美] 菲利普·库姆斯：《教育规划基础》，联合国教科文组织国际教育规划研究所，上海教育出版社2009年版，第32页。

家里干农活、照顾弟妹、做家务等，即免除了对于贫困家庭而言不可忽视的机会成本。因此，教学点对于偏远落后地区的农村家庭来说，就是一种能够满足他们受教育需求的不可替代的办学形式；它能够缓解和克服贫困家庭对于教育投资而承担的巨大压力。如前所述，偏远乡村经济落后和贫困的状况将是一个长期复杂的过程，是一个社会问题；在未来社会经济发展的进程中，关系农村发展的公共设施建设都需要进行不断地改善和调整。作为千秋基业的教育事业也不例外，针对偏远农村居民的教育需求，我们必须看到他们由于经济贫困而产生的对教育成本的高度敏感性，必须保证向他们提供完全免费的高质量的义务教育，让农村孩子拥有起点的公平，农村教学点恰恰是应对这一问题的重要策略，它们的长期保留和质量保障将是教育系统必须做出的回应。正如联合国教科文组织所指出的："当交通和财政问题不允许把学生从小地方重新组织到中心学校（无论有没有寄宿的设施）时，那些在世界范围处于教育发展前沿的国家，仍然会继续使用小规模学校这种教育系统。"①

（二）偏远农村聚落具有稳定性

偏远农村地区居民的聚落特征以散居为主，世代相传的农业生产方式和生活方式使他们对土地具有强烈的依附性，致使农村社会呈现出相当程度的稳定性。具体来说，一方面，绝大多数农民历来认为自己生长的土地是永远的家园。英格尔斯（Alex Inkeles）曾经描述过偏僻乡村传统人的特征：不愿意同外界的事务和见闻进行广泛接触；保守和宿命态度；不易接受改变；在职业的选择上迷恋土地；迷信传统和权威。② 虽然这样的描述或多或少有些极端，但在现代社会的偏远农村，农民仍然具有这种传统性。他们的习惯性生活方式体现为一种稳定性行为特征，农村聚落也是一种稳定的结构，居民以家庭、村落为核心，劳作、居住、交往集于有限的地域，生活和生产资料呈封闭的小循环。自给自足的小农经济使人口很少发生地域性流动。在实际调研过程中，多数偏远农村的居民谈道："由于祖祖辈辈在山里生活，我们已经习惯了山区的生活方式，不愿意举家搬迁

---

① 联合国教科文组织：《全球教育发展的历史轨迹——国际教育大会 60 年建议书》，教育科学出版社 1999 年版，第 244 页。

② ［美］英格尔斯：《人的现代化》，殷陆军译，四川人民出版社 1985 年版，转引自金其铭《乡村地理学》，江苏教育出版社 1990 年版，第 165 页。

到镇上或城市居住。"

另一方面，我国的城镇化进程在短期内仍不具备打破农村聚落稳定性的条件。城镇化进程中，有望打破农村聚落稳定性的因素主要有两个，一是乡村行政村合并；二是农民进城务工。但这两个因素均不可能在短期内改变既有的乡村聚落形态。其中，乡村合并政策在偏远农村特别是山区的实施存在很多问题，主要是由于山区自然条件的复杂和经济的落后，山区聚落的整体搬迁十分不现实。农民走出乡村进城务工之后，面临高昂的城市生活成本，他们只能将打工的收入带回老家维持全家人的生活开销。总之，基于偏远农村居民的传统个性特征以及城镇化进程的缓慢，我国农村聚落的稳定性将会持续很长的时期。特别是很多偏远山区，分布着多民族聚落，他们具有自己的特殊文化，这些地区农村聚落的稳定性在很大程度上取决于其文化因素而非经济、政治因素，他们的聚落特征也将长时期保持。

那么，我国农村聚落的长期稳定性从客观上决定了教育也要适应当地的人口特征，要在未来长时期内满足当地居民的教育需求。农村聚落的主要特征在于人口居住分散，几家几户形成小的村落零星分散在农田附近，很多自然村之间都是群山阻隔，步行要穿越很多丛林山川，距离可能需要十几里路甚至更多。这些地区的义务教育阶段适龄儿童如果就近入学，就要求教育决策者针对当地的人口分布特征做出学校布局的规划：第一，学校必须邻近学生的家庭所在地，不能给学生上学造成困难，因而学校的布局也要因农村聚落的分散而呈现分散状态；第二，规模较小的自然村落适龄学生少，布局在村庄附近的学校大多是教学点，还有应根据实际采用复式教学；第三，即使随着城镇化步伐的加快，村庄合并和进城务工人员外流会导致乡村人口的减少，但偏远地区的乡村聚落依然长期存在，适龄儿童的数量呈不稳定状态，但并不为零。调查中很多村民和教学点教师都谈道："尽管教学点所在的村人口少，出生率很低，但每年都有四五个孩子出生。有小孩就需要有学校，教学点是有必要长期保留的。"因此，义务教育的供给必须考虑到这一部分群体的教育需求。教学点这种特殊的办学形式必须长期保留并努力提高质量，才能在未来时期保证偏远农村地区分散的适龄人口能够顺利接受义务教育，进而促进义务教育的普及和农村教育的进步。

（三）多元民族文化的尊重

除了聚落布局分散，我国中西部农村聚落的另外一个特征是少数民族众多。据统计，除汉族外，我国50多个少数民族占全国总人口的6.6%，分布面积占全国总面积的50%—60%。少数民族分布地区主要包括内蒙古、新疆、宁夏、广西、西藏、云南、贵州、青海、四川、甘肃、辽宁、吉林、湖南、湖北、海南、台湾等省、自治区。可见，少数民族的聚落分布同样也呈现极其分散的特点。更值得关注的问题是，少数民族聚落拥有各自特殊的文化，他们有自己的生产生活方式、信仰、民俗、价值观等。如有的民族依然采用刀耕火种、有的以狩猎为生、有的要拜神祭祀等等。他们的聚落形态各异，有着本民族独特的建筑文化，如巴蜀地区的寨堡、云南、贵州等地的干栏建筑、川藏地区的塔楼、摩梭族的祖母屋等。少数民族聚落的独特文化致使他们一直散落在偏远山区，世代传袭着自己民族的文化习俗。尽管很多习俗已经与现代社会的文明相去甚远，但少数民族的多元文化是中华民族的宝贵财富。我国政府和社会各界一直在努力保护多民族文化，探索如何让多民族传统文化在与时俱进的过程中更有生命力。著名民俗建筑学家单德启也指出："一个国家、一个民族，丢失自己的文化传统是会失去生命力的；同时，自己的文化传统不能与时俱进，同样也会失去活力。"① 因此，作为中华民族文化的重要组成部分，偏远农村散居着的少数民族聚落将随历史的发展而延续、生长。他们的生产生活方式、聚落形态也将长期存在。

多元民族文化的存在对教育的需求也将是独特的。第一，少数民族聚落的散居形式将是一种长期的聚落模式，要求教学点必须长期保留。少数民族分散聚落的长期性一方面源于分田到户、居住地靠近自己耕地的传统；另一方面源于本民族的风俗，如巴蜀农村"别财异居、人大分家"的民俗以及父母随小儿子居住的现象，导致巴蜀地区农村散居为主，无法形成村落。与此类似，其他地区的少数民族散居模式除了有地理、气候等自然因素外，还包括社会因素如宗法、伦理、血缘、家族、风水、习俗等。少数民族聚落在地理、经济社会等方面处于一种较为封闭的状态，要

---

① 中国民族建筑研究会：《族群聚落民族建筑——国际人类学与民族学联合会第十六届世界大会专题会议论文集》，云南大学出版社2009年版，第2页。

想促进这些地区的发展、促进他们的文化与时俱进，教育具有不可推卸的责任。因此，针对少数民族居民的教育需求，农村教学点的长期保留是必须的。教学点能在最大程度上增加学校对少数民族的吸引力。现实中很多少数民族家庭依然认为孩子上学没有什么用处，并不把教育作为一项投资；很多地区如苗族女孩大多在家或者玩或者干活，并没有上学念书的风尚，傣族文化中有要求儿童到寺庙出家的习惯①等。基于他们的观念习俗，少数民族学生的入学率和保持率一直难以保证，教学内容的不匹配以及学校撤并后学生上学路远不方便，都加剧了他们不愿读书的念头。教学点的长期保留能缓解学生上学不便的困难，特别是能鼓励当地女童也进入学校接受义务教育。此外，教育决策者应该积极探索改革少数民族地区教学点的教学内容和课程结构，以适应当地民族区域发展的需求。总之，少数民族地区及其教育的发展将是一个长期复杂的过程，教学点的长期保留是该过程中的一个关键。

第二，教学点要继续发挥文化阵地的作用。除了向偏远少数民族地区提供义务教育外，教学点还应该承载起凝聚社区文化的职责，促进民族地区的社会经济发展。聚落文化中心具有两个方面的职能：一是社区传统文化、习俗、秩序传统传承的载体及活动场所，社区居民的精神中心；二是现代科学文化知识以及先进文明的传播基地，社区生活的文化中心。② 国家教委和国务院分别于1991③ 年和2005④ 年出台关于加强农村文化建设的意见，提出："积极创办农民文化技术学校是进一步提高农村教育水平的主要措施，要切实加强乡、村图书馆的建设；乡、村图书馆的建设应该朝着五个中心目标努力，即群众议事决策中心、便民服务中心、学习培训中心、文化活动中心、致富和市场信息中心。"多数地区特别是民族地区

① 郭建如：《西部民族贫困地区农村义务教育财政、资源配置与效益研究——基于云南、新疆、内蒙古等地贫困县的案例研究》，民族出版社2010年版，第415页。

② 周崛、李曙婷、李志民、许懿：《聚落文化中心的构建研究——农村教育建筑的地域化设计与聚落文化发展研究》，转引自《族群聚落民族建筑——国际人类学与民族学联合会第十六届世界大会专题会议论文集》，云南大学出版社2009年版，第373—380页。

③ 人民网：《国家教委关于大力发展乡（镇）、村农民文化技术学校的意见》，1991年6月6日（http：//www. people. com. cn/item/flfgk/gwyfg/1991/206005199105. html）。

④ 中华人民共和国中央人民政府：《中共中央办公厅 国务院办公厅关于进一步加强农村文化建设的意见》，中办发〔2005〕27号，2005年11月7日（http：//www. gov. cn/gongbao/content/2006/content_ 161057. htm）。

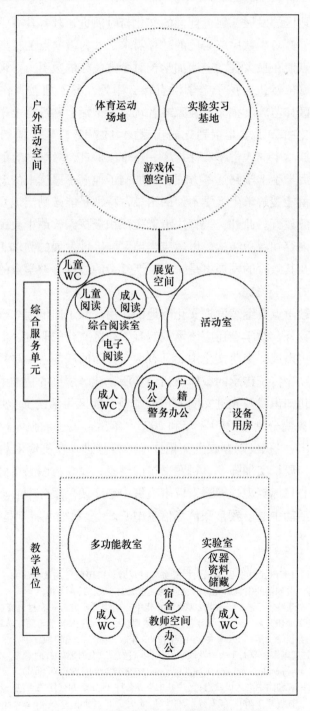

图 8 - 1　农村聚落文化中心空间布局模式图

二 教学点将成为一种灵活有效的义务教育供给形式

建设农村文化中心的主要困难在于资金短缺和投入不足。针对此问题,有学者提出可以将农村文化教育设施复合化、集约化作为有效途径,寻找各类型文化教育设施可以共享的功能元素,通过整合设计,形成以共享空间为核心,配置各类文教必要设施的综合型聚落文化中心。那么,农村教学点便可以成为聚落文化中心的重要载体,从建筑学的角度讲,可以将教学点的建筑面积划分为三个单元(见图 8-1):第一,户外活动空间,包括体育运动场地、实验实习基地和游戏休憩空间。其中体育运动场地既可以用作学生的体育课堂用地,也可举办村民的小型集会、文娱活动等。第二,综合服务单元,包括活动室、展览空间、警务办公室和户籍室。此单元主要用于村民的文化学习、交流活动。第三,教学单元,包括多功能教室、实验室、仪器资料储藏室、教室宿舍和办公空间,属于教学点的最主要单元,用于教育教学。可见,教学点的建筑设计既能充分利用资源,又节省了资金投入,将教学单元与文化中心单元的统一和整合,是教学点未来发展的一个趋势。

在未来农村教育的发展进程中,农村教学点将以其灵活的办学形式和有效的教学方式为偏远地区学生提供义务教育。义务教育是一国政府免费向全国适龄儿童提供的公共产品,是所有公民必须达到的基本要求之一。我国义务教育发展的重点和难点在于偏远农村地区,对于保证和促进这些地区义务教育的长足发展,教学点的作用将是不可估量的。第一,教学点办学形式灵活,将义务教育覆盖到所有适龄儿童,它将逐渐发展成为新兴的"卫星学校",成为偏远地区必不可少的办学形式之一。第二,教学点复式教学为主的教学方式,适应了班级规模小的特点,有助于促进教育质量的提高。在未来时期,复式教学将发挥出更大的作用,促进教学点的发展。第三,教学点在偏远农村地区的长期存在和发展是"全纳教育"理念的体现,切实履行教育为所有人服务的本质。

(一) 将逐渐发展成"卫星学校",促进义务教育普及

"卫星学校"是 20 世纪 80 年代才逐渐发展起来的概念,马克·贝磊

（Mark Bray）在讨论学校组合体的概念时提出了"卫星学校"的概念：第三世界国家为了克服教育财政的压力，将区域内邻近的一定数量的学校组成"学校组合体"，在学校组合体内，布局在区域中心的中心学校（Core or Central School）是行政管理、教学等方面的核心，周围其他分散布局的学校叫作卫星学校（Satellite School）。[①] 大多数卫星学校规模小，位于村庄内部，办学条件较差。但为了保证偏远地区学生就近入学，卫星学校是必要的办学形式。为了促进卫星学校的教育质量提高，很多国家开始应用教育资源共享模式，将教学资源在中心学校与卫星学校之间轮流使用，以保证偏远地区学生接受同等质量的教育。卡马尔（Nu Luding N. Kamal）在《贯彻世界全民教育大会精神的区域性报告》中指出："卫星学校是一个最近才发展起来的概念，通过在中心小学内部或周围设立若干卫星学校，能大大方便家庭远离中心小学的年幼儿童就近入学。"[②] 印度于 1991 年开始逐步引入卫星学校[③]，印度的卫星学校也主要布局在偏远乡村，除了向适龄学生提供正规的义务教育外，也向当地村民提供非正规教育，提高村民的文化素质和生产生活技能。可见，卫星学校最先由国外学者针对发展中国家农村教育的实际问题而提出。从学校组织的特点来看，卫星学校可以说是农村小规模学校或教学点的另一种称谓，它赋予了教学点功能和布局上的新含义。也正是卫星学校在功能上的新含义，将成为农村小规模学校未来发展的新趋势。

从布局的特点来看，我国农村教学点与卫星学校是类似的。教学点的产生、发展的历史过程说明，它一直是位于乡村内部的一种办学形式。直至今日，随着农村学校布局调整政策的推进，相对于中心学校、完全小学等其他办学形式，教学点的布局分散性和边缘性特点越发明显。它对于偏远乡村适龄儿童就近入学发挥的作用举足轻重，同样是必须存在的。那么，从功能的角度看，教学点在未来发展的过程中，应该向"卫星学校"

[①] Mark Bray (1987). School clusters in the third world: making them work, Unesco-unicef co-operative program, Paris, p. 8.

[②] 努卢丁·N. 卡马尔：《关于贯彻世界全民教育大会精神的区域性报告》，载国际教育委员会编《当代国际农村教育发展和改革大趋势——农村教育国际研讨论文集》，联合国教科文组织，教育科学出版社 1993 年版，第 48 页。

[③] Andhra Pradesh (2000). Rishi Valley Rural Education Project, Rishi Valley Education Center, India Prasad Kaipa, The Mithya Institute for Learning 268 E. Hamilton Ave. Suite D, Campbell, CA 95008 - 0239. http: //mithya. prasadkaipa. com/learning/rishi. html.

的方向迈进：第一，保持办学形式的灵活性。在我国偏远农村地区，由于自然地理环境的特殊性，教学点的形式多种多样，如草原地区的马背小学、帐篷小学、陡峭山区的悬崖小学、山洞小学等，尽管办学条件落后，但他们办学形式的灵活性对偏远农村地区的教育普及意义重大。在近几年的学校布局调整过程中，马背小学、悬崖小学等纷纷关闭，被中心寄宿学校所取代，但低年级适龄儿童却存在上学不方便的问题。因此，如何保持教学点办学形式的灵活性，并加强教学点的教育质量是教育决策者必须考虑的问题。办学形式灵活应该成为未来教学点发展的趋势之一。第二，发挥综合的教育功能。教学点应该借鉴卫星学校的功能，不仅可以为适龄儿童提供义务教育，也可以成为非正规教育的教学场所。这样，教学点的功能就更加完整，在普及义务教育的同时，促进偏远农村地区居民素质的提高。

（二）复式教学将发挥出更大的功效

复式教学是世界各国大多数小规模学校采取的教学方式，它不仅能够节省教师资源，也能促进教育质量的提高。复式教学的灵活性适应了小规模学校的办学特点，它是促进小规模学校长足发展的重要手段。我国农村教学点的复式班数量也十分庞大，复式教学的应用十分广泛。但由于很多教学点教师缺乏复式教学的专业知识和技能技巧，一些地区的复式教学没有充分发挥出作用。因此，教学点复式教学效果的提高还存在很大的空间，它将在未来的改进过程中发挥更大的作用。那么，如何加强我国农村教学点的复式教学方法将是涉及教学点未来发展的重要议题。复式教学的关键问题在于，教学人员是否能够精通和有效地运用该方法，以及在教学实践中不断探索新的实施途径。复式教学方法的理论表明，它主要包括五方面内容[1]：课前准备、学生自学、小助手辅助教学、营造教学环境、教学评价和反馈。这五个方面是复式教学达到良好教学效果的必要环节，对教学点的教育质量的保证具有重要的意义。

我国农村教学点的复式教学应该从上述五个环节上继续改进：第一，课前准备及授课安排。教师必须在课前安排好分配给不同年级的授课时

---

[1]　Christopher Thomas and Christopher Shaw（1992）. Issues in the Development of Multigrade Schools, World Bank Technical Paper No. 172, Washington, D. C. p. 18.

间，并在授课过程中严格遵循时间表；根据教学大纲，按照一定的逻辑顺序呈现教学内容；在对一个年级授课时，合理安排其他年级的学习活动。教师在教学管理过程中处于一个主导的地位，他们备课的质量和控制课堂节奏的能力直接关系到复式教学质量。第二，引导学生自学。由于多个年级在同一间教室上课，学生自学是必不可少的环节，这种学习方式也有助于学生能力的培养和学习效果的提高。在学生自学过程中，教师必须提前给学生以引导，安排他们学习的内容、为学生提供必要的学习资料（自我学习指导、练习题目等）、设备仪器等。第三，培养小助手辅助教学。小助手是在同年级学生中选出来的学习成绩较好、学习效率高的学生，他/她能够在非授课时间帮助批改学生作业、辅导学生做练习等。这种方式不仅有助于巩固小助手本人的知识，而且有效地促进了学生之间的交流、带动学习能力较差的学生更快进步。第四，营造良好的教学环境。教师要在课堂中维持好秩序，注意学生的兴趣和差异，善于调动学生的积极性。第五，持续性的评价和反馈。复式教学过程中有大量的时间属于学生自主学习，教师必须注意评价他们自主学习的效果，并给予反馈，提高学习效果。

总之，无论是从复式教学的教学方式看，还是从其办学的灵活性来看，复式教学及复式学校都是有生命力的。我国偏远农村教学点规模小，学生和教师数量少，复式教学应用广泛，从这个意义上说，大多数教学点均可称为复式学校。也正是复式教学这种教学组织形式适应了我国中西部偏远地区的特殊地理环境以及人口分散、交通不便、经济落后的实际情况。很多学者也提出："复式学校规模小，建校费用低，可大量设置，分散布点，以便学生就近入学；复式学校又能保证教师资源更有效地使用，同它们所服务的小社区有密切的联系，这将使当地人民对教育的态度及对教育的评价产生非常积极的影响。"[1] 因此，复式教学作为教学点的重要教学方式以及一种教学组织形式，将在不断地改进和完善过程中，促进教学点的长足发展。

（三）秉承全纳教育的理念

近年来，"全纳教育"成为国际社会倡导的教育新理念，该理念针对

---

① 吕晓虹：《复式教学在义务教育中的地位及前景》，《教育评论》1999 年第 3 期。

教育机会不均等和排斥问题而提出。直至今天，全世界仍有 7500 万名儿童无法接受学校教育，即使对于身在学校的学生，也存在教育排斥问题。因此，全纳教育的主要挑战是：通过发展有质量的教育体系，建立更全纳、公证和公平的社会，这一教育体系将更加全纳化，并对人们多样化的终身学习需要作出回应。全纳教育的界定存在多种方式和视角，根据国际研究最新的分析建议：对全纳教育的思考方式主要包括五种类型[1]：（1）与残疾和特殊需要有关的全纳教育；（2）作为因违纪而被排斥在校外的一种回应的全纳教育；（3）针对所有易受排斥弱势群体的全纳教育；（4）作为全民学校的全纳教育；（5）作为全民教育的全纳教育。基于上述五种类型，Mel Ainscow[2] 等人进一步提出了践行全纳教育理念的政策要素：增加学生的参与过程，减少学生被排除在课程、文化和学校团体之外的现象；重建学校的文化、政策和做法，适应当地学生的多样性；所有易受排斥的学生的加入、参与和成就。同时，他们指出：全纳的重点是加入、参与和成就；全纳和排斥是相互联系的，全纳就是要积极消除排斥；全纳是一个永无止境的过程，需要时刻关注这一进展中的过程。总之，通过对全纳教育内涵和政策要求的考察，我们可以看出，全纳教育是要为所有的儿童和青年提供有效而且高质量的教育，它从更为广阔的视角将教育对象的范围扩大到最大，并将教育最核心的问题——教育公平和质量作为教育工作的重点。较之前的"全民教育"，全纳教育囊括的教育对象范围更加广泛，而且更加突出地强调"支持和接纳所有学习者的多样性"，为实现教育机会均等和更高的教育质量而做出更多的努力。

我国农村教学点为偏远弱势学生群体提供的受教育机会和未来努力提高教育质量的举措，秉承了当今国际社会倡导的"全纳教育"的新理念。具体来讲，其一，偏远农村地区的学生由于地理位置的偏僻，上学路远不安全等问题更为突出。同时，他们大多来自于贫困家庭，经济上处于弱势地位，对于上学成本的承担更容易感受到压力。这类受教育群体无论在地理分布还是在经济社会地位上均处于"易受排斥的弱势群体"，保证这一群体教育的全纳性是教育系统最需要关注的问题。农村教学点的存在能够

---

①　联合国教科文组织国际教育局：《教育展望：全纳教育》，上海教育出版社 2008 年版，第 14 页。

②　Mel Ainscow and Susie Miles：《全民教育全纳化：下一步在哪里？》，转引自联合国教科文组织国际教育局《教育展望：全纳教育》，上海教育出版社 2008 年版，第 12 页。

免除偏远学生上学远上学难的困境，在最大程度上保证他们的受教育机会。因此，教学点的长期保留将更有利于推进偏远农村地区的全纳教育进程。其二，由于目前农村教学点的教育质量仍然由于师资、办学条件等原因而面临着威胁，那么，未来对教学点教学质量的提高而做出的努力符合了"全纳教育"最核心的要求，即为所有儿童提供高质量的教育。偏远农村的学生处于弱势地位，从教育公平和社会公平的角度看，他们更加需要接受高质量的教育以弥补他们由于自身的劣势而导致的"先天不足"。这进一步印证了全纳教育理念的本质："教育系统不仅要把那些排除在教育系统外的人吸纳进来，而且要确保学校和其他环境成为所有儿童和学习者都能参与进来的场所，并在所有层次和所有情境下增进教育公平的方法，其目的是回应学习者的差异性和促进成功学习。"① 总之，教学点从保证偏远地区适龄儿童均等的受教育机会以及促进教育质量的提高等方面秉承了全纳教育的新理念，教学点的长期保留将为"全纳教育"理念在我国的实践提供更为广阔的空间。

教学点的未来发展也同样从"全纳教育"理念中得到启示和指引。全纳教育理念的内涵和政策要素要求我们要从全纳教育的视角看待教学点的作用，要将未来的教学点建成全纳性的学校。其一，以"全纳教育"的视角去看待教学点的作用。全纳教育的出发点是把教育视为一项基本人权，通过把那些容易被排除在教育系统之外的人吸纳进来，让他们在高质量的和针对性强的教育中获得公平机会，来摆脱其他方面的固有的不公平。我国偏远农村地区的教学点对于当地学龄儿童发挥的作用正在于此，教学点学校在偏远农村的布局可以最大限度地将处于边际区域的群体纳入义务教育范围，为他们提供便利的入学条件，保证这类群体的受教育权利和教育机会均等。教学点可以说是未来全纳教育理念付诸实践的重要载体之一。因此，教育决策者必须从全纳教育的视角来看待教学点的作用和功效。针对此问题，傅维利也指出："要把大城市、中小城市、大小村庄及边远村庄都纳入统一的教育发展大系统。"②

其二，为构建全纳性的学校而努力。全纳教育理念不仅仅是理论上的阐释，它更要求将该理念付诸实践。教学点在未来践行全纳教育理念的过

---

① 联合国教科文组织：《教育展望：全纳教育》，上海教育出版社 2008 年版，第 1 页。
② 傅维利：《教育问题案例研究》，人民教育出版社 2004 年版，第 135 页。

程中，要不断探索如何创建全纳学校的新策略。如图 8-2 所示，全纳教育体系①包括三部分内容：全纳性的学习环境、空间可达性和经济承受能力以及受教育权利和机会均等。在努力促进空间可达性和减少学生经济压力以及扩大他们受教育权利和机会均等的基础上，全纳性的学习环境是构建全纳学校的核心环节。教育决策者需要从五个大的方面对学校办学进行改进：公平地调配教师资源、给予边远教师群体更多的培训机会、向薄弱学校提供额外的支持、设置有针对性的课程和提供跨文化的多元教育内容。那么，对于教学点的未来发展而言，上述几项措施是必须考虑的。首先，调配师资和增加培训机会是从师资的角度提高教学质量的措施，对于当前教学点师资短缺的状况显得十分迫切；其次，给予薄弱学校额外的支持，要求针对教学点办学条件落后的问题，给予教学点财政和资源上的政策倾斜；最后，设置有针对性的课程和多元教育内容。这一点尤其强调偏

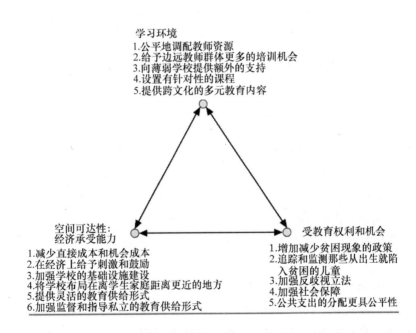

图 8-2　全纳教育体系示意图

---

① UNESCO. (2010). EFA Monitioring Report 2010: Reachingthe marginalized, Published in 2010 by the United Nations Educational, Scientific and Cultural Organization 7, Place de Fontenoy, 75352 Paris 07 SP, France, p. 187.

远农村地区的特殊环境，如何针对这些地区居民的教育需求设置符合他们
生活实际的课程（如农村生活、社会文化背景、农业生产等），在最大程
度上引起农村学生对教学内容的兴趣，以及促进学校教育对学生发展发挥
出更大的作用。关于推进全纳学校建设的问题，世界特殊教育大会也特别
指出："全纳学校要接纳所有的儿童，特别是残疾儿童和天才儿童、街头
流浪儿童和童工、偏远地区或游牧人口的儿童，以及来自其他不利处境或
边际区域或群体的儿童；并通过适当的课程、组织安排、教学策略、资源
使用以及社区合作，来满足学生不同的学习风格和速度，确保每个人受到
高质量的教育。"①

三　全球视域中的农村小规模学校发展

农村教学点并不是中国独有的办学形式，其面临的困境也不仅仅存在
于中国。在全世界范围内，世界各国都存在与我国农村教学点类似的办学
形式，国际上将这种办学形式称为"农村小规模学校"（Small Rural
School），复式学校（Multigrade School）也从属于小规模学校的范畴。虽
然由于各国国情不同，国外农村小规模学校的产生和发展在历史阶段、背
景等方面存在差异，但无论是发达国家还是发展中国家，其小规模学校都
一直在本国的教育发展中发挥着重要作用。各国政府在普及义务教育、促
进教育公平的进程中，都逐渐意识到小规模学校的重要性，并积极采取政
策措施加强小规模学校的建设，最大限度地满足偏远农村社区居民的教育
需求，从而促进农村教育的长足发展。因此，世界其他国家对农村小规模
学校的重视和倾斜政策值得我国教育决策者学习和借鉴。

（一）认为小规模学校在农村地区不可替代

世界其他国家农村小规模学校发挥的作用也是十分关键的。各国政府
和教育决策者在关注本国教育事业发展的过程中，都充分意识到农村地区
小规模学校的重要性。他们从本国农村地区的实际出发，认为小规模学校
有助于方便偏远农村学生就近入学，尤其是能为贫困社区的孩童提供受教

---

① 联合国教科文组织：《教育的使命——面向 21 世纪的教育宣言和行动纲领》，教育科学
出版社 1996 年版，第 135，137 页。

育机会；小规模学校能够保证并促进教育质量的提高，很多学校学生的学习成绩优于大规模学校学生；最后，小规模学校在偏远农村社区是重要的文化中心，当地居民对其具有情感上的依恋和寄托。

第一，方便偏远农村学生就近入学，扩大受教育机会。无论是发达国家还是发展中国家的农村小规模学校，都具有共同的特点，即它们多布局在偏远农村地区，这类地区人口密度低、居民居住分散，客观的人文地理环境直接决定了小规模学校的存在。因此，针对偏远农村地区的教育问题，各国教育决策者认为小规模学校在方便学生就近入学、扩大受教育机会方面发挥着不可替代的作用。这一作用鲜明地体现在很多国家实施的EFA（Education for All）计划中。EFA 计划最先在 1990 年的宗滴恩国际会议上被采纳，来自全世界 155 个国家及 150 个相关组织达成了共识，即在农村地区实施该计划，保证全社会所有人包括所有儿童、青年和成年人均享受到基本的教育权利。南非、泰国、埃及、巴西、波兰和多米尼加共和国是首批推行 EFA 计划的国家，并取得了很大进展。2000 年"达喀尔世界教育发展论坛"针对该计划进行了评估并制订了新的工作规划。随后，EFA 计划在各国农村基础教育发展的过程中继续推进，其中最重要的一项内容就是针对人口稀少、聚落布局分散、交通落后的农村地区，如何采取相关措施扩大当地适龄儿童的受教育机会，最大限度地减少他们接受教育的困难。由此，小规模复式学校成为各国政府普遍认可并积极应用的一种教育模式。

第二，能够保证并促进教育质量的提高。"保证并提高教育质量"是世界各国教育决策者肯定农村小规模学校作用的另一主要方面。早在 20世纪 60 年代，多数发达国家就已经开始通过缩小学校/班级规模来追求教育质量和效率的提高，而当时的发展中国家依然在普及基础教育方面不懈努力。到了 20 世纪 80 年代，发达国家和发展中国家都开始将目光集中到农村小规模学校的教育作用上来。美国政府专门为本国的农村教育建立了相关机构和网站，其名称为"农村学校和社区信托（Rural School and Community Trust）"机构。2006 年，该机构针对美国农村小规模学校在提高教育质量方面的作用的调查显示，小规模学校的作用主要体现在 10 个方面：（1）更有利于学生参与与学业成绩相关的课外活动；（2）小规模学校更加安全；（3）学生更能感受到归属感；（4）小的班级规模给学生提供更多自我指导和学习的机会；（5）更容易推行新的教学方法；（6）教师对工作具有更高的热情；（7）更有利于避免对学生分层和低期望；（8）复式教学方式能促进学生自学，并鼓励积极的社会交往；（9）小规模学校所在的小型社区，官僚气氛较淡薄，有利于学校的自主发展；（10）能够避免和减轻很多向新学校过渡的新问题①。综上所述，美国农村小规模学校在教育教学方面的作用十分显著，这种教学模式对于学生的学习方式、归属感、社会交往；对于教师的工作状态、教学方法的应用；对于学校本身的自主发展等方面均能够产生积极的影响。其他国家如澳大利亚、玻利维亚、法国、希腊、马里、葡萄牙、俄罗斯和扎伊尔等国政府针对农村小规模学校的教育作用进行了考察，发现这种教学模式能够从学生发展、教师水平和教育管理等方面促进教育质量的提高。

第三，小规模学校是农村社区的中心。世界其他国家农村地区的小规模学校也同样布局在小型农村社区，社区规模小、人口居住分散、地处偏远、交通不便，即使发达国家的交通条件较好，但由于一些基础设施的设置仍然没有覆盖所有的社区，很多居民依然需要驱车经过很远的路途到达学校、医院等公共设施场所。基于这种情况，小规模学校作为社区内唯一的文化场所，除了承担教育教学的功能外，还经常被用作社区文化活动、体育竞技、政治集会等场地。社区居民从日常生活的各种活动中逐渐感受到小规模学校作为社区中心的重要作用，也日渐形成对这种特殊场所的依恋情感。如美国内华达州 17 个县（学区）中有 15 个学区地处偏远，其平均人口密度不足 2 人/平方公里，有 21 所小学为"一师一校"型教学点。当地社区除了一所小型学校外，没有其他公共设施。居民要去最近的诊所需要走 100 多英里的路，而如果要去大型医院则要经历更远的路途。如果社区内有紧急情况出现，当地政府只能派直升机予以援助。因此，在如此偏远的农村社区，小规模学校是社区内唯一的公共场所，居民举行的各项活动都会在学校里开展，他们认为小规模学校是自己拥有的公共品，是日常生活不可缺少的一部分。② 埃塞俄比亚、澳大利亚、玻利维亚、俄罗斯等国政府也都肯定了农村小规模学校对当地社区的中心作用。

①　Lorna Jimerson, Ed. D. (2006). The Hobbit Effect: Why Small Works in Public Schools. The Rural School and Community Trust, p. 7. www. ruraledu. org.

②　Scott, Robert J. (1984). Teaching and learning in remote schools: a dilemma beyond rural education. Inter America Research Associates, Rosslyn, VA.; National Information Center for Handicapped Children and Youth. Special Education Programs (ED/OSERS), Washington, DC, p. 3.

（二）保留并促进农村小规模学校的发展

各国教育决策者在充分论证和肯定本国农村小规模学校作用的基础上，将合理保留偏远农村的小规模学校作为一项重要的教育政策加以贯彻实施。无论是发展中国家还是发达国家，他们都将小规模学校包括复式学校作为一种重要的办学形式在本国推广并长期鼓励其发展。

第一，保留偏远农村地区的小规模学校。从全世界范围来看，2005年全球大概有30%的儿童是在小规模复式学校就读，这种教学形式为普及基础教育做出了巨大贡献。具体来说，如拉丁美洲国家智利全国小学学校数量为8727所，农村小学数量占53%，农村小学中有47%的学校为一师一校且全部为复式学校。美洲的代表国家美国尽管为发达国家，但境内很多州和地区的人口密度低，学区及学校规模都很小，各州政府为满足小型社区居民的教育需求，十分重视小规模学校的作用并采取相关政策保留这类学校。美国全国学区总数为15563个，按照相关标准，小规模学区数量为4641个，占全国数量的29.82%。欧洲国家的情况也不例外，英国、法国、荷兰、苏格兰、芬兰等很多国家的复式小规模学校比例都在20%以上，个别国家甚至更高。亚洲国家更是如此，2005年印度有78%的学校为小规模复式学校，1998年秘鲁的复式小规模学校比例高达78%。总之，世界各国农村地区的小规模学校都占有较大的比例。各国政府主要从本国农村地区的自然地理、人口、经济等客观实际出发，认为小规模学校是适应这类地区的最佳的教育模式，能够保证当地儿童就近入学、享受公平的教育机会。因此，他们采取保留农村小规模学校的政策措施，为普及基础教育、扩大教育的覆盖范围做出了一切可能性的努力。

第二，促进小规模学校发展的尝试和努力。关于加强农村小规模学校建设的措施和相关计划主要包括四个方面：首先，进一步明确小规模学校在教育资源方面的需求项目，从而增加资金投入。各国根据具体国情重新评估小规模学校的办学效益，将经济成本和社会成本统一纳入评价体系，制定出学校未来发展的长期投资规划。同时，很多发展中国家在教育资源短缺的背景下，探索提高办学效益的新途径，如倡导教师和学生自治低成本的教学工具等。其次，采取多项措施促进教育质量的提高。各国在沿用复式教学方式的同时，抓住小规模学校教学过程的细节，引入了"自学/小组学习、同年级学生合作学习、室内/室外学习活动、减少大规模学生授课"等措施，旨在适应小规模学校小班教学和复试教学的特殊性，从而提高教学质量。同时，各国采取优惠政策吸引优秀教师到偏远地区工作，并加强教师培训来保证小规模学校的师资，促进教学质量。再次，应用远程教育技术。远程教育通过网络媒介和电教设备向学生提供优质的教学资源，并能有助于培养学生的自学能力和合作学习的能力。如澳大利亚最先将太阳能通信设备和太阳能供电的便携式电脑应用到远程教育，将优质教育资源覆盖所有偏远地区的学校。最后，创新办学模式，建立学校联合体。基于学校网络合作（School Netwotk Collaboration）的理念，一些国家将偏远地区一定范围内的农村小规模学校建立成联合体，使教育资源在各学校间得到共享。这种办学模式的创新在很大程度上能够克服偏远农村小型学校在教育资源方面的匮乏以及地理和文化方面的孤立性，从而促进它们在办学质量和水平上的提高。

总之，农村小规模学校在世界其他国家也是大量存在的。由于所处的特殊自然地理环境及人文社会背景，小规模学校不仅不会消失，而且将成为偏远农村教育发展的重要办学形式。基于全球 EFA 计划强调的"教育要面向所有人"的理念，各国政府认识到只有小规模学校这种办学形式才能够将教育资源全面覆盖到全世界的每一个角落，保留并加强小规模学校建设是各国教育决策者的政策选择。那么，全球视域中的小规模学校发展表明，我国农村教学点的发展和未来走向并不是孤立的问题。教学点同样具有地处偏远、服务区人口稀少的特点，它们在未来时期不仅将长期存在，而且将作为一种重要的教育供给形式为偏远农村学生提供优质的教育资源，在最大程度上扩大教育的覆盖范围，为我国的农村教育发展发挥重要的作用。我国政府应积极借鉴其他国家小规模学校建设的相关经验，大力加强我国农村教学点的建设，使偏远农村地区的孩子都能公平接受教育。

结　语

　　基于现有的相关文献和前期的实证调研，本研究对农村教学点问题进行了较为系统、全面的探讨。研究结果表明：农村教学点是适应农村偏远地区特殊自然地理环境而设置的小规模不完全学校。从历史上看，教学点为农村教育的普及和发展发挥了重要的作用。现时期，作为促进偏远农村学生就近入学、享受教育公平的教育载体，教学点的功能不可替代。但是，基于调研的实证数据，我们发现教学点面临着很多困难：教学点在学校布局调整过程中被大量撤销，学生上学远、上学难问题凸显；暂时保留的教学点经费短缺、办学条件落后、师资水平难以保证。这些问题严重威胁到农村教育的质量和均衡发展。由此，本研究以 GIS 作为技术支持，提出学校布局过程中必须综合考虑三大类因素——物理距离、时间距离和文化距离，每一类因素中包含的子因素需要针对县域内的具体情况来确定。同时，要继续保留偏远地区的教学点，并从经费、师资、办学模式方面给予教学点更多的支持。通过对农村地区具体情况的分析以及借鉴国外的经验，我们发现，教学点不仅不会消失，而且必然将长期存在于偏远农村，成为农村教育发展进程中一种必不可少的教育供给形式。

　　对农村教学点问题的研究也是一个系统的学习过程，本研究的结束一方面体现了本人近年来学习和研究的收获；另一方面也是更重要的，为我今后的研究提供了努力的方向。基于研究条件和本人能力的有限，本文对农村教学点的研究存在很多不足：如缺少对教学点办学效益、学生成绩的微观量化统计研究，导致对策建议缺乏针对性；运用区域经济学理论解释和指导学校布局问题，对理论知识仍然缺乏深入的理解；研究视域虽然有所扩大，但就如何借鉴国外的经验来促进我国教学点的发展问题仍然欠缺可操作性的建议。因此，目前的不足将成为我今后学习的动力，我将在后续研究中总结经验，探索更广阔的研究空间，力求取得更大进展。具体来讲主要有以下几个方面：

第一，学校选址、学校建筑评估的研究。GIS 技术在国际教育研究领域的广泛应用为我国教育研究者提供了启示和经验。结合我国农村学校布局调整和教学点盲目撤销的实际问题，GIS 在学校布局规划及新学校选址方面具备强大的技术分析功能。本研究已经初步尝试了对于教学点布局和规划的分析研究，那么，未来应用 GIS 原理和技术对农村新学校选址乃至城市新学校选址问题的研究应成为一个新的研究点，这也是我国教育发展走向科学规划的重要起点。此外，调查中我们发现农村学校特别是教学点的危房比例很高，新建的校舍功能不全等问题十分严重。学校建筑的质量及合理规划与学校的发展尤其是学生的安全问题紧密相连。国内学者针对农村学校建筑的评估研究仍十分有限，那么，针对农村学校的建筑评估研究如风险评估、环境研究等将成为我今后关注的领域之一。

第二，农村学校布局调整政策执行模式研究。之所以农村教学点被大量撤销，很大程度上源于地方政府对布局调整政策的执行偏差。学校布局调整政策的执行主体在县一级政府，目前县级政府执行该政策的模式普遍为自上而下的行政主导式，而忽略了与乡镇一级政府、村级政府和村民的沟通。因此，从政策执行模式的角度讨论学校布局调整政策的改进很有必要。

第三，学生上学交通的实证研究。农村学校布局调整过程中，学生上学路途遥远的问题普遍存在于大部分中西部偏远山区，短期内难以避免。基于此，关键的努力需要付诸如何解决学生上学的交通便利和安全问题。那么，今后我将进一步考察偏远农村学生的交通状况，通过实地调研获得一手数据，运用量化研究的相关模型分析不同年龄、不同学校、不同经济背景的学生在上学交通方面存在的实际困难，从而提出解决问题的对策。

第四，教学点学生成绩的量化研究。基于农村教学点将在偏远农村长期存在的必然事实，未来提高教学点办学质量的研究不能忽略。衡量教育质量的关键因素是学生的学习成绩，本研究对这一问题的研究依然停留在描述阶段，已有的国内的文献也多侧重从教学因素的多方面提出宏观对策，针对性不强。我认为，接下来的研究应侧重对教学点教学质量的微观研究，如建立数学模型分析学生成绩与其他因素之间的关系，针对不同地区、不同学校的具体情况得出具有针对性的对策，从微观层面上解决实际问题。

第五，ICT 与 E-learning 的应用研究。ICT 技术与 E-learning 模式是提高偏远农村学校教育质量的重要措施，也早已成为国际学者重点研究的领域。限于我国农村经济和教育资源状况处于较低的水平，广大农村地区的学校在远程教育技术应用方面依然十分落后。偏远农村学校教学活动的开展对远程教育技术的需求是极其迫切的，但目前的条件和资源都限制了技术的应用和普及。因此，如何借鉴世界其他国家应用 ICT 和 E-Learning 模式促进农村教育发展的经验，并努力探索我国偏远农村学校实施E-Learning模式的途径，将成为我继续关注的问题。

第六，农村教学点的办学效益研究。在提高教学点教育质量的同时，办学成本和收益也是一个关键问题。一方面，如何应用计量模型来评估教学点这种小规模学校的教育效益应进行后续研究；另一方面，大多数教学点地处偏远农村，教育资源十分匮乏。在这种背景下，如何克服办学资源短缺的困难，在最大程度上促进办学效益的提高也是一个十分棘手的问题。因此，借鉴国外发展中国家发展农村小规模学校的相关经验，如教育资源共享、促进社区与学校合作、制作低成本的教育工具等，将这些可取的经验引入到我国农村教学点的实际办学过程中，是今后需要探索的议题。

总之，在研究农村教学点问题的过程中，我深刻体会到做研究要站在一个高度，不能仅仅局限于就问题谈问题，每一个问题的背后都有一个坚实的理论根基。一方面，理论的光芒辐射研究的整个过程，指引研究的方向，并促使我们不断地思考理论与实际问题之间的差距，探索如何更好地应用理论知识来解决实际问题；另一方面，人文社会科学领域的研究必须开阔视野，不能局限在某一个小的范围和领域，教育问题更是如此，它与社会学、经济学、心理学、地理学乃至其他自然学科都有着千丝万缕的联系。因此，从更广阔的视角、探索交叉学科的研究十分必要。

参考文献

一 中文文献

1. 范先佐：《教育经济学》，人民教育出版社 1999 年版。

2. 靳希斌：《教育经济学》，人民教育出版 2001 年版。

3. 王善迈：《教育投入与产出研究》，河北教育出版社 1999 年版。

4. 范先佐：《筹资兴教——教育投资体制改革的理论与实践问题研究》，华中师范大学出版社 1999 年版。

5. ［美］Martin Carnoy：《教育经济学国际百科全书》，闵维方等译，高等教育出版社 2000 年版。

6. ［美］菲利普·库姆斯：《教育规划基础》，丁笑炯译，联合国教科文组织国际教育规划研究所，上海教育出版社 2009 年版。

7. 联合国教科文组织：《全球教育发展的历史轨迹——国际教育大会 60 年建议书》，教育科学出版社 1999 年版。

8. ［美］菲利普·库姆斯：《世界教育危机》，赵宝恒、李环等译，王英杰校，人民教育出版社 2001 年版。

9. 联合国教科文组织：《教育——财富蕴藏其中》，教育科学出版社 2004 年版。

10. ［美］舒尔茨：《经济增长与农业》，北京经济学院出版社 1991 年版。

11. ［美］西奥多·W. 舒尔茨：《教育的经济价值》，曹延亭译，吉林人民出版社 1982 年版。

12. ［美］西奥多·舒尔茨：《对人进行投资——人口质量经济学》，吴珠华译，首都经济贸易大学出版社 2002 年版。

13. ［美］西奥多·舒尔茨：《论人力资本投资》，吴珠华译，北京经济学院出版社 1990 年版。

14. ［法］雅克·哈拉克：《投资于未来——确定发展中国家教育重点》，尤莉莉、徐贵平译，联合国教科文组织，教育科学出版社 1993 年版。

15. ［美］卡扎米亚斯，马西亚拉斯：《教育的传统与变革》，文化教育出版社 1981 年版。

16. 高如峰：《农村义务教育教育财政体制研究》，人民教育出版社 2005 年版。

17. 黄济、王策三：《现代教育论》，人民教育出版社 1996 年版。

18. 曾满超等著：《西方教育经济学流派》，北京师范大学出版社 1990 年版。

19. ［美］加里·贝克尔：《人力资本理论——关于教育的理论和实证分析》，郭虹等译，中信出版社 2007 年版。

20. ［美］艾尔·巴比：《社会研究方法第 8 版》，邱泽奇译，华夏出版社 2000 年版。

21. ［美］梅雷迪斯·D. 高尔、沃尔特·R. 伯格、乔伊斯·P. 高尔：《教育研究方法导论》，许庆豫译，江苏教育出版社 2002 年版。

22. ［美］威廉·维尔斯曼著，表振国译：《教育研究方法导论》，教育科学出版社 1997 年版。

23. 盖浙生：《教育财政学》，东华书局 1986 年版。

24. 林文达：《教育财政学》，三民书局 1986 年版。

25. 游正伦、吴德刚主编：《义务教育概论》，新疆教育出版社 1989 年版，第 74 页。

26. ［印］阿马蒂亚·森：《以自由看待发展》，任赜、于真译，中国人民大学出版社 2002 年版，第 32 页。

27. ［日］筑波大学教育学研究会编：《现代教育学基础》，钟启泉译，上海教育出版社 2003 年版。

28. ［瑞典］T. 胡森、［德］T. N. 波斯尔斯韦特等：《教育大百科全书》第一卷，张斌贤等译，西南师范大学出版社 2006 年版。

29. 秦宛顺、厉以宁主编：《教育投资决策研究》，北京大学出版社 1992 版。

30. ［美］林楠：《社会资本——关于社会结构与行动的理论》，张磊译，上海人民出版社 2005 年版。

31. 陈向明：《质的研究方法与社会科学研究》，教育科学出版社 2000

年版。

32. 李宝元：《人力资本与经济发展》，北京师范大学出版社 2000 年版。

33. 杜育红：《教育发展不平衡研究》，北京师范大学出版社 2000 年版。

34. ［美］Y. 巴泽尔：《产权的经济分析》，费方城、段毅本译，生活·读书·新知三联书店 1997 年版。

35. 孙培青：《中国教育史》，华东师范大学出版社 2002 年版。

36. 曾满超：《教育政策的经济分析》，人民教育出版社 2000 年版。

37. 孙志军：《中国农村的教育成本收益与家庭教育决策——以甘肃省为基础的研究》，北京师范大学出版社 2004 年版。

38. 卢纹岱主编：《SPSS for Windows 统计分析》，电子工业出版社 2004 年版。

39. 金其铭、董昕、张小林：《乡村地理学》，江苏教育出版社 1990 年版。

40. 喻本伐、熊贤君：《中国教育发展史》，华中师范大学出版社 2000 年版。

41. 中国教育与人力资源问题报告课题组：《从人口大国迈向人力资源强国》，高等教育出版社 2003 年版。

42. 李少元：《农村教育论》，江苏教育出版社 2000 年版。

43. 王英杰等：《亚洲发展中国家的义务教育》，人民教育出版社 2003 年版。

44. 中国民族建筑研究会：《族群聚落民族建筑——国际人类学与民族学联合会第十六届世界大会专题会议论文集》，云南大学出版社 2009 年版。

45. ［美］英格尔斯：《人的现代化》，殷陆军译，四川人民出版社 1985 年版。

46. 金其铭：《乡村地理学》，江苏教育出版社 1990 年版。

47. 沈茂英：《山区聚落发展理论与实践研究》，四川出版集团巴蜀书社 2006 年版。

48. 联合国教科文组织：《教育——财富蕴藏其中》，教育科学出版社 2004 年版。

49. ［美］米尔顿·弗里德曼：《资本主义与自由》，张瑞玉译，商务印书馆 1986 年版。

50. ［美］米尔顿·弗里德曼、罗斯·弗里德曼：《自由选择：个人声明》，胡琦等译，商务印书馆 1999 年版。

51. 范先佐：《教育投资体制改革的理论与实践问题研究》，华中师范大学出版社 2003 年版。

52. ［美］珍妮·巴兰坦：《教育社会学：一种系统分析方法》，朱志勇、范晓慧译，江苏教育出版社 2005 年版。

53. 杨东平：《中国教育公平的理想与现实》，北京大学出版社 2006 年版。

54. ［美］罗伯特.G. 欧文斯：《教育组织行为学》，窦卫霖、温建平、王越译，华东师范大学出版社 2001 年版。

55. 王道俊、王汉澜：《教育学》，人民教育出版社 2000 年 4 月版。

56. 李秉德：《教学论》，人民教育出版社 1991 年 9 月版。

57. 雷万鹏：《中国农村教育焦点问题实证研究》，华中科技大学出版社 2007 年版。

58. 刘长茂、张纯元：《人口结构学》，中国人口出版社 1991 年 7 月版。

59. ［英］约翰·希恩：《教育经济学》，郑伊雍译，教育科学出版社 1980 年版。

60. ［澳大利亚］西蒙·马金森：《澳大利亚教育与公共政策》，严惠仙、洪森译，浙江大学出版社 2007 年版。

61. ［美］H. J. 德伯里著：《人文地理》，北京师范大学出版社 1988 年版。

62. ［德］沃尔特·克里斯塔勒著：《德国南部的中心地原理》，常正文、王兴中等译，商务印书馆 1998 年版。

63. ［以］英博（Inbar，D. E.）等：《教育政策基础》，史明洁等译，教育科学出版社 2003 年版。

64. ［德］约翰·冯·杜能：《孤立国同农业和国民经济的关系》，吴恒康译，商务印书馆 1997 年 4 月版。

65. 白光润：《应用区位论》，科技出版社 2009 年 9 月版。

66. 张文忠：《经济区位论》，科技出版社 1991 年 12 月版。

67. 郝寿义、安虎森：《区域经济学》，经济科学出版社 2004 年 7 月版。

68. ［美］艾德加·M. 胡佛、弗兰克·杰莱塔尼：《区域经济学导论》，上海远东出版社 1992 年版。

69. 陈秀山：《中国区域经济问题研究》，商务印书馆 2005 年版。

70. 潘学标：《经济地理与区域发展》，气象出版社 2003 年 1 月版。

71. 张金锁、康凯：《区域经济学》，天津大学出版社 2003 年 5 月版。

72. 高进田：《区位的经济学分析》，上海人民出版社 2007 年 9 月版。

73. 吴传清：《区域经济学原理》，武汉大学出版社 2008 年 6 月版。

74. 陈秀山，张可云：《区域经济理论》，《商务印书馆》2007 年版。

75. ［德］阿尔弗雷德·韦伯：《工业区位论》，李刚剑、陈志人、张英保译，商务印书馆 2009 年版。

76. 张善余：《人口地理学概论》，华东师范大学出版社 2004 年版。

77. 唐杰：《城市产业分析——一项经济案例研究》，经济学院出版社 1989 年版。

78. 郭建如：《西部民族贫困地区农村义务教育财政、资源配置与效益研究——基于云南、新疆、内蒙古等地贫困县的案例研究》，民族出版社 2010 年版。

79. ［美］雅各布·明塞尔：《人力资本研究》，张风林译，中国经济出版社 2001 年版。

80. 联合国教科文组织国际教育局：《教育展望：全纳教育》，上海教育出版社 2008 年版。

81. 傅维利：《教育问题案例研究》，人民教育出版社 2004 年版。

82. 联合国教科文组织：《教育的使命——面向 21 世纪的教育宣言和行动纲领》，教育科学出版社 1996 年版。

83. 顾明远主编：《教育大辞典（增订合编本）》上海教育出版社 1998 年版。

84. 裴娣娜：《教育研究方法导论》，安徽教育出版社 1997 年版。

85. ［英］M. 布劳格：《教育经济学导论》，韩云、孙玉萍译，春秋出版社 1989 年版。

86. ［美］理查德·D. 范斯科德、理查德·J. 克拉夫特、约翰·D. 哈斯：《美国教育基础——社会展望》，教育科学出版社 1984 年版。

87. 郑金州：《教育通论》，华东师范大学出版社 2000 年版。

88. ［印］阿马蒂亚·森：《贫困与饥荒》，王宇、王文玉译，中国商务出版社 2001 年版。

89. ［美］D. 盖尔·约翰逊：《经济发展中的农业、农村、农民问题》，林毅夫、赵耀辉译，商务印书馆 2004 年版。

90. 张培刚：《新发展经济学》，河南人民出版社 1992 年版。

91. ［美］迈克尔·P. 托达罗：《经济发展与第三世界》，印金强等译，中国经济出版社 1992 年版。

92. ［美］约翰·罗尔斯：《作为公平的正义——正义新论》，姚大志译，上海三联书店 2002 年版。

93. 费孝通：《江村经济——中国农民的生活》，商务印书馆 2001 年版。

94. 费孝通：《乡土中国》，上海人民出版社 2007 年版。

95. ［英］安东尼·吉登斯：《社会学》，李康译，北京大学出版社 2010 年版。

96. ［美］科恩、盖斯克：《教育经济学》，范示伟译，格致出版社 2009 年版。

97. ［美］理查德·A. 金等：《教育财政——效率、公平与绩效》，曹淑江等译，中国人民大学出版社 2010 年版。

98. 孙绵涛：《教育政策学》，中国人民大学出版社 2010 年版。

二　外文文献

99. Lorna Jimerson, Ed. D（2006）. The Hobbit Effect：Why Small Works in Public Schools. The Rural School and Community Trust.

100. Show Related Items.（1984）. Teaching and learning in remote schools：a dilemma beyond rural education, InterAmerica Research Associates, Rosslyn, VA. National Information Center for Handicapped Children and Youth. Special Education Programs（ED/OSERS）, Washington, DC.

101. Lambert, R.（2007）. The Rural School and Community Trust is a national nonprofit organization addressing the crucial relationship between good schools and thriving communities. The Rural Trust's Web site, www. ruraledu. org.

102. Dennis M. M.（2009）. Rural and Remote Schools：A reality in search of a policy. Edge Conference October 2009, St. John's, NL Canada.

103. Marklund, I.（2000）. The school in the centre of the village. Ostersund, Sweden：Glesbygdsverket. http：//www. glesbygdsverket. se/publikationer. asp.

104. Harber, C.（1996）. Small schools and democratic practice. Nottingham.

105. Arnold. R.（1994）. Small primary schools today, NfER, Slough.

106. Craig, I. & Blandford. C. (2004). Building for the future: A study of small schools, British Education Research Association Annual Conference University of Manchester, UK.

107. Hargreaves, L., Cunningham, M., Hansen, A., McIntyre, D., Oliver, C., & Pell, T. (2007). The status of teachers and the teaching profession: Views from inside and outside the profession. Final Report. RR831A. London: DfES.

108. Laurence, W. & Norma, G. (2000). Multi-grade Schools and Technology. TechKnowLogia, Knowledge Enterprise, Inc. http: //www. ioe. ac. uk/multigrade/.

109. Birch, I. & Lally, M. (1995). Multigrade Teaching in Primary Schools, UNESCO Principal Regional Office for Asia and the Pacific P. O. Box 967, Prakanong Post Office Bangkok 10110, Thailand. pp. 1 – 2.

110. Winsome Gordon, Andre Lokisso (1996). Enchancing the Effectiveness of Single-Teacher Schools and Multi-Grade Classes: Synthesis of Case Studies. UNESCO in collaboration with the royal ministry of education research and church affairs, Norway. pp. 1 – 2.

111. Christopher Thomas, Christopher Shaw (1992). Issues in the Development of Multigrade Schools, World Bank technical paper, no. 172. The Word Bank Washington, D. C. Copyright. Manufactured in the United States of America. pp. 2 – 3.

112. Patrick J. McEwana. (2008). Evaluating Multigrade School Reform in Latin America, Comparative Education, 44 (4): 465 – 483.

113. UNESCO. (1998). Wasted Opportunities: When Schools Fail. Education for All. Status and Trend. Paris: UNESCO.

114. Ian birch and Mike Lally (1995). Multigrade Teaching in Primary Schools, UNESCO Principal Regional Office for Asia and the Pacific P. O. Box 967, Prakanong Post Office Bangkok 10110, Thailand. pp. 7 – 9.

115. Aberg-Bengtsson, Lisbeth. (2009). The smaller the better? A review of research on small rural schools in Sweden, International Journal of Educational Research, 48 (2): 100 – 108.

116. Esko Kalaoja & Janne Pietarinen. (2009). Small rural primary schools in

Finland: A pedagogically valuable part of the school network. International Journal of Educational Research. 48 (2): 109 – 116.

117. Étienne Brunswic and Jean Valérien (2004). Multigrade schools: improving access in rural Africa? Paris, International Institute for Educational Planning (IIEP) UNESCO. P26, 35. http://www. unesco. org/iiep.

118. Miller, B. A. (1991). A Review of the Qualitative Research on Multigrade Education, Journal of Research in Rural Education, 7 (2): 3 – 12.

119. Terence Chea. (2009). Economic crisis threatens small, rural schools. Associate Press, March.

120. Patricia A. M. White-Davison. (1999). Schooling in Small. Rural/Remote Communities, A thesis submitted in fulfillment of the requirements for the degree of master of Philosophy, University of Queensland. 21, December, pp. 23 – 25.

121. Angela W Little (2005). Learning and Teaching in Multigrade Settings, Paper prepared for the UNESCO EFA Monitoring Report, p. 8.

122. Jarousse, J. P. and Mingat, A (1991). Efficacite pedagogique de l' enseignement a cours multiples dans le contexte africaine. Institut de Recherche sur l' Economie de l' Education, Centre National de la Recherche Scientifique, Dijon.

123. Rojas, C and Castillo, Z. (1988). Evaluacion del Programa Escuela Nueva en Colombia. Instituto Ser De investigaciones, Bogota.

124. Rowley, S. D. (1992) Multigrade Classrooms in Pakistan: how teacher and practices affect student achievement. Unpublished doctoral dissertation, University of Harvard.

125. Bray, M. (1987) Are small schools the answer? Cost effective strategies for rural school provision, London, Commonwealth Secretariat.

126. Korpinen, E. (1998). Village school as a developmental context for the self-concept of a pupil (Kyläkoulu oppilaan itsetunnon kehittymisympä ristönä.) In E. Korpinen (Ed.). The many faces of a village school (Kyläkoulun monet kasvot) . Journal of Teacher Researcher 1, 6–20 (In Finnish) .

127. Peltonen, T. (2002). Development of pre-education in small schools— from the primary school of the old times to pre-school. Faculty of Education,

University of Oulu (InFinnish).

128. Webb, R. & Vulliamy, G. (1998). External inspection or school self-eval-uation? A comparative analysis of policy and practice in primary schools in England and Finland. British Educational Research Journal, 24 (5): 539 – 557.

129. Étienne Brunswic and Jean Valérien. (2004). Multigrade schools: im-proving access in rural Africa ? Paris, International Institute for Educational Planning (IIEP) UNESCO. p. 26, p. 35. http: //www. unesco. org/iiep.

130. Miller, Bruce A. The Multigrade Classroom: A Resource Handbook for Small, Rural Schools. NWREL Document Reproduction Service, Northwest Regional Educational Laboratory, 101 S. W. Main Street, Suite 500, Port-land, OR 97204. 1989. pp. 41 – 42.

131. Étienne Brunswic and Jean Valérien (2004). Multigrade schools: impro-ving access in rural Africa? Paris, International Institute for Educational Plan-ning (IIEP) UNESCO. pp. 51 – 53. http: //www. unesco. org/iiep.

132. Dennis M. Mulcahy. (2009). Rural and Remote Schools: A reality in search of a policy. Edge Conference October 2009, St. John's, NL Canada.

133. McEwan, P. J. (2004). The indigenous test score gap in Bolivia and Chil-e. Economic Development and Cultural Change 53, no. 1: 157 – 190; Win-kler, D. 2000. Educating the poor in Latin America and the Caribbean: Ex-amples of compensatoryeducation. In Unequal schools, unequal chances, ed. F. Reimers, 113 – 132. Cambridge, MA: Harvard University Press.

134. Norma Kennedy. Mike MacDougall. (2007). School Closure Process Re-view Review Committee Report and Recommendations. January, p. 8.

135. Lungwangwa, G. (1989). Multigrade Schools in Zambian Primary Educa-tion: A Report on the Pilot Schools in Mkushi District. Education Division Documents, p. 47.

136. Aikman, S. & Pridmore, P. (2001). Multigrade Schooling in ' Remote ' Areas of Vietnam. International Journal of Educational Development, 2, 521 – 536.

137. Hargreaves, E. , Montero, C. , Chau, N. , Sibli, M. & Thanh, T. (2001). Multigrade Teaching in Peru, Sri Lanka, and Vietnam: An Over-

wiew. International Journal of Educational Development, 21, 499 – 520.

138. Winsome Gordon & Lokisso. (1996). Enhancing the effectiveness of single-teacher schools and multi-grade classes. Unesco in collaboration with the royal Ministry of Education research church affairs, Norway. p. 2, p. 41.

139. Nicole, Blum. , Rashmi, Diwan. (2007). Small, Multigrade Schools and Increasing Access to Primary Education in India: National Context and NGO Initiatives. Create pathways to access Research Monograph No 17, pp. 43 – 45.

140. Douglas Lehman (2003). Bringing the School to the Children: Shortening the Path to EFA. Education, The World Bank. August.

141. Sigsworth, Alan. , Solstad, Karl Jan. (2001). Making small schools work: A handbook for teachers in small rural schools. UNESCO International Institute for Capacity Building in Africa Addis Ababa, Ethiopia, pp. 11 – 13.

142. Scott, Robert J. (1984). Teaching and Learning in Remote Schools: A Dilemma Beyond Rural. Education. Information from the National Information Center for Handicapped Children and Youth, Sep, p. 6.

143. Laurence Wolff and Norma Garcia. (2000). Multi-grade Schools and Technology. TechKnowLogia, May/June, 2000 © Knowledge Enterprise, Inc. pp. 38 – 40.

144. Vincent, Susan. (1999). The Multigrade Classroom. A Resource Handbook for Small, Rural Schools. Book 1: Review of the Research on Multigrade Instruction. Office of Educational Research and Improvement (ED), Washington, DC. ; Institute of International Education, New York, NY. Nov, p. 59.

145. Ian Birch, Mike Lally. (1995). Multigrade teaching in Primary Schools. Asia-Pacific Centre of Educational Innovation for Development. Unesco principal regional office for Asia and the Pacific, Bangkok, p. 67.

146. WCEFA (World Conference on Education for All) (1990). World Declaration on Education for All. WCEFA Interagency Commission, Jomtien, Thailand and New York.

147. Lorna Jimerson, Ed. D (2006). The Hobbit Effect: Why Small Works in Public Schools. The Rural School and Community Trust, p. 7.

www. ruraledu. org.

148. Suzuki, T; P. Ames; M. Vithanapathirana and S. Vu (2004). Multigrade teaching in Japan, Peru, Sri Lan-ka, and Vietnam (4 views of multigrade), School of Lifelong Education and International Development (LEID). Available online at http: //k1. ioe. ac. uk/multigrade/fulltext6JapPerViet. htm. Last updated: 14 – 10 – 04.

149. Naciye Aksoy. (2008). Multigrade schooling in Turkey: An overview, International Journal of Educational Development, 28: 218 – 228.

150. Gordon, Winsome. , Lokisso, André. & Allen, John. (1997). Enhancing the effectiveness of single-teacher schools and multi-grade classes, Norway. Royal Ministry of Education Research and Church Affairs , p. 4.

151. Barbara Kent Lawrence et al. (2002). Dollars and Sense: The cost effectiveness of small schools. The Rural School and Community Trust, 1825 K Street NW, Suite 703 Washington, DC 20006. p. 7.

152. Northwest Regional Educational Laboratory Office of Planning and Service Coordination (2003). Challenges and Opportunities of NCLB for Small, Rural, and Isolated Schools, p. 3. http: // www. ed. gov/offices/OESE/ reap. html.

153. Catherine Mulryan-Kyne. (2005). The Grouping Practices of Teachers in Small Two-Teacher Primary Schools in the Republic of Ireland, Journal of Research in Rural Education, 2005, 20 (17): 1 – 14.

154. Tuck, Amanda. (2009). Small schools chanllenges: Learning lessons from small school headteachers, Research Associate Summary Report Spring, http: //www. nationalcollege. org. uk/ index/ docinfo. htm? id = 21849.

155. Laurence Wolff and Norma Garcia. (2000). Multi-grade Schools and Technology, TechKnow Logia, May/June, 2000, p. 17. www. TechKnowLogia. org.

156. Blum, Nicole and Diwan, Rashmi. (2007). Small, Multigrade Schools and Increasing Access to Primary Education in India: National Contexts and NGO Initiatives. CREATE Pathways to Access Research Monograph, 17. Consortium for Educational Access, Transitions and Equity (CREATE), Brighton. p. 3, p. 22.

157. Nicole Blum and Rashmi Diwan (2007). Small multigrade schools and in-

creasing access to primary education in India: National Context and NGO Initiatives. Create Pathways to Access Research Monograph, No. 17, October, p. 43.

158. Aikman, Sheila and Pridmore, Pat (2001) Multigrade schooling in remote areas of Vietnam. International Journal of Educational Development, 21 (6): 521 –536.

159. Sigsworth, Alan; Solstad, Karl Jan. (2001). Making Small Schools Work: A Handbook for Teachers in Small Rural Schools. UNESCO International Institute for Capacity Building in Africa, P. O. Box 2305, Addis Ababa, Ethiopia, p. 27.

160. Linda M. Hargreaves (2009). Respect and responsibility: Review of research on small rural schools in England International Journal of Educational Research, 48 (2): 117 – 128.